# 資本主義を
# 見つけたのは
# 誰か

Who discovered "Capitalism"?

## 重田澄男

桜井書店

## はしがき

　本書は,「資本主義」という用語の発生とその移りゆきを追跡したものである。
　現在, われわれは, きわめてポピュラーな日常語として「資本主義」というコトバを使っており, しかも, この「資本主義」というコトバは, 日常語としてだけでなくて, 時論的な現実理解においても, 実証的な現実分析においても, さらには, 理論的な経済学的解明においても使われているものである。
　この「資本主義」という用語の発生と受容と展開をめぐる《時》と《人》と《言葉》のかかわりには, ミステリーとドラマがある。
　そもそも「資本主義」という用語を初めて使ったのは誰か。「資本主義」という用語は, どのような時代状況のなかで, 誰によって, いかに生みだされたものであるのか。このことについてさえ, 現在までのところ国際的な定説が確定しているとは思えない。
　しかも, 1850年前後の時期に使われはじめるようになった「資本主義」という用語は, けっして現在われわれが使っているような近代社会の経済システムを示すという意味をもつものではなかった。
　それが, 1870年以後になると,「資本主義」という用語は, 現代われわれが使っているような近代社会の経済体制を表現するものとして使われるようになっている。だが, それは, いかなる経過のなかで, 誰によって, いかにしておこなわれることになったものであるのか。
　同じ「資本主義」という《言葉》が,《時》が移り時代状況が変遷していくなかで, 新たな問題意識をもった別の《人》によって, 新たな意味内容をもった用語として使われるようになってくる。その移りゆきには, 時代的変遷のなかでの《時》と《人》と《言葉》の絡みあったドラマの展開がある。
　それだけではない。

「資本主義」という用語を使っている人それぞれにおいても，新しい《時代》状況のなかで，新しい問題意識や思想にもとづいて時代を表現しようとした《人》が，用語としての「資本主義」という《言葉》をいかにして使うか，あるいは使わないか。同じ人物の著書においても，初版と改訂増補版とでは，「資本主義」用語の使い方の転換が生じているのである。

しかも，奇妙なことに，そのような「資本主義」という用語の発生と受容と展開のドラマのなかで，「資本主義」という用語を使っていないマルクスの『資本論』が，「資本主義」という用語の意味内容の転換をひきおこすというミステリアスな触媒の役割を果たしている。

1868年の『資本論』第1巻の出版の後に，それを読んだシェフレによって，「資本主義」という言葉が，近代社会の国民経済の結合形態を示すものとして使われるようになり，『資本論』第3巻の出版直後にその内容紹介と批評をおこなったゾンバルトによって，「資本主義」という用語が近代的な経済体制をとらえるものとして意識的かつ積極的に使われるようになっている。

また，『資本論』を読みながらもそれに反発して内容的には無視していたホブソンが，マルクスに影響されたゾンバルトの『近代資本主義』を読んで衝撃を受け，増補改訂版において「資本主義」という用語を積極的に使って近代社会の経済システムや構造を把握するようになっている。

そのようなさまざまなミステリーを解きあかしながら，「資本主義」という用語の紡いできたドラマをたどっていくことによって，現在では過剰なほどに使われるようになっている近代社会のキー・ワードとしての「資本主義」という言葉の使い方とその意味内容を明らかにしていくこと，それが本書のテーマである。

そのような課題を追求していくために，本書では8人の人物とその著書を取りあげている。

まず，「資本主義」という用語の使いはじめの時期における著者たちについて，「資本主義」語研究文献や用語集や大辞典などによって「資本主義」という用語を初めて使ったと指摘されている1850年前後の時期のピエール・ルルーとルイ・ブランとサッカレーとが取りあげられ，それにつづくものと

して,「資本主義」語使用の空白期を経てのちの1860年代末におけるブランキを取りあげている。

ついで,「資本主義」という用語と概念を持ちあわせることなしに近代社会の経済システムを把握しているマルクスについて,近代社会の経済システムについての体制的把握をおこなう概念とそれを表現する用語について明らかにする。

ところで,「資本主義」という用語の使用についての膨大な文献的検討をおこなっているパッソウは,ドイツにおいては,『資本論』の出版ののちに「資本主義」という用語を大量に使用したシェフレの著書『資本主義と社会主義』によって「資本主義」語は一般に普及するようになり,それがさらに,ゾンバルトの『近代資本主義』によって「資本主義」という用語は一種の"流行り言葉"のように拡がることとなって,さまざまな分野において広範に用いられるようになったと指摘している。現在では,多くの論者や辞典類などにおいても,ゾンバルトこそが「資本主義」という用語の使用と定義づけをおこなった人物であるというのが共通の認識になっているところである。

ところで,著書刊行の時期からいえばシェフレとゾンバルトの中間に属するホブソンは,パッソウが重点的に取りあげているドイツ語圏ではなくて,イギリスにおいて,19世紀末に「資本主義」という用語を組みこんだ書名の著書を出版している。しかし,その初版における「資本主義」語に比して,ゾンバルトの著書に刺激されてのちの20世紀はじめの増補改訂版における「資本主義」語の内容変化と広範な使用は,ゾンバルトが使った「資本主義」という用語のインパクトの大きさを示すものである。

しかも,これらの『資本論』以降の論者たちの「資本主義」という用語は,それぞれの個性的な相違をもちながらも,近代社会の社会的な経済システムをとらえようとする共通の特徴をもつものであって,現在一般に使われている意味内容での「資本主義」という用語でもって近代社会の経済システムの構造分析をおこない,「資本主義」という用語の定着と普及をもたらしたものである。

そこで,マルクスにつづくものとして,『資本論』公刊後におけるシェフ

レとホブソンとゾンバルトとが取りあげられる。

　なお,ここで取りあげた著者と文献以外にも,「資本主義」という用語の生成と普及と変遷にとって重要な意義をもつ文献・資料があり,それにたいして看過しているということがあるかもしれない。

　本書は,内容的には,きわめて広範かつ膨大な文献・資料の検討と諸論点についての十分の熟考を必要とするものであって,文献渉猟も,資料の読みこみも,周辺領域の時代や人についての配慮も,本来ならば多くの専門研究者による共同研究として時間をかけておこなうべきものであろうと思われるものである。

　本書の取り組みのなかでは,さまざまな方たちの助言や指摘にたすけられたが,なお多くのミスや勘違いや脱漏などがあるのではないかと危惧している。本書の不十分さや誤りについては,今後の諸研究によるご指摘やご批判をまちたい。

　ともあれ,本書が今後の諸研究の手がかりになりうる布石となればと願っているところである。

　　　　　2002年3月

　　　　　　　　　　　　　　　　　　　　　　　　　重田澄男

## 凡　例

1. 本書は,『岐阜経済大学論集』において,「「資本主義」語のはじまり」という副題をつけて連載した論稿〔(1)第33巻第2号（1999年9月）～(9)第35巻第3号（2002年2月）〕にもとづき, それを加筆訂正したものである。
2. 文献の引用ページは, [Leroux, 1849, p. 28] や [平瀬巳之吉, 1950, 201ページ] といった [著者, 著書または論文の発行年次, 掲載ページ] を示し, 著書または論文等の文献については別途巻末に一覧を掲載している。

   マルクスとエンゲルスについては, 原則として MEW (Karl Marx/Friedrich Engels Werke) あるいは MEGA (Karl Marx/Friedrich Engels Gesamtausgabe) に拠っている。
3. 外国文献の訳文については, 邦訳がある場合はできるだけ参照したが, かならずしも訳文をそのまま使うことはしていない。そのさい, ほぼ全面的に改訳した場合以外は, とくに断り書きをつけていない。
4. 巻末に, 参考文献索引と人名索引・事項索引とを付けた。

# 目　次

はしがき 3
凡　例 7

序　章　「資本主義」用語を使いはじめたのは誰か？ ……………… 17

## 第1部　「資本主義」語のはじまり

19世紀前半の時代状況 ……………………………………………… 25

### 第1章　「資本主義」語も「社会主義」語も …………………… 27
　　　　　――ピエール・ルルー――

　Ⅰ　人物と社会的活動 ……………………………………………… 27
　Ⅱ　ルルーにおける「資本主義」語 ……………………………… 28
　Ⅲ　「社会主義」という用語とルルー …………………………… 33
　Ⅳ　ルルーとマルクスとのかかわり …………………………… 37

### 第2章　生産手段の排他的専有 ………………………………… 41
　　　　　――ルイ・ブラン――

　Ⅰ　人物と社会的活動 ……………………………………………… 41
　Ⅱ　『労働組織』 …………………………………………………… 43
　Ⅲ　ルイ・ブランにおける「資本主義」語 ……………………… 47
　Ⅳ　ルイ・ブランとマルクスとのかかわり …………………… 54

### 第3章　ブルジョア的気分 ……………………………………… 59
　　　　　――サッカレー――

　Ⅰ　人と作品 ………………………………………………………… 59
　Ⅱ　『ニューカム家の人びと』における「資本主義」語 ……… 61
　Ⅲ　マルクスのサッカレー評 ……………………………………… 65

第4章　どん欲な資本家 ………………………………………… 69
　　　　――ブランキ――
　　Ⅰ　人物と社会的活動 ……………………………………… 69
　　Ⅱ　『社会批判』における「資本主義」語 ………………… 73
　　Ⅲ　ブランキとマルクス …………………………………… 80

第5章　使われはじめの時期の「資本主義」語 ………………… 87
　　Ⅰ　社会体制用語ではない「資本主義」語 ……………… 87
　　　1　抽象名詞としての「資本主義」　87
　　　2　使われはじめの時期の「資本主義」用語法　88
　　Ⅱ　19世紀後半期の諸文献 ………………………………… 90
　　Ⅲ　「資本主義」語の普及 ………………………………… 94

## 第2部　「資本主義」語なきマルクス

第6章　マルクスと「資本主義」語 ……………………………… 99
　　Ⅰ　マルクスにおける資本主義用語 ……………………… 99
　　　1　未定稿の原稿やノート類　100
　　　2　手紙，その他　105
　　　3　エンゲルスの使用例　111
　　　4　小　括　112
　　Ⅱ　わが国の論者による指摘 ……………………………… 113
　　　1　福田徳三「資本増殖の理法と資本主義の崩壊」(1921年)　113
　　　2　我妻栄「資本主義生産組織における所有権の作用」(1927年)　114
　　　3　平瀬巳之吉『古典経済学の解体と発展』(1950年)　115
　　　4　大塚久雄『欧洲経済史』(1956年)　117
　　　5　高島善哉『アダム・スミス』(1968年)　117
　　　6　望月清司『マルクス歴史理論の研究』(1973年)　120
　　　7　馬場啓之助『資本主義の逆説』(1974年)　120
　　　8　小　活　122

## 第7章　マルクスにおける資本主義認識 …………………………… 125

### Ⅰ　二つの問題点 …………………………………………………… 125

1　問題点　125
2　「資本家的生産様式」の用語法　127

### Ⅱ　逆行的追跡 ……………………………………………………… 128

1　「資本家的生産様式」　129
2　「市民的生産様式」　129
3　「ブルジョア的生産諸関係」　132
4　唯物史観の確立と「生産様式」　133
5　初期マルクスにおける「市民社会」概念　135

### Ⅲ　資本主義認識における諸問題 ………………………………… 135

1　「市民社会」は資本主義範疇であるか？　136
2　資本主義範疇はいかにして認識されたのか？　139
3　「市民的」か，「ブルジョア的」か？　143
4　なぜ「市民的生産様式」から「資本家的生産様式」に転換したのか？　147
5　資本主義発見のプライオリティ　150

# 第3部　「資本主義」用語の継承と変容

## 19世紀後半期の時代状況 ……………………………………………… 157

## 第8章　国民経済における結合形態 …………………………………… 163
　　　　　——シェフレ——

### Ⅰ　人物と社会的活動 ……………………………………………… 163

### Ⅱ　『資本主義と社会主義』について …………………………… 166

### Ⅲ　シェフレとマルクス …………………………………………… 169

1　シェフレのマルクス評価　169
2　マルクスのシェフレ評価　172

### Ⅳ　シェフレの過渡的先駆性 ……………………………………… 175

1　人物評価　175
2　過渡的先駆性　176

Ⅴ　『資本主義と社会主義』の内容構成 ……………………………… 177
　　　Ⅵ　シェフレにおける「資本主義」語 ……………………………… 179
　　　　1　「資本主義」用語の使用　179
　　　　2　「資本家的生産様式」の使用　181
　　　　3　シェフレの「資本主義」概念　184
　　　Ⅶ　「資本主義」の錯覚的確定 ………………………………………… 187
　　　　1　シェフレにとっての「資本主義」　187
　　　　2　「資本主義」の錯覚的確定　189
　　　　3　資本主義概念の継承と変容　195

第9章　機械制産業 ………………………………………………………… 199
　　　　　――ホブソン――
　　　Ⅰ　人物と社会的活動 ……………………………………………… 199
　　　Ⅱ　『近代資本主義の進化』初版 …………………………………… 201
　　　　1　基本的内容　201
　　　　2　初版における「資本主義」語　206
　　　Ⅲ　ホブソンのマルクス評価 ……………………………………… 211
　　　Ⅳ　増補改訂版と「資本主義」語 …………………………………… 214
　　　　1　増補改訂版　214
　　　　2　増補改訂版における「資本主義」語　216

第10章　資本家的精神による経済体制 ………………………………… 223
　　　　　――ゾンバルト――
　　　Ⅰ　人物と社会的活動 ……………………………………………… 223
　　　Ⅱ　初期ゾンバルトにおける「資本主義」語 ……………………… 227
　　　　1　エンゲルスとゾンバルト　227
　　　　2　「マルクスの経済学体系」論文　230
　　　　3　『社会主義および社会運動』　233
　　　Ⅲ　『近代資本主義』初版 …………………………………………… 237

Ⅳ 「資本主義」概念の転換 …………………………………………… 245
　　　　1 「資本家的企業家」論文　245
　　　　2 『近代資本主義』第2版　252
　　Ⅴ 「資本主義」概念をめぐる諸問題 …………………………………… 258
　　　　1 「資本家的精神」の先行性　258
　　　　2 「資本主義」と資本＝賃労働関係　264
　　　　3 マルクスの資本主義形成論　271

終　章　「資本主義」用語の変遷 ………………………………………… 277

あとがき　285

参考文献索引（欧文）　289

参考文献索引（和文）　295

人名索引　297

事項索引　303

資本主義を見つけたのは誰か

# 序章　「資本主義」用語を使いはじめたのは誰か？

　意外なことに，「資本主義」という用語の使用のはじまりは，歴史の霧のなかに包まれている。

　「資本主義」という用語は，いつから，誰が，使いはじめたものなのか，ヨーロッパ諸国における用語探索や文献吟味においても，そのことについての共通の理解は見られないようである。

　「資本主義」という用語のもっとも古い使用について指摘しているのは，グラン・ロベール（プチ・ロベールと呼ばれる小辞典もある）と称されているフランス語の辞典 *Le Grand Robert de la Langue Française* である[1]。

　それによれば，capitalisme という用語は，1842年に使用され，「富んだ人や物の状態《état de celui qui est riche》」を指すものとされているが，その内容としては「資本や所得源泉が，一般に，自分自身の労働によって動かされている人びとには属さないところの，経済的・社会的体制。自由主義的資本主義，あるいは企業の自由競争を基礎にした自由な交換。……トラストや独占の形成をともなう企業の強力な集中にもとづく独占的資本主義」[Robert, 1992, p. 333-334] といった説明がされていて，それは現時点からとらえた説明や使い方となっている。そこにおいては，1842年に，いかなるかたちで，いかなる文献において，capitalisme という言葉が使用されていたかについては，示されていない。

　そのため，残念ながら，この辞典が指摘している「資本主義」語の1842年における使用については，点検することができない。

　そこで，「資本主義」という用語の使いはじめについて指摘している別の三つの資料から見ていくことにする。

　第1に，「資本主義」という用語の起源と普及の考証についてのドイツでの古典的研究として有名な，古いものではあるが現在なおもっとも詳細な

「資本主義」用語の点検文献であるパッソウの『"資本主義"——概念的・術語的研究』(Richard Passow, *"Kapitalismus" Eine begrifflich-terminologische Studie*, Jena, 1918) がある。

パッソウは,「資本主義」という表現用語の最初の使用例として,ルイ・ブラン『労働組織』第9版 (Louis Blanc, *Organisation du travail*, 9e. éd., Paris, 1850) を挙げている。

第2は,イギリスのマルクス経済学者の重鎮である E. J. ホブズボーム (E. J. Hobsbawm, 1917–) が取りあげているものである。ホブズボームは,『資本の時代 1848〜1875年』のなかで,「1860年代に一つの新しい言葉が,世界の経済・政治用語に登場してきた。「資本主義」という言葉である」[Hobsbawm, 1975, p. 1. 邦訳, 1981, 1 ページ] と述べながら,それにたいする注のなかで,「「資本主義」という言葉の起源は『革命の時代』(*The age of revolution: Europe 1789–1848*, 1962) において示唆しておいたように1848年以前にさかのぼるであろう。しかし詳細な研究によれば,1849年以前にはこの言葉はほとんどみられず,また1860年代以前にはあまり広範に用いられてもいなかった」としている。

ホブズボームがそこで指摘している「詳細な研究」とは,ジャン・デュボア『フランスにおける政治的・社会的用語集 1869〜1872年』(Jean Dubois, *Le vocabulaire politique et social en France de 1869 à 1872*, Librairie Larousse, Paris, 1962) である。

この『フランスにおける政治的・社会的用語集』において,デュボアは,「資本主義 capitalisme」という用語の使い方について,次のように指摘している。

「《資本主義》という言葉は, M. Block [M. Block, *Les théoriciens du socialisme en Allemagne*, 1872] によると, 1872年に普及したばかりであった。しかし,《資本主義》という言葉の使い方は,はじめから《資本家》という言葉の使い方から強い影響を受けていた。《資本家》という言葉は,もっと古く18世紀に出現し,社会主義者たちの著書をつうじて,フランス革命

以来その歴史を追うことができるものである。」[Dubois, 1962, p. 48-49]

そして，この『用語集』においては，「資本主義」という用語を用いているもっとも古いフランスの文献として，ピエール・ルルー『マルサスと経済学者たち，貧乏人はいつでも存在するのか？』(P. Leroux, *Malthus et les économistes, ou, y aura-t-il toujours des pauvres?*, 1848) を挙げ，そのなかに，「わたしは，資本主義（capitalisme）の鞭のもとで労働する鎖につながれた諸国民を見る」[Leroux, 1848, p. 25] という叙述がある，としている。

そして，それ以外には，A. ブランキ『社会批判』(1869年)や1870年代はじめの諸文献が指摘されている。

ところで，第3に，「資本主義」という用語を含む用語集の新しいものとして，T. B. ボトモアの編集した『マルクス主義思想辞典』第2版 (Tom Bottomore ed., *A Dictionary of Marxist Thought*, 1997, London) がある。

この『マルクス主義思想辞典』は，イギリスのマルクス主義的社会学者のT. B. ボトモアを編集代表とし，L. ハリス，V. G. キールナン，R. ミリバンドを編集陣に加えて1983年に刊行され，さらに1991年に新項目を付け加えた第2版が刊行されているものである。

この辞典は基本的には中項目主義をとっており，「資本主義」項目についても，2段組で3ページ半にわたるかなり詳しい説明をおこなっている。

この『マルクス主義思想辞典』における「資本主義」項目の執筆者は，メグナド・デサイ (Meghnad Desai) である。デサイは，LSEすなわちロンドン・スクール・オブ・エコノミックス（ロンドン大学）においてマルクス経済学を担当しているスタッフである。

デサイは，この『マルクス主義思想辞典』のなかで，「資本主義」という用語の使用について，次のように述べている。

「"資本主義"という言葉は，トーニーやドッブが指摘しているように，非マルクス学派の経済学ではほとんど使われていない。しかし，マルクス主義者の諸著作においてさえも，それは遅くなってから使われたものであ

る。マルクスは，形容詞の「資本家的 capitalistic」を使用し「資本家たち capitalists」について語るけれども，名詞としての資本主義（capitalism）は，『共産党宣言』においても，『資本論』第1巻においても，使っていない。ただ，彼は，1877年に，ロシアの仲間との手紙において，ロシアの資本主義への移行の問題についての議論のなかでそれを使っている。……OED〔Oxford English Dictionary〕は，その最初の使用（Thackeray〔サッカレー〕による）は1854年より遅くはないとして事例を挙げている。」[Bottmore, 1997, p. 71-72]

OED（*Oxford English Dictionary*）は，capitalism 項目において，その初出は「1854 THACHERAY Newcomes II. 75」としている[OED, Vol. II, 1989, p. 863]。すなわち，サッカレーの『ニューカム家の人びと——ある最も尊敬すべき家族の思い出』第2巻（1854年）（*The Newcomes: memoirs of a most respectable family*）において，「資本主義」という言葉が使われている，としている。

そのように，『マルクス主義思想辞典』におけるデサイは，OED に拠りながら，「資本主義」という言葉は1854年にサッカレーによって最初に使われたと見ているのである。

これまで見てきた諸見解によるならば，「資本主義」という用語を使いはじめた人物と文献は次のごとくである。

1918年時点において，ドイツのパッソウは，『"資本主義"——術語的・概念的研究』において，「資本主義」という用語を最初に使った文献と人物はルイ・ブランの『労働組織』（第9版，1850年）であるとしている。だが，イギリスのホブズボームは，1975年に，フランスのデュボア『フランスにおける政治的・社会的用語集』に拠っており，そこではルルー『マルサスと経済学者たち』（1848年）であるとしている。ところが，1991年時点においてもなお，イギリスで編集された『マルクス主義思想辞典』において，デサイは，OED に拠りながら，サッカレーの『ニューカム家の人びと』（1854年）を挙げているのである。

どうやら，「資本主義」という言葉を誰が最初に使いはじめたかというこ

とについての定説は，国際的にまだ確定していないと見ていいようである。

　ヨーロッパ諸国における膨大な文献（著書，論文，新聞・雑誌記事，パンフレット等々）において，誰が「資本主義」という言葉を初めて使ったかについて確定することはきわめて困難であるにしても，書物として公刊された叙述にかぎってみても，「資本主義」という用語が初めて使用された文献と著者についての見解はいまだ確定していない，といえるようである。

1）［Robert, P., 1992］。グラン・ロベールとプチ・ロベールなる辞典による「資本主義」語の使用の指摘については，近藤哲生氏（名古屋大学名誉教授，金城学院大学）によって教示された。ここに記して心からの謝意を表したい。

# 第1部
# 「資本主義」語のはじまり

# 19世紀前半の時代状況

「資本主義」という言葉が使われはじめたのは,1850年前後のことである。

フランスにおいては,この時期は,1789年のフランス革命の記憶がまだ生きつづけながら,1830年の七月革命,1848年の二月革命といった政治革命の嵐がくりかえし展開しており,同時に,経済過程においては,19世紀の初頭から1840年代にかけて繊維産業とりわけ綿紡績業を中心に産業革命がおしすすめられ資本家的生産様式が展開していった時期であった。そのように,1830～40年代には,綿工業における機械制大工業は急速に拡大していたけれども,麻製品や絹製品の生産においては手工業的小経営が依然として存続しつづけており,また,製鉄業が急速な発展をとげるようになるのはやっと1850年代になってからであった。

他方,イギリスでは1820年代半ばには産業革命は完了しており,1830年においては綿工業と製鉄業との第I部門・第II部門の両分野にわたる機械制大工業による資本家的生産様式はすでに確立していて,世界にたいする支配力を強めつつその最盛期の展開をすすめて「世界の工場」としての急速な経済的発展をとげているところであった。イングランド北東部に石炭輸送専用の鉄道が開通したのは1825年のことであるし,リバプールとマンチェスターのあいだに世界最初の客車鉄道が開通したのは1830年のことであって,それにつづく1840年代は鉄道建設ブームの時代となる。

そのように発展程度の相違はあるとはいえ,1830～40年代には,フランスにおいても,イギリスにおいても,資本家的生産は現実的に急速に展開して,労働者階級の労働条件や生活環境の劣悪な事態や,貧富の差の拡大,利潤獲得をめざす資本家的経営のあり方は,人びとの目に直接に見えるようになっている時代であった。エンゲルスが『イギリスにおける労働者階級の状態』を出したのは1845年のことである。

そして，この時期には，そのような近代社会の現実的諸事態にたいする批判的な思想としての社会主義的思想がすでにさまざまなかたちで広まってきている。フランスでは，未来の産業社会としての生産者の"協同社会"を構想したサン・シモンの『産業体制について』(1821年)や，フーリエの『家庭的農業的協同社会論』(1822年)が，そして，イギリスでは，失業問題の根本的解決のために共産主義的協同体の建設を提案したロバート・オーエンの『ラナーク州への報告』(1821年)などの社会主義的主張をもりこんだ諸文献が出版されており，さらにいえば，「社会主義」(socialism, socialisme)という用語も1830年代にはすでに登場していたのである。
　そのような近代的な資本主義的経済諸関係の現実的展開と，それにたいする批判的見解としての社会主義的諸思想の浸透のなかで，1850年前後の時期に，フランスと，そしてイギリスにおいて，資本主義的経済関係における「資本」や「資本家」のあり方と結びついた現実的事態の把握と関連したかたちで，「資本主義」(capitalism, capitalisme)という言葉が使われはじめるようになる。

# 第1章 「資本主義」語も「社会主義」語も
―― ピエール・ルルー ――

## I 人物と社会的活動

　ピエール・ルルー（Pierre Leroux, 1797-1871）は，一時期サン・シモン主義に傾倒したフランスの初期社会主義者であり，きわめて多面的なかたちで，政論，哲学，文芸批評にいたるまでの幅広い文筆活動をおこなうとともに，政治的にも活動した人物である。

　ルルーは，貧困のため理工科大学を中退し，印刷工を経て，1824年に『地球』（*Le Globe*）紙の編集者（1824～31年）となるが，次第にサン・シモン主義の影響を受けるようになる。その結果，1830年の七月革命ののちには，同紙はサン・シモン派の機関紙となったといわれている。

　だが，その後，1831年に，ルルーはサン・シモン派から脱退し，そののち，『百科全書評論』（*Revue encyclopédique*）誌の編集（1831～35年）をおこない，さらに，ジャン・レノー（Jean Reynaud, 1806-63）とともに『新百科全書』（*Encyclopédia nouvelle*）8巻（1834～41年）を刊行し，また，ジョルジュ・サンド（George Sand, 1804-76）などと『独立評論』（*Revue indépendante*）誌を創刊・編集（1841～42年）した。

　また，『平等論』（1838年）や，『人類，その本質と将来』（1840年）を出版したが，1845年にはみずから『社会評論』（*Revue sociale*）誌を発刊・編集（1845～50年）し，『金権政治』（1848年）ではフランスにおける資本の集中と階級分化の実態を統計資料によって明らかにし，さらに，『マルサスと経済学者たち，貧乏人はいつでも存在するのか？』（1848年）を世に問うた。

　なお，ルルーは，『百科全書評論』誌の1833年10月号に掲載した論文において，フランスで初めて「社会主義」（socialisme）という言葉を使用した，

といわれている。

また,ルルーは,二月革命がおこなわれた1848年にブーサック市長,立憲議会議員に,翌年には立法議会議員に選出されている。

だが,1851年のナポレオン3世のクーデタのため,イギリスに亡命することになる。1859年に大赦により帰国したが,その後は政治的な活動はおこなわなかったとのことである。

**主な著作**[1]

(1) *De l'egalité*. Boussac, 1838.『平等論』
(2) *De l'humanité, de son principe, et de son avenir*. 2 vols., Boussac et Paris, 1840.『人類,その本質と将来』
(3) *Discours sur la situation actuelle de la société et de l'esprit humain*. 2 vols., Boussac et Paris, 1841.『社会と人間精神の現実的状況について』
(4) *D'une religion nationale, ou du culte*. Boussac, 1846.『国民の宗教』
(5) *De la ploutocratie, ou du gouvernement des riches*. Boussac et Paris, 1848.『金権政治』
(6) *Du christianisme et de son origine démocratique*. 2 vols., Boussac et Paris, 1848.『キリスト教と民主主義の起源』
(7) *Malthus et les économistes, ou, y aura-t-il toujours des pauvres?* Boussac, 1848.『マルサスと経済学者たち,貧乏人はいつでも存在するのか?』
(8) *La grève de Samarez: poème philisophique*. Paris, 1859.『サマレのストライキ』

## II ルルーにおける「資本主義」語

ピエール・ルルーの『マルサスと経済学者たち』は,四つの部から構成されている。第1部「現在のユダヤ人の王たち」においては,1789年のフランス大革命による王制の崩壊後の60年のあいだの現実世界における産業崇拝と金銭崇拝のブルジョアジーの時代の展開が指摘され,第2部「政治経済学と福音書」では非人間的なマルサスの政治経済学を問題にし,第3部「人間性と資本」において資本による人間性の抹殺について論じ,最後の第4部「貧

乏人はいつでも存在するのか」において，近代社会における貧困の原因と救済について問題にしている。

　この1848年に出版されたルルーの『マルサスと経済学者たち』のなかで「資本主義（capitalisme）」という用語が使われていると，ジャン・デュボアは，『フランスにおける政治的・社会的用語集』において指摘している。

　しかし，このルルー『マルサスと経済学者たち』の1848年発行の初版は，わが国ではその所在を確定することができず，現物を目にすることができなかった。

　ところで，ルルーのこの本の初版を手にとって点検するのが困難なのは，わが国のことだけではないようである。デュボアの『フランスにおける政治的・社会的用語集』においても，ルルーの『マルサスと経済学者たち』における「資本主義」用語についての指摘にあたっては，「1848 P. Leroux, Malthus et les économistes, 25, in Evans, op. cite., 81.」[Dubois, 1962, p. 238] と記していて，「資本主義」という言葉を使用したルルーの叙述についてはエヴァンズ（D. O. Evans）の著作の81ページを参照するよう指示している。エヴァンズの著作とは，David Owen Evans, *Le socialisme romantique－Pierre Leroux et ses contemporains*, 1948, Paris. のことである。

　エヴァンズは，ルルー『マルサスと経済学者たち』について，"Parut d'abord dans la R. S. (1845-46). Editions postérieures: 1849, Boussac et Paris; 1897, Paris, 2 vols."[Evans, 1948, p. 249] と，まず1845年から1846年にかけてR. S. すなわち『社会評論』（*Revue sociale*）誌に発表され，1848年に著書として出版されたのちに，1849年にブーサック（Boussac）とパリで，1897年にはパリで2巻本として出版された，としている。

　ところで，1848年の初版本での『マルサスと経済学者たち』における叙述としてエヴァンズが部分的かつ細切れ的に引用しているものと，現物の全体を見ることのできる1849年版における叙述とは，かなりの違いがある。

　しかも，そのような1848年の初版本と1849年の再版本との違いは，問題にしている「資本主義」用語の使用のあり方に直接に関連しているところである。

エヴァンズの引用しているところによれば，1848年に出版されたルルーの『マルサスと経済学者たち』初版においては，その25ページに，「わたしは，資本主義（capitalisme）の鞭のもとで労働する鎖につながれた諸国民を見る」（Je vois les nations enchaînées, travaillant sous la verge du capitalisme）という叙述がある。

これは，第1部「現在のユダヤ人の王たち」のなかの第Ⅲ章「産業崇拝，金銭崇拝」のなかの叙述である。

> 「現代は産業を崇拝している。それは，非常に多くの人たちがキャラコを売りそしていくらかを消費することができるような牢獄を手に入れているように思われる……。資本家の産業は，わたしにはブレスト（Brest）あるいはトゥーロン（Toulon）のガリー船〔徒刑場〕のような印象をうける。わたしは，資本主義の鞭のもとで（la verge du capitalisme）労働する鎖につながれた諸国民を見る。」[Leroux, 1848, p. 25. Evans, 1948, p. 81]

ところで，このように1848年にルルーの『マルサスと経済学者たち』初版において「資本主義 capitalisme」という言葉が使用されたということが確かであるならば，このことは，これまでの点検のかぎりでは，文献史的にみて，書籍における「資本主義」という言葉の使用はルルーが初めておこなったものである，ということを意味する。

というのは，ルイ・ブランが『労働組織』において「資本主義」という言葉を使ったのは第9版であるから1850年ということになるし，サッカレーが『ニューカム家の人びと』において英語で「資本主義 capitalism」という言葉を使ったのは1854年である。したがって，すくなくともこの3者のなかで「資本主義」という言葉を最初に使ったのは，1848年の『マルサスと経済学者たち』初版におけるピエール・ルルーであったということになる。

では，ルルーは，この「資本主義 capitalisme」という新しい言葉を，いかなる文脈のなかで，いかなる意味内容におけるものとして使っているのだろうか。

第1章 「資本主義」語も「社会主義」語も　31

　ルルーは,『マルサスと経済学者たち』の初版において,「資本主義」という用語を使う直前に,「資本家 (capitaliste) の産業は, ブレストあるいはトゥーロンのガリー船〔徒刑場〕のような印象をうける」と,「資本家 capitaliste」という用語を使って「資本家の産業」という場所の限定をおこないながら, それにつづけて, その「資本家の産業」における事態について,「資本主義 capitalisme」という言葉を使って「資本主義の鞭のもとで労働する鎖につながれた諸国民を見る」という叙述をおこなっているのである。
　そのように, ルルーによる「資本主義」という言葉は, 近代社会の資本家的経営がおこなわれている産業において,「資本家」が労働者たちを使役しているあり方を表現するものとして,「資本主義の鞭のもとで〔の〕労働」というかたちで「資本主義」という抽象名詞を使っているのである。
　だからして, ルルーが『マルサスと経済学者たち』の1848年の初版において使っている「資本主義」という新しい言葉は, その直前に使用した「資本家の産業」というかたちでの「資本家」という言葉に触発されながら,「資本家」あるいは「資本家的経営」の鞭のもとでの労働と同じ意味内容の言葉として, 使われているということができるものである。
　ところで, ルルーによる「資本主義」という用語の使用は, 初版出版の翌年たる1849年に出した再版において, 大きな転回を示すことになる。
　初版を出した翌年の1849年に出版した再版本の『マルサスと経済学者たち』においては, 1848年の初版本において使われていた「資本主義」という用語は消失してしまっているのである。
　ルルーが1848年の『マルサスと経済学者たち』初版において「資本主義」という新しい用語を使用したのは25ページであるが, 1849年の再版本においては, それに対応する叙述は, 28ページであり, しかも, 次のように1848年の初版本とは異なる内容と説明をもりこみながらの叙述となっている。

　「なんと！ 産業とは生き生きとした人間の活動の局面ではないのか！ 人間は, 感覚（センセーション）－感情（センチメント）－意識である。人間は, 感情と意識だけではない, 感覚でもある。社会の産業は, 人間活動の

ひとつの表現である。けれども，資本家の産業（industrie capitaliste）は，わたしにはブレストあるいはトゥーロンのガリー船〔徒刑場〕のように見える。わたしは資本家たちの鞭のもとで（la verge des capitalistes）労働する鎖につながれた諸国民を見る。わたしは，どんな人間の表現も軽視しない。けれども，わたしはなによりもその精神を愛し欲するのである。わたしは死体のような人間を愛さない。わたしは，奴隷となって性質のいやしい者によって支配されている人間を愛さない。」［Leroux, 1849, p. 28］

そのように，1849年版の『マルサスと経済学者たち』においては，「資本主義capitalisme」のかわりに「資本家たちcapitalistes」という言葉が使われていて，「わたしは資本家たちの鞭のもとで労働する鎖につながれた諸国民を見る」という表現になっているのである。

このように1849年に出した再版の『マルサスと経済学者たち』において，ルルーは，1848年の初版において使った「資本主義capitalisme」という用語の使用を取りやめて，それを「資本家たちcapitalistes」という言葉に置き換えているのである。

このことは何を意味するのだろうか。

『マルサスと経済学者たち』の1848年の初版本において，ルルーは，近代社会の産業において労働者たちを使役している「資本家たち」のありようを，「資本主義」という抽象名詞による新しい用語を使って，「資本主義の鞭のもとで〔の〕労働」というかたちで示したのである。だが，ここで使われた「資本主義」という新しい用語は，「資本家たち」あるいは「資本家的経営」と同じ意味内容をもつものとして，資本家ないし資本家的経営の「鞭のもとでの労働」という内容を描写するものとして使われたものであった。

そして，翌年の1849年の版においては，「資本主義」という新しい用語を取りやめて，当時すでに一般に普及しておりルルー自身もその直前に「資本家の産業」というかたちで使っている「資本家たち」という用語に置き換えたのである。言ってみれば，この個所において，ことさらに「資本主義」という新しい造語を使う必要はないとルルーは考えた，と理解してよいのでは

ないかと思われる。

　その点から見ても，ルルーが『マルサスと経済学者たち』の1848年の初版において使用した「資本主義 capitalisme」という新しい用語は，内容的には，「資本家たち capitalistes」と同じ意味内容であって，「資本家たち」と同義の言葉として置き換えてもかまわないものとして使われたものであるということができるであろう。

## III 「社会主義」という用語とルルー

　ところで，ピエール・ルルーは，そのように「資本主義」(capitalisme) という言葉を最初に使った人物であるというだけではない。「社会主義」(socialisme) という用語もまた，ルルーが創始者であるとされているところである。

　「社会主義」(socialisme) という言葉は，ルルーが，『百科全書評論』(*Revue encyclopédique*) 誌の1833年10月号に掲載した論文において，フランスではじめて使用したものである，という見解が一般的な理解となっている [『世界名著大事典』1962, 8巻, 644ページ。『岩波 哲学・思想事典』1998, 1709ページ。阪上孝, 1981, 28ページ]。

　なお，ルルーが初めて「社会主義」という言葉を使ったときは，その「社会主義」という用語は，現在使われているような「資本主義」的な近代社会に対立する新たな経済制度や社会思想についての用語としてではなくて，「個人主義」(individualisme) に対比するものとしての意味内容において打ちちたてられ使われたものである。

　すなわち，ルルーが「社会主義」という言葉を使いはじめた当初における「社会主義」という言葉は，近代的な産業化とともに拡がってきた物質的利益至上主義と利己主義という道徳的退廃をひきおこした〈個人主義〉に対立する概念用語として打ちたてられたものである。すなわち，そのような近代社会の病患としての〈個人主義〉に対峙するところの，これまた極端な対比的な思想を〈社会主義〉と呼ぶことにした，とされているのである [Evans,

1948, pp. 223-238. 阪上孝, 1981, 28ページ]。

　だが，その後，数年ののち1830年代半ばにおいて，「社会主義」という言葉は，現在使われているような近代社会を批判的に変革する社会体制や社会思想の意味あいにおいて使われるようになった，とのことである。

　エヴァンズの『ロマン主義的社会主義』へのエドワード・ドレアン（Edouard Dolléans）による「序文」において，ドレアンは，「Ⅳ．社会主義用語の考案者」という見出しのもとに，「社会主義および共産主義という言葉は，ロマン主義的社会主義の時期と対応している。しかし，それらの最初の意味は1830年から1848年のあいだに大きく変動している」として，「社会主義」という言葉の創始とその意味について次のように指摘している。

　「ピエール・ルルーが〔社会主義という〕言葉の創始者である。かれは『サマレのストライキ』において書いている。「わたしが，初めて，社会主義という言葉を提示した。そのときには，それは個人主義に対立する新語使用であった」と。1834年にピエール・ルルーがこの言葉を初めて使用したときには，その表現はフランス語での敬けんなサン・シモン主義や英語でのオーエン主義を意味するものとしての一般的意味をもっていなかった。……*Revue Sociale*での再説において，ピエール・ルルーは，かれが社会主義という言葉に与えた最初の意味をふりかえっている。「わたしは，この言葉によって，社会にたいして個人を犠牲にし，同胞愛の名による口実あるいは平等の口実のもとに自由を抹殺するという原理あるいは広範な原理を特徴づけることを求めていたのである」と。」[Dolléans, 1948, pp. 25-26]

　そして，そのような「社会主義」という言葉が，やがて，ロバート・オーエンやサン・シモンなどの主張する見解に見られる現在使われているような意味あいにおいて，1830年代の半ば過ぎに使われはじめるようになったのである。

　ところで，そのような1830年代における「社会主義」という用語の考案と使用に対比して，「資本主義」という言葉が1850年前後になってやっと使わ

れるようになったということは，「資本主義」と「社会主義」とについての現実的事態の展開の時間的な順序と，それにたいする表現用語の形成の順序とが照応しないで，表現用語の形成は現実的事態の展開の順序とは逆になっているという，いささか奇妙な事態となっていることを意味する。

だが，そのことは，現実的事態そのものの発生・展開の順序と，それを表現する言葉の成立の順序との，非相関的な関係についての一つの興味ぶかい事例を示している，といえるかもしれない。

すなわち，現実的事態における歴史的発生の順序としては，「資本主義」の生成と発展ののちになって，「社会主義」は志向され打ちたてられたものである。

ところが，そのように，社会主義は，資本主義の矛盾の展開のうえに生みだされる生産形態ならびに社会体制として打ちたてられたものであるにもかかわらず，それを表現するものとして使われるようになった用語としては，「社会主義」(socialisme)という用語のほうが「資本主義」(capitalisme)という用語よりもより以前につくられ使われているのである。

そのことをルルーにそくしていえば，ルルーは，1833年10月号（1834年に世に出た）の『百科全書評論』誌において「社会主義」という用語を使い，それを1830年代半ばには資本主義的な近代社会を批判しそれを変革して打ちたてる未来社会を指す経済体制や社会思想を表現するものとして使用したのであるが，それにたいして，それから10年以上ものちの1848年の『マルサスと経済学者たち』において初めて「資本主義」という用語を使っている，ということである。

このことは，近代社会にたいする批判的見地としての「社会主義」思想の確立とそしてその用語の確定ののちになって，社会主義的見地にたって近代社会における現実的事態にたいする批判的把握をおこなうなかで，「資本主義」という用語の確定がおこなわれることになった，ということを意味する。そのため，用語法の確定の順序は現実的事態の展開の歴史的な時間的経過とは逆の順序でおこなわれることになっているのである。

なお，「社会主義」という言葉については，ルルーが『百科全書評論』誌

の1833年10月号に掲載した論文で初めて使った言葉であるという理解は、かならずしも確定的な事実ではないと見る見解もある。

OED（*Oxford English Dictionary*）は、「社会主義」という用語の使いはじめについて次のように指摘している。

>「この言葉の初期の歴史はいささか曖昧である。フランスでの社会主義の最初の使用は、1832年2月13日の *Globe* 紙において出現したが、そこではそれは個人主義との対比で使われていた。その近代的な意味においては、それは Leroux や Reybaud によってその3年あるいは4年後のうちにいろいろと述べられた。……」［OED, 1986, Vol. XV, p. 910］

「社会主義」という言葉のそもそもの初めての使用はイギリスである、という説もある。稲子恒夫氏は次のようにいわれている。「社会主義という言葉は、まず最初に1827年にイギリスのオーエン派の出版物に socialism として登場し、これとは独立して32年にフランスのフーリエ派の出版物に socialisme として登場した。ヨーロッパ諸国の社会思想に大きな影響を与えたのは、フランスの socialisme なので、フランス語がヨーロッパ語系諸国の社会主義を示すことばの共通語源とされている」［稲子恒夫, 1988, 11巻, 271ページ］。

だが、ラコフ（Sanford Allan Lakoff）は、「現在用いられている意味での「社会主義者」（socialiste）という言葉は1827年に初めて、産業改革者であるロバート・オーエンの継承者によって発行された *Corporative Magazine* 誌上で活字になって登場した。その言葉は1832年に「社会主義 le socialisme」となってドーバー海峡を渡り、サン・シモンの理論に触発された実践的で空想的な改革者団体の刊行物 *Le Globe* に登場した」［ラコフ, 1990, 第2巻, 406ページ］と、イギリスにおいて1827年のオーエン派の出版物に登場したのは「社会主義 socialisme」という用語ではなくて「社会主義者 socialist」という言葉であった、としている。

「社会主義」という用語のはじまりについては、さらなる探索が必要であるのかもしれない。

## IV　ルルーとマルクスとのかかわり

　マルクスより約20歳年上のルルーは，マルクスやエンゲルスが社会主義，共産主義に傾倒するようになるずっと以前からサン・シモン主義的な社会主義の立場にたった理論家として活躍しており，マルクスにとっても，エンゲルスにとっても，当初はそれなりの評価をあたえた存在だったようである。

　マルクスは，大学卒業後しばらくして『ライン新聞』の編集者になり，共産主義思想にたいしては批判的な青年ヘーゲル派の立場でしかなかった時期に，『ライン新聞』第289号（1842年10月16日）に，「共産主義とアウグスブルグ『アルゲマイネ・ツァイトゥング』」と題して共産主義についてコメントしているが，そのなかで次のようにルルーにも言及した指摘をおこなっている。

　「『ライン新聞』は，今日の姿における共産主義思想にたいしては，理論的な現実性さえ認めておらず，したがって，それの実現はなおさら願っておらず，あるいはこれを可能とさえ考えることができないのであるから，これらの思想にたいして根本的な批判を加えるであろう。しかし，ルルーやコンシデランの著書，とりわけプルードンの明敏な労作のような著書は，そのときどきの皮相的な思いつきによってではなく，長期にわたる，深遠な研究のあとではじめてこれを批判できるという〔ものである〕。」[MEW-1, S. 108]

　さらに，マルクスは，1843年10月3日付のフォイエルバッハ宛の手紙のなかで，「シェリング氏はいかに巧妙にフランス人を手なずけたことでしょう。最初に頭の弱いクザンを，またのちには天才的なルルーさえも。つまりピエール・ルルーやその一派にとっては，いまなおシェリングは，超越的観念論のかわりに理性的実在論を，抽象的思想のかわりに血のかよった思想を，専門哲学のかわりに世界哲学を打ちたてた人間とみなされています！」[MEW-

27, S. 420]と書いており，この時点ではピエール・ルルーにたいして積極的な評価をしていたことがわかる。

また，マルクスよりも2歳年下にもかかわらずマルクスよりも早く社会主義の立場に到達したエンゲルスは，イギリスのオーエン主義者の週刊誌『ザ・ニュー・モラル・ワールド』の第19号（1843年11月4日）に，「大陸における社会改革の進展」と題した論文を掲載して，近代社会の変革による共同所有を基礎とした共産主義の主張を一般的かつ必然的なものとして主張しているが，そのなかでルルーにも触れながら次のように述べている。

「共産主義の勃興は，フランスの有名人の大部分によって，喜びむかえられた。形而上学者ピエール・ルルー，女性の権利の果敢な擁護者ジョルジュ・サンド，『信者のことば』の著者ラムネ師，およびその他きわめて多くの人が，多かれ少なかれ共産主義の主張にかたむいている。けれども，この方向でのもっとも重要な著作家はプルードンという青年であって，彼は2, 3年まえに『財産とはなにか』という著書を出版し，そこにおいて「財産とは盗んだものだ」と答えたのである。」[MEW-1, S. 487-488]

このように，マルクスも，エンゲルスも，1840年代の前半の時点においては，社会主義・共産主義思想家としてルルーにたいしてそれなりの評価をしている。

しかし，その後，1845年から46年にかけてマルクスとエンゲルスとが共同で唯物史観を確定しながら観念論的な真正社会主義にたいする批判をおこなった『ドイツ・イデオロギー』のなかでは，シュティルナーの共産主義批判に関連してペレールの「所有は廃棄されるのではなくて，その形態が変えられる，それははじめて真の人格化になるであろう」という言説を取りあげながら，「フランス人によって持ちだされ，ことにピエール・ルルーによって誇張されたこの文句は，ドイツの思弁的な社会主義者たちによって大満足で取りあげられ，いっそう思弁しぬかれて，ついには反動的な策謀と実践上の巾着切りとにきっかけを与えた……」[MEW-3, S. 213]と，ルルーのサン・

シモン的な観念論的な社会主義にたいしてかなり批判的になっている。

　その後，マルクスは，1849年12月19日付のヴァイデマイアー宛の手紙のなかで，「プルードン，ブランおよびピエール・ルルーとのあいだの口論について君はどう思っているか？」[MEW-27, S. 516] とか，あるいは，1852年3月25日付のヴァイデマイアー宛の手紙で，「L. ブラン，ピエール・ルルー，カベ，マラルメらの社会主義者たちは手を組んで，ひきがえるの L. ブランが起草した憎しみあふれる抗弁を発した」[MEW-28, S. 511] とか，同3月30日付のエンゲルス宛の手紙などでルルーに触れているが，しかし，そこで取りあげられているのは社会主義者たちのあいだの内輪もめや抗争にかかわる話題であって，理論的に問題にしているところはほとんど見られない。

　そして，その後はもはや論稿においても書簡においてもルルーは問題になっておらず，1871年の第1インターナショナルの総評議会におけるマルクスの演説での言及と，そして，1885年10月28日付のベーベル宛のエンゲルスの手紙における「フランス人にたいする君の評価は，思うに，あまり公正ではない。パリの大衆は，長年のあいだにプルードン，ルイ・ブラン，ピエール・ルルー等から蒸留されてできた，いくぶん中性的な平均的社会主義という意味で「社会主義的」なのだ」[MEW-36, S. 378] という言及があるにとどまっている。

　ルルーが「資本主義」という用語を使った『マルサスと経済学者たち』については，マルクスはこれを読んだかどうかについては明らかではないけれども，ルルーによる「資本主義」という新しい用語と概念についてはまったく問題にしている気配は見られない。

　1)　ピエール・ルルーの主な著作については，[Evans, 1948, pp. 239-252] に拠っている。

## 第2章　生産手段の排他的専有
──ルイ・ブラン──

### I　人物と社会的活動

ルイ・ブラン（Jean Joseph Charles Louis Blanc, 1811-82）は，1811年にフランス人の両親のもとにマドリード（スペイン）に生まれる。専門学校を卒業ののち，1830年にパリに出て法律を学び，1830年，七月革命ののちバブーフ主義者の仲間に加わる。その後，『良識』（*Bon Sens*）誌の編集，1839年には『進歩評論』（*Revue du Progrès*）誌を創刊してその編集にあたっている。また，ピエール・ルルーやジョルジュ・サンドとともに『独立評論』（*Revue Independants*）誌の編集をおこない，さらに，急進共和派の新聞『改革』（*la Réforme*）紙の編集に加わっている。

さらに，彼は，1840年に『労働組織』（*Organisation du travail*）を出版して大反響をひきおこし，一躍有名になった。また，1841年から44年にかけて『10年史』（*Histoire de dix ans, 1830-1840*）5巻を書いて，七月王政の批判をおこなっている。

しかも，ブランは，1848年の二月革命による七月王政の崩壊ののち，ブルジョア共和派と社会主義派とからなる臨時政府の閣僚の一員として世界史上はじめて社会主義者として入閣し，「労働者のための政府委員会」（リュクサンブール委員会）の議長に選ばれ，国立作業場の設立などに取り組んだりした。

だが，リュクサンブール委員会は予算も執行権ももたない単なる検討委員会にすぎなかったし，国立作業場の運営はルイ・ブランの意志とは無関係に公共事業大臣マリー（Pierre Marie, 1795-1870）の主導で，リュクサンブール委員会に対抗する意図で運営されていた［草高木光一，1998，80ページ］。そして，

四月選挙で社会主義派は大敗して共和派政府が成立し、さらに、国立作業場の解散に憤激したパリ労働者の六月蜂起も鎮圧されるにいたった。

しかも、ブランは、1848年5月15日の労働者の議会乱入事件をそそのかした嫌疑をうけて、1849年3〜4月のブルジェでの裁判によって国外追放に処せられることになり、ロンドンに亡命する。

イギリス亡命中も、ブランは、『フランス革命史』(Historie de la révolution fançaise) 7巻（1847〜62年）を完成するなど、執筆活動を盛んにおこなっている。1870年、普仏戦争の敗北とナポレオン3世の退位による第二帝政の崩壊後、フランスに帰国した。

帰国後、ブランは、1871年に第三共和制の国民議会議員に選ばれ、議会や言論界で活躍したが、パリ・コミューンにたいしてはヴェルサイユ政府側に参加している。

1876年には日刊新聞『自由人』(Homme libre)を発行したが、これは数ヵ月しかつづかなかった。さらに、ブランは1876年以後も1882年の死にいたるまで国民議会議員に選出されている。

1882年、72歳にて死亡。

## 主な著作[1]

(1) *Organisation du travail*, Paris, 1840.『労働組織』
(2) *Histoire de dix ans, 1830-1840*, 5 vols., Paris, 1841-44.『10年史、1830〜1840』
(3) *Histoire de la révolution française*, 12 vol., Paris, 1847-1862.『フランス革命史』
(4) *Le socialisme; droit au travail. Reponse à M. Thiers*, Paris, 1848.『社会主義；労働の権利——ティエール氏への回答』
(5) *A l'opinion publique, le citoyen Louis Blanc*, Paris, 1848.『世論、市民ルイ・ブラン』
(6) *Commission de gouvernement pour les travailleurs; discours de Louis Blanc sur l'organisation du travail*, Paris, 1848.『労働者のための政府の使節；労働組織についてのルイ・ブランのスピーチ』
(7) *La révolution de février au Luxembourg*, Paris, 1849.『ルクセンブルグにおける二月革命』

第 2 章　生産手段の排他的専有　43

(8)　*Catéchisme des socialistes*, Paris, 1849.『社会主義者の初歩』
(9)　*La formule du socialisme*, Paris, 1850.『社会主義の公式』
(10)　*Pages d'histoire de la Révolution de février*, Paris, 1850.『二月革命史の諸ページ』
(11)　*1848, Historical revelations inscribed to Lord Normandy, intitulé: A Year of Revolution in Paris*, Paris, 1859.『1848年，ノルマンディ卿によって記録された歴史的新事実』
(12)　*L'etat et la révolution*, Paris, 1865.『政体と革命』
(13)　*Lettres sur l'Angleterre*, 4 vol., Paris, 1865–1866.『イギリスへの手紙』
(14)　*Napoléon; les deux clergés; le divorce; une page d'histoire*, Paris, 1870.『ナポレオン；二人の聖職者；離婚；歴史の小姓』
(15)　*Histoire de la Révolution de 1848*, 2 vol., Paris, 1870.『1848年革命史』
(16)　*Ce qu'étaient autrefois les confréries ouvrières*, Paris, 1873.『以前の職人団体は何であったのか』
(17)　*Dix ans de l'histoire d'Angleterre*, Paris, 1879–1881.『イギリス史の10年』
(18)　*Histoire de la constitution de 1875*, Paris, 1881.『1875年憲法の歴史』
(19)　*Discours politiques, 1847 à 1881*, Paris, 1882.『政治的スピーチ，1847年より1881年まで』
(20)　*Questions d'aujourd'hui et de demain*, 5 vol, Paris, 1882.『今日と明日の問題』

## II 『労働組織』

　19世紀前半のフランスにおける思想を特徴づけているのは，フランス革命の自由と平等の理念と，そして，産業革命のもたらした社会的困窮にたいする批判であった。
　1830年7月におこった七月革命はルイ・フィリップによる七月王政を生みだしたが，七月王政の1830年代はフランスでは繊維産業を中心に産業革命が進行した時期であった。この時期には，労働者階級の失業と貧困は深刻であった。繊維産業では，労働者は，14〜18時間にもわたる長時間労働と，きわめて安い賃金と，そして，くりかえされる失業化のため，食うや食わずの状

態は通常の事態であった[2]。

さらに,農村から都市に流入して就業の機会を求める貧民によって失業と貧困は一層深刻なものになり,労働貧民とその家族は非衛生で不健康きわまる居住条件のもとで生活せざるをえなかった。七月王政期の1830〜40年代は,まさに失業,貧困,悪疫などの社会問題の時代であった。

そのため,七月王政のもとでは,カベ派,フーリエ派,アトリエ派,サン・シモン派などが,さまざまな社会改革のプランを提出した。これらの改革案は,社会全体の変革をめざすものとして〈社会主義〉と呼ばれるものであった。

当時のフランスの社会問題の解決のための組織として広範に主張されたのは協同組織(アソシアシオン)である。とくに二月革命後の1850年代に労働者を支配したアソシアシオン熱はすさまじいもので,この時期にパリでは300,地方で800の労働者生産協同組織(アソシアシオン)が形成され,その多くは「友愛と連帯の協同組織」を名乗っていた,とのことである。

このような時代状況のなかで出版されたルイ・ブランの『労働組織』は,ブランが1839年に『進歩評論』(*Revue du progrès*)誌に連載した論文を,翌年の1840年にパンフレット的な著作として公刊したものである〔浅野研真,1932,253ページ。河野健二,1979,319ページ。平瀬巳之吉,1950,201ページ〕。

本書は出版直後から大反響をまきおこし,初版は数日にして1000部を売りつくし,くりかえし版を重ねることになった。

このブラン『労働組織』は,版を重ねながら訂正増補がおこなわれている。1840年に出た初版[3]は131ページしかなかったのに,1841年に出した再版では彼への批判にたいする反論をも収録して紙型も大きくしてページあたりの字数を多くしながら224ページとページ数も増やしている。さらに,1845年の第4版[4]は240ページ,1847年に出た第5版は284ページと量的にかなり増えている。さらに,1848年には英訳が出され,1950年には第9版[5]を出すにいたる。

もともと『労働組織』においてルイ・ブランが打ちだした見解は,自由競争の批判と生産協同組合(アソシアシオン)創設の提唱である。すなわち,

競争から生じる社会対立をなくして協力的な労働にもとづく社会を打ちたてるために,《社会作業場》を設立して労働の組織化をおこない,新しい社会の実現をめざすというものであった。

すなわち,無制限の自由競争のもとでは,労働者の相互の競争が彼らの賃金をたえず引き下げ,労働者とその家族は貧困のどん底に投げこまれ,互いに滅ぼしあうことになる。そこに家族の崩壊,工場での児童労働の採用が拡がる。

しかも,競争は,ブルジョアの大多数をも,安値競争によって破滅に導くようになる。そして,競争は独占に導き,その結果,競争による価格下落によって当初は利益を得ていた消費者大衆も,結局は独占による価格上昇のために貧困におちいって,消費の減少がひきおこされることになる。

さらに,国際関係においても,自由競争がもたらすものは,イギリスの例を見ると,外国に求めるのは原料供給と「支払う消費者」としての属国化であって,ついには他国民の富の源泉を涸らしてしまうことになる。さらにまた,イギリスとフランスとのあいだの国家間の紛争をひきおこすといったかたちで,競争は世界の大動乱を必然的にする。

このように,競争は,プロレタリアとブルジョアを,生産者と消費者を,さらには国家や国際関係をも,破滅的事態におとしいれることになる,とブランはとらえるのである。

そして,このような災悪を避けるためには,民主的な共和制国家による労働の組織化,すなわち《社会作業場》を設立して生産の制御をおこなうというアソシアシオン(生産協同組織)を打ちたてることが必要である,と結論づけているのである。

『労働組織』は,そのような見解を基本的内容としたものであったが,ルイ・ブランは,第9版にいたって,根本的ともいえるほどの大幅な編別構成の増補改訂による内容の拡充をおこなっている。

すなわち,1850年に刊行した『労働組織』第9版においては,従来までの版の『労働組織』の基本的内容は第1編「工場労働」にとりまとめて,新たに三つの編をつけ加えている。

そして，第2編「農業労働」においては，フランスにおける農業の衰退は土地のかぎりなき細分化をもたらす小農制度によるものであって，大農場制こそが唯一の農村救済策であるとみなし，アソシアシオンと共同所有にもとづく《社会農場》の意義と必要性を主張する。

さらに，第3編「文筆労働」では，社会的に有意義な著述家の仕事を金儲けの営利的な職業とすることへの批判と，思想の私的所有権としての著作権制度に対抗するために，文筆労働のための社会的組織（アソシアシオン）としての《社会書店》の構想を提示する。

そのうえで，第4編「信用」において，金融上の支配者たちが手に入れている資本の「利子」なるものは原理的に不当なものであるにもかかわらず，個人主義と競争の制度のもとではそれを廃止することは不可能であるため，国立銀行の改革を過渡的措置として，民主的信用組織としての組合（アソシアシオン）による利子のない信用の実現を主張する。

ところで，この1850年の第9版における大幅な増補改訂は，1848年の二月革命後の臨時政府への閣僚としてのブランの参加と，そこでのリュクサンブール委員会の委員長としての〈国立作業場〉の設立やその短期的挫折などの経験をへて，より新たな論点を付け加えて，拡大された編別構成による新たな叙述の拡大をおこなったものである。

そして，総括的な見解として，大革命を進行させるという特殊な任務をもった「〈進歩省〉を創立して，……大革命の事業に信用，工業，商業を結合」[Blanc, 1850, pp. 70-71. 邦訳, 99-100ページ] すべきであって，そのためにまず《社会作業場》による労働の組織化をおこなう必要がある，としているのである。

そのような二月革命後の経験をへた論述であることは，第9版のなかで，「もし1848年の革命が，この道にしたがうことを決心した人々のみを政権につけていて……行動を委任された進歩省が設立されていたならば，今日において，社会主義による再生の事業はすべての討論を超越しているだろう」とか，「リュクサンブール制度は実験されていないのであるからして，共和国の議事日程としてまだ残されているのである」[*Ibid.*, p. 121. 邦訳, 165-166ページ] といった指摘や，「諸君は……二月革命の社会主義的諸理論が実施されるこ

とを望むか」といった問いかけをおこないながら論議を展開しているところにも，明らかである[6]。

## III　ルイ・ブランにおける「資本主義」語

　後年，「資本主義」(capitalisme) という言葉は，ルイ・ブランの『労働組織』において初めて使われたものであるという指摘をパッソウをはじめとしていく人かの論者がおこなっているのであるが[7]，しかし，1840年の『労働組織』の初版においては，「資本主義」という言葉を見いだすことはできない。

　さらに，1841年の新しい版にも，1845年の第4版にも，1847年の第5版においても「資本主義」という用語は使われていない。「資本主義」という用語は，1850年に出版した『労働組織』第9版において初めて使われているのである。

　では，なぜ，いかにして，ブランは，『労働組織』の第9版にいたって，「資本主義」という言葉を新たに使うことになったのか。

　ブランが『労働組織』のなかで「資本主義」という言葉を使っているのは，第9版で追加的に編をたてたなかの最終編である第4編「信用」においてである。

　この第4編「信用」において，ブランは，資本の利子と信用組織を問題にしているのであるが，その第1章「資本の利子は原理的に正しくない」において，まず，「資本」について次のように述べている。

　「資本とは何か？　経済学者たちによってあたえられた諸定義は同一ではない。しかしながら，そうした諸定義はすべてほとんどジョン・スチュアート・ミルのつぎのような定義に帰着するのである。資本とは再生産的使用にあてられた富である。この定義を支配しているのは，労働の観念である。働いているあいだ人間は衣食住を必要とする。労働の材料が必要である。機械や道具が必要である。かくして，資本は労働の手段または器具の

全体であると定義されうるのである。」[*Ibid.*, p. 156. 邦訳, 207-208ページ]

このように、ブランは、「資本」を「再生産的使用にあてられた富」であり「労働の手段または器具の全体である」というかたちで生産手段（労働手段と労働対象）そのものとしてとらえ、そのうえで、「利子」について、「利子とは何か？ これは資本すなわち労働用具の使用にたいして、それを所有しない人々が支払わなければならないところの価格である」とするのである。

すなわち、すべての人の生活のための手段である労働にとって必要な労働用具を、一部の人たちが排他的に独り占めすることによって利子が生じることになるのであって、「利子なるものは、一方の人々にとっては、万人のものに属さねばならない労働用具の独占の利得であり、他方の人々にとっては、生活権を実現する能力を買うために必要な価格なのである」[*Ibid.*, p. 157. 邦訳, 209ページ] とみなすのである。

そこから、ブランは、生産手段としての「資本」という万人にとって必要な事物を一部の人たちが排他的に専有するということによって、「資本主義」（capitalisme）と呼ぶべき事態が生みだされることになる、とするのである。

そして、有用物の貸し手が、支払日に、貸した価値のほかに受けとるサービスを「利子」とみなすバスティア（C. F. Bastiat, 1801-1850）にたいして、「資本主義」という言葉を使用しながら批判を加えていく。

「われわれは、バスティア氏の全体の議論の基礎をなしている詭弁がいかなるものから成りたっているかを知っている。この詭弁は、資本の有益性と、わたしが資本主義（capitalisme）と呼ぶもの、すなわち人による資本の排他的専有とを、たえず混同するところにある。ちょうど一つのものの有益性が、その性質から生じるのではなくてその独占から生じるかのように！ ……／まさに資本が有益であるため、そしてまた資本が必要であるため、資本の使用を大きく制限し資本の流通を遅くするところの利子なるものは、正しくないものである。それゆえ叫べ、資本万歳！ と。われわれは資本を賞賛し、そして、同時に、資本の不倶戴天の敵たる資本主義

（capitalisme）をそれだけ烈しく攻撃しよう。金の卵を産むめん鶏万歳！そして，その腹をさく奴にたいして，資本を守ろう。」[*Ibid*., pp.161-162. 邦訳, 216-217ページ]

このように，フランス初期社会主義の論者としてルイ・ブランは，1850年に，『労働組織』第9版において，ブルジョア体制擁護の経済学者バスティアにたいする批判のなかで，フランス語形で「資本主義 capitalisme」という新しい言葉を使用したのである。

これまで見てきたところからも明らかなように，ルイ・ブランは，労働用具そのものを「資本」とみなし，そのような「資本」の排他的専有という事態にもとづいて「資本家」が「利子」を手に入れるあり方を，「資本主義」という新しい言葉でもって表現したのである。

すなわち，ブランは，『労働組織』第9版において，それ以前にすでに存在していて日常的に通用していた「資本 capital」という言葉に関連させながら，「資本主義 capitalisme」という新しい言葉をつくり，特有の意味をもつものとして使っているのである。

そのようなブランの「資本主義」という言葉においては，近代社会批判におけるきわめて鋭い直感的洞察と，理論的混乱とが混在している。

まず，「資本主義」という言葉によって，生産手段が社会構成員のなかの一部の人によって排他的に専有されているという，近代社会に特有の社会関係のうえに生みだされるあり方をとらえている。

その結果，「資本主義」という新しい用語は，近代社会の経済的諸関係における生産手段についての所有＝非所有という私的所有の社会的分断構造によって基礎づけられるところの，富と貧困との対立と矛盾が生みだされる基礎たる階級的な排他的所有としての資本主義的私的所有のもたらす事態を示すものとしてつくられ，使われているのである。

そして，それとともに，そのような「資本主義」という新しい言葉で示された近代社会における私的所有がひきおこす矛盾と対立にたいして，生産手段の共同所有と協同労働にもとづく「社会主義」による矛盾の解決の方向を

提示する，という志向性を打ちだしているのである。

　ブランの「資本主義」という用語は，そのような近代社会の経済システムにたいする根底的批判にとっての基礎的要因を指し示すという積極的意義をもつものである。

　だが同時に，それは，他方では，資本家と賃金労働者との取り結ぶ資本＝賃労働関係を，利子を生みだす債権・債務の信用関係として把握するという，理論的混乱を基本的内容とするものとなっている。

　ブランはいう。

「信用とは何か？　個人主義制度の観点からすると，それは資本家に，一定の同意された条件でもって，一定期間のあいだ，労働者が資本家の産業を利用するために必要な労働用具の使用を労働者にゆずらせる信任なのである。／この譲渡がおこなわれるのは，資本家がそれに同意することによって利益を見いだすことのできる場合であり，そしてなお，彼が一時的にその権利をゆずるその価値がけっして失われないということが確かであるときである。そうでなければ，それはおこなわれない。」[*Ibid.*, p. 164. 邦訳, 219-220ページ]

　ブランは，利潤を生みだす資本＝賃労働関係という生産過程における「賃金労働者」と，利子を生みだす債権・債務関係における「債務者」とを，重ね合わせるかたちで同一視しており，しかも，それを「利子」に収斂するかたちで把握しようとしているのである。

「利子なるものは，一方の人々にとってはみんなの所有に属さねばならない労働用具の独占の利得であり，他方の人々にとっては生活権を実現する能力を買うに必要な価格なのである！　生きるためには，わたしは働かなければならないであろう。……そして，わたしは彼らの賃金労働者になるのである。／もし，わたし自身がより幸福であって，すでに何ものか例えば畑を持っているとしても，わたしはそれを耕作するためにわたしに欠け

ている労働用具を必要とする。そこで，わたしは，その用具の持ち主に頼んで，一定期間，わたしにその利用の譲渡を彼から得るのである。そして，わたしは，利子という名義でその使用にたいして彼に支払いをするであろう。かくしてわたしは彼の債務者になるのである。／このように，賃金労働者の状態と債務者の状態とは，どちらも，労働手段がみんなによって処置される代わりに，2，3の人によって排他的に所有されているという事実に，その起源をもっているのである。」[*Ibid.*, pp. 157-158. 邦訳, 209-211ページ]

このようにして，ブランの「資本主義」という用語は，利子−信用関係と直結したものとされているのである。

そのことは，「資本主義」という言葉が，『労働組織』第9版のなかの第1編「工場労働」においてではなく，第4編「信用」のなかで使われているというところに，端的に示されている。

そのように，ブランは，「資本主義」という用語でもって，直接的には，信用制度のもとで利子を生みだす特有の社会関係のあり方をとらえているのである。

彼は，「資本」を人間の生存にとって超歴史的に必要な生産的要因としての生産要素そのものと同一視しながら，「資本主義」を，近代社会に特有の生産過程における資本＝賃労働関係においてではなくて，信用制度のもとでの債権・債務関係による「利子」にかかわるものとしてとらえているのである。

ところで，ブランのそのような把握には，それなりの客観的根拠と理論的背景とがある。

その客観的根拠となっているのは，当時のフランスにおける前近代的関係の残存と，近代的な資本家的生産関係の発展の未成熟という現実的基盤そのものである。

たとえば，1831年にリヨンで蜂起した絹織物工についてみると，当時のリヨンの絹織物工業の中核をなして労働者を雇用していたのは，その多くが数

台の織機をそなえる小作業場（アトリエ）であった。これら小作業場の経営者が，織機の所有者であり，職工の雇い主であった。だが，同時に，彼ら小作業場経営者は，彼ら小作業場主にたいして資本や原料を前貸しして加工賃を支払っていた「商人＝製造業者」（マルシャン・ファブリカン）に支配されていたのである。小作業場主は半経営者にすぎなかったのである。

　小作業場主と「商人＝製造業者」のあいだには，加工賃や製品の品質・納期をめぐる紛争がたえなかったが，つねに優位を占め富を蓄積していったのは，工賃などの最終決定権をもつ「商人＝製造業者」であった。小作業場経営者と労働者のあいだにも対立はあったけれども，支配的な対立関係は「商人＝製造業者」と小作業場主を含む絹織物工業生産者とのあいだに存在していた，といわれている［阪上孝, 1981, 99-100ページ］。

　ブラン自身が『労働組織』のなかで挙げている事例を見ても，賃金労働者が雇われている企業は，平均して2, 3人からせいぜい10人程度の労働者が親方に雇われている業種がほとんどである。

　そして，そのような小企業主の場合，企業主は，「商人＝製造業者」としての金持ちに利益を生ませることを委託されるか，あるいは，仕事の先頭にたって賃労働者を直接に支配し彼らに賃金を支払うといった，金持ちと働く貧民のあいだの中間者であった，といわれている。

　他方，労働者自身について見ると，長い養成期間を必要とする職種にたずさわる職人的労働者と，製造工場や機械にしばりつけられている近代的な工場労働者とから構成されていた。

　そして，ブランが賃金（日給）や労働条件を示している製本女工，帽子製造女工，仕立て女工等の女子労働者38種類，藁ふとん仕上げ工，銀細工人，金箔師などの男子労働者76種類は，その多くは職人的労働者である。

　すなわち，ブランが『労働組織』の第1編「工場労働」において挙げている当時のフランスの労働者としては，親方によって使役されている職種の労働者が念頭におかれていたようである。そして，それと同時に，雇用主としての小経営者においては，近代的な資本家的企業経営者としての規定性がまだ曖昧で希薄である。

そのため，ブランは，「資本」を生産要素そのものとしながら，作業場主については，生産要素としての「資本」の生産的使用をつうじて利潤獲得をおこなう「資本家」としての規定性を明確にしないままに，「商人＝製造業者」に資金や資材を貸与されながら小作業場に少数の労働者を雇って生産活動をおこなう「親方」というかたちの把握となっているのである。

　ところで，ブランのそのような把握にあたっては，当時のフランスにおける資本家的生産形態そのものの未成熟という現実的基盤があっただけでなく，さらに，理論的把握にあたっての，当時のフランス社会主義者たちのなかで理論的には卓越していたプルードンの影響もあったようである。

　「利子」の不当性を資本主義批判の根底に定立したのはプルードンである。プルードンは，社会悪の根元を，所有権から生じるさまざまな形態による利子の収奪にあるとしていて，その根絶のために，生産—交換—消費の過程を等価交換によって媒介し，その自立性を貫徹させるための人民銀行を提唱しているのである。

　産業革命によって急速に資本主義化しつつある事態のなかで，「利子」の不当性を資本主義批判の基軸とするという点については，ブランも，同時代の他の社会主義者と同様に，プルードンの理論的影響を強く受けているようである。

　なお，「資本主義」という用語は，『労働組織』第9版のブランにおいても，わずか2回しか使われていない。「資本主義」という用語は，ブラン自身にとってもきわめて稀にしか使われないカテゴリーでしかないものである。

　ブランの『労働組織』の主題は，近代社会における競争の排除と《社会作業場》の設置＝アソシアシオン的労働組織による協同社会の設立の必要ということであって，それは近代社会における資本主義的経済構造の歴史的形態の解明とはなっていない。そのため，せっかく「資本主義」という用語を新しくつくりながら，それを軸にすえた近代社会の経済システムについての理論的把握をおこなうにはいたっていない。

## IV　ルイ・ブランとマルクスとのかかわり

　1811年生まれのルイ・ブランは，1818年生まれのマルクスや1820年生まれのエンゲルスと比べて，若干年長ながらもほぼ同世代の存在である。

　マルクスは，『ライン新聞』の編集者の職を辞して，1843年10月下旬にパリに移り住むが，同年12月にブランの『10年史』を読んでおり，翌1844年3月23日には，ピエール・ルルーやバクーニンなどとともにルイ・ブランも出席していた世界の民主主義者の会合に出席している［MEL研究所, 1960, 29ページ］。さらに，マルクスは，1845年1月下旬に個人的にブランに会っている。

　エンゲルスも，1847年10月25日付のマルクス宛の手紙のなかで，「やっと今日小男のルイ・ブランに——それも門番女と激しく争った末に——会えた」と書いており，ブランの印象については，「彼は非常に丁寧で，まったく懇切だった。君にもわかると思うが，この男なら大丈夫だ，世界一の素質をもっている」，と高い評価を与えている。そして，その手紙のなかで，以前のマルクスとルイ・ブランとの顔合わせについて，「君たちがいくらか冷淡に別れたことなどを残念がっていた」とも書いている。

　その後も，マルクスも，エンゲルスも，さまざまなかたちでルイ・ブランとの接触をもっている。さらに，フランス社会主義者のなかでそれなりに有名であったルイ・ブランについては，たとえば1845年から46年にかけてマルクスとエンゲルスとの共著として書かれた『ドイツ・イデオロギー』においても，何度か言及している。

　さらに，1848年の二月革命と臨時政府へのブランの入閣とリュクサンブール委員会の議長としての活動については，マルクスが1850年に執筆し『新ライン新聞』に発表した『フランスにおける階級闘争　1848年から1850年まで』のなかで，いわば政治的主役の一人としてブランの名前は続出している。

　ブランのロンドン亡命後においても，同じように1848年革命の挫折後の反動化によってロンドンに亡命したマルクスにとって，亡命者たちのさまざまな行動のなかでのかかわりがあって，マルクスの『亡命者偉人伝』（1852年

5〜6月)や『フォークト君』(1860年)などに、ブランは顔を出している。

　ところで、理論的な面について見ると、マルクスは、ルイ・ブランについてはとくにとりたてては問題にしていない。当時のフランスの社会主義者たちのなかで大きく問題にしたのはプルードンについてであって、プルードンにたいしては『哲学の貧困』(1847年)という批判書を書いている。

　ところで、ルイ・ブランの『労働組織』については、たとえばさきに見た1847年10月25日付のエンゲルスのマルクス宛の手紙のなかで、「労働者たちは彼の『労働組織』を安い値段で3000部印刷したが、2週間後には新版が3000部必要になった、とのことだった」と触れている。

　このようなブラン『労働組織』への言及は、エンゲルスがイギリスのチャーチストの中央機関紙『ザ・ノーザン・スター』1847年11月20日付（第526号）に掲載した「フランスの選挙法改正運動」のなかにおいても、「この地〔パリ〕の労働者は、革命、しかも最初の革命よりもはるかに徹底的で根本的な革命の必要を、かつてないほど深く感じとっているのだ。……しかも同時に、社会経済上の諸問題の研究に真剣に没頭しているのだ。これらの問題を解いてこそ、どんな措置によってはじめて万人の福利を確固たる基礎の上に樹立することができるかが明らかになるのである。1、2ヵ月のあいだに、ルイ・ブラン氏の著書『労働組織』が600部もパリ工場内で売れた。しかもこの本は5つの版が以前に発行されていることを考えなければならない」と述べているところでもある。

　ところで、ロンドン亡命直後の1850年代のはじめの時期に、エンゲルスは、ルイ・ブランにたいする全面的な批判の必要を感じたようである。1851年2月26日付のマルクス宛の手紙のなかで、「小男ブランのほうは、一度最近の機会に彼の全著作をやっつけるのもわるくはないだろう——君は『労働組織』や『革命史』を、僕は『10年』を、また2月以後に実行に移された協同組合は二人で一緒に批評するとして、『歴史の諸ページ』を。復活祭には僕がロンドンに行くから、そのときにでもいくつかはやれるだろう」と書いている。

　これらの諸点から見て、マルクスとエンゲルスがルイ・ブランの『労働組

織』を目にした可能性は大いにあったと見ることができる。

しかし，ブランが新しい内容をもりこみ「資本主義」という言葉をはじめて使った第9版にわざわざ目を通したかどうかは，明らかではない。

さらにいえば，ブランの『労働組織』の内容を理論的に問題にした指摘は見られない。

しかも，ブランが「資本主義」という言葉を初めて使った1850年のずっと以前に，マルクスは，すでに，1843年から44年にかけての『経済学・哲学草稿』において資本家・賃金労働者・土地所有者の三大階級の対比的分析をおこなっている。しかも，さらに，1845年から46年にかけてのエンゲルスとの共同執筆による『ドイツ・イデオロギー』において唯物史観を確立し，そのうえに，1847年の『哲学の貧困』によって「ブルジョア的生産」「ブルジョア的生産関係」といった資本主義カテゴリーを確定して，それにもとづきながらフランス社会主義者のなかの最高の理論家と目されていたプルードン批判をおこなっているのである。

そのようなマルクスとエンゲルスの到達していた理論的水準の高さから見て，1850年時点において，たとえブランの『労働組織』の第9版を読んだとしても，それに理論的に影響を受けたり，あるいはそこにおける「資本主義」という用語の使用に大きな意義を感じたりすることがありえたとは思われない。

1）ルイ・ブランの主な著作については，浅野研真［1932］に拠っている。
2）この時期のフランスの社会経済の状況と思想動向については，河野健二［1979］および，阪上孝［1981］に拠っている。
3）ブラン『労働組織』初版の結論部分については，ルイ・ブラン「労働を組織する方法について」［河野健二, 1979, 319-327ページ］に訳出されている。
4）一橋大学所蔵の第4版は283ページとなっているが，この相違については未点検である。なお，第4版については，阪上孝［1981, 124-132ページ］によって要約的紹介がおこなわれている。
5）第9版については，平凡社から出版された『社会思想全集』の第3巻（1932年）に，ロバート・オーエン『社会についての新見解』とならべて訳出掲載されている

（ブランの邦訳者は浅野研真氏）。だが，それには，ブラン批判にたいする反論の部分は省略されている。

6) ルイ・ブランが『労働組織』で構想した「社会作業場」と，1848年の二月革命によって成立した臨時政府により設立された「国立作業場」との相違については，草高木光一［1998］がくわしい。

7) たとえば，アントン・メンガーはその著『労働全収益論』において，「ルイ・ブラン以来，資本主義と呼び慣わされてきた経済形態は，……」と述べている［A. メンガー，1971, 192ページ］。

## 第3章　ブルジョア的気分
——サッカレー——

### I　人と作品

　サッカレー（William Makepeace Thackeray, 1811-63）[1]は，ディケンズ（Charles John Huffam Dickens, 1812-70）とならんで，19世紀のビクトリア時代のイギリス文学を代表する小説家である。
　サッカレーは，1811年に東インド会社の財務官のひとり息子としてインドのカルカッタに生まれた。1815年，4歳のとき父親が死亡。翌々年の1817年，6歳でイギリス本国に送り返され，インドに残った母親はヘンリー・カーマイケル・スミス少佐と婚約する。サッカレーは親戚の家を転々と移り，そののち寄宿舎生活を送ることになる。
　1821年，母親は再婚して，カーマイケル夫妻はイギリスに帰国し，サッカレーは新しい両親にかわいがられる。1822年，ロンドンのグラマースクール，チャーターハウス・スクールに入学。同年，カーマイケル・スミス氏はアディスコーム陸軍学校長となる。1828年，サッカレーはチャーターハウス・スクールを卒業し，翌1829年，ケンブリッジ大学トリニティ・カレッジに入学するが，翌年中退してヨーロッパに渡る。1831年，イギリスに帰国しロンドン法学院ミドル・テンプルに入所し法律を学ぶも，勉強に打ちこめず中退する。ロンドンにて賭博により父の遺産の一部を失う。そのあと，ドイツやフランスに放浪して文筆や絵画の修行を志す。義父カーマイケル・スミス氏はインドの銀行の破産により大損害をこうむる。
　1833年，カーマイケル・スミス氏はサッカレーのすすめにしたがって『ナショナル・スタンダード』紙を買収し，サッカレーは同紙のパリ通信員となる。だが，1年後に『ナショナル・スタンダード』紙は廃刊となり，カーマ

イケル・スミス氏はふたたび損失をこうむった。サッカレーは，評論を書いたり，詩作をしたり，描絵を描いたりしながら暮らしていたが，1836年，パリで知りあったイザベラ・ショーと結婚してロンドンに帰り，文筆と戯画の才能で生計を立てようとする。

1840年，妻が産後と家事のプレッシャーから発狂したため，精神病院への妻の入院治療と2人の娘をサッカレーの母親に預けての養育が必要になり，生活苦のなかで評論，戯作，小説と書きまくった。この時期に書いて『パンチ』などに寄稿した挿絵入りの戯文や風刺的な小説は，『イギリス俗物（スノッブ）列伝』(1847年) など当時流行の成り上がり根性のスノッブを風刺したものが多い。「スノッブ」という言葉も，そこから広く知られるようになったものである。

やがて，1847年から48年にかけて出した『虚栄の市』は，貧しい孤児の身から美貌と狡知によって上流階級の社交界に乗りだすレベッカ・シャープと裕福な商人の娘でおとなしいアミーリア・セドレとの学校友達の2人の人生行路を対比させながら描いた長編小説であって，19世紀の上流・中流階級の虚栄に満ちた俗物根性への鋭い風刺がひろく評判になり，一躍文壇に認められることになった。

さらに，18世紀の貴族社会の風俗を描いた長編歴史小説『ヘンリー・エズモンド』(1852年) や，19世紀のイギリスの上流・中流階級が外面的にはともかく内実においては地位と富をめざして冷たいものであることや，愛のない便宜的結婚などを痛烈な筆致で取りあげて描いた『ニューカム家の人びと』(1853～55年) 等によって，サッカレーは大作家としての揺るぎない地位を固めることになった。

さらに，1860年には『コーンヒル雑誌』の発刊にあたって初代編集長となり，イギリス文壇の重鎮としての地位を占めしたが，1863年，脳出血のため52歳で急死した。

サッカレーの作品の特徴は，社会風俗とさまざまな俗物の生態の生き生きとした描写，痛烈な風刺と世間知とのバランスなどにあるといわれている。そのように，サッカレーの主題は，下層社会を描くディケンズと違って，上

流・中流社会における俗物性へ向けられていることが多い。

　サッカレーのライバルとみなされることの多いディケンズは，少年時代から極貧生活のなかで学校にもろくに通えず，12歳から町工場に働きに出されて，独力で生活の糧を稼ぎながら，法律事務所の走り使い，速記者，新聞記者と，社会の階段を駆け上がりながら，作家としての地位を確保したものである。

　そのようなディケンズの小説は，19世紀前半のイギリスの繁栄の裏の恐ろしいまでの貧困と，非人道的な労働者の酷使という，社会の矛盾と不正を肌身で体験した彼の若き日々の生活に裏打ちされたものである。ディケンズは，みずからの体験で知った社会の下積み生活とその哀歓，世の中の不正と矛盾にたいする真っ向からの指摘を，ユーモアを交えながら作品にした。そのようなディケンズの小説は，養育院から逃亡した孤児オリバーの物語『オリバー・トゥイスト』（1838年）や，『クリスマス・キャロル』（1843年），あるいは自伝的長編小説『デビッド・カパーフィールド』（1849〜50年），孤児ピップの生涯の物語『大いなる遺産』（1861年）などによって示されている。

　それに比して，サッカレーの作品は，1840〜70年代にその〈黄金時代〉を迎えたビクトリア時代のイギリスにおいて，工業化と都市化の進行のなかで勢力を増大させた中流階級としてのブルジョアジーが，経済と政治の重要な担い手となりつつあるにもかかわらず，社会の階層的秩序のなかにおいては地主階級と貴族がなお支配階級としてその地位を維持しつづけているなかで，上層中流階級における成り上がり志向の意識と行動におけるそのスノッブ（俗物）根性に焦点をあてながら，それを痛烈に描いたものである。

## II　『ニューカム家の人びと』における「資本主義」語

　サッカレーの『ニューカム家の人びと』は，ペンギン・ブックスでも847ページもの大部の長編小説である。

　この著作は，1853年10月から1855年8月にかけて2年近くにわたって月刊方式で部分的に順次公刊され，問題の「資本主義」という用語を使っている

第46章は1854年の12月に発表されている。

　この『ニューカム家の人びと』は，1848年から1850年にかけて出した小説『ペンデニス』（The History of Pendennis）の主人公アーサー・ペンデニスがニューカム一族について書いた回想記という叙述形式となっている。

　それは，インド帰りのニューカム大佐とその息子クライブを中心とした物語であるが，ニューカム一族には，ニューカム大佐の義理の双子の兄弟であって銀行を経営しているブライアン（準男爵）とホブソン，そしてブライアンの息子のバーンズ，娘のエセル，エセルの祖母にあたるキュー夫人などがいる。

　ニューカム大佐の息子クライブは，大学卒業ののち画家を志し，父のお気に入りのエセルに心を寄せるが，エセルの家族はクライブの画家志望を軽蔑しており，エセルを貴族と結婚させようと考えていて，クライブとエセルとの結婚には反対であった。そして，ブライアンの息子バーンズは伯爵令嬢クレアラと結婚するが，不幸な結婚でしかなく，冷たい関係と暴力沙汰のあげくクレアラは家から逃げ出して離婚することになる。……

　といったかたちで物語は進行していくのであるが，そのなかでブルジョアとして中流階級である銀行家が上流階級である貴族との縁組みによってより高い社会的地位を確保したいという欲求とブルジョア的打算，そして，それにたいする貴族の側の利害損得への執着が，さまざまなかたちで繰り広げられている。

　そして，そのような筋書きの進行のなかで，次のような描写がでてきて，そのなかで「資本主義 capitalism」という言葉が使われている。

　「サミュエル・ヒッグ（Sam Higg）という名前は，イギリス―大陸間鉄道の理事会と結びついて，マンチェスターとロンドンの取引所では非常に影響力のあるものであった。ド・フロラック（Florac）夫人の兄は，最近，財産を残して死亡しており，それはド・フロラック夫人の財産にもかなりのものを付け加えた。彼女は，その資金の一部を夫の名義で鉄道に投資していた。その株券は額面以上の株価となっていて，配当金はよかった。モ

ンコントゥール王子（Prince of Montcontour）〔でもある長男のド・フロラック子爵 Vicomte de Florac〕は，〔イギリス―大陸間鉄道の〕パリ理事会では非常な重みをもってその地位についており，バーンズはそこへしょっちゅう訪問していた。資本主義（capitalism）のセンスは〔次男の〕ポール・ド・フロラック（Paul de Florac）を真面目にさせ，いかめしくさせた。45歳になって，彼は，若者であることを事実上あきらめ，そして，チョッキを大きくし，口ひげは少し灰色を示すようになっても，不機嫌ではなくなった。」[Thackeray, 1854, p. 488]

ここで取りあげられているのは，物語の主役であるニューカム家の人びとではなくて，脇筋ながらニューカム家とさまざまなかかわりのあるド・フロラック伯爵家（de Florac）のファミリーの面々である。

ところで，ド・フロラック家（de Florac）の当主たるド・フロラック伯爵（Comte de Florac）は，もともとヨーロッパでももっとも高貴で古い貴族の家系の一員であって，伯爵の称号をもっているだけでなく，いまや公爵の称号の正統な所有者でもある。

その妻であるド・フロラック伯爵夫人（Madame de Florac）は，実家はマンチェスターの富裕なブルジョアたるヒッグ家（Higg）の出身であって，貴族の称号へのあこがれをもっていた女性である。このように，ド・フロラック夫妻は，上流階級としての貴族の家系と，中流階級ながら豊かな経済力のあるブルジョア・ファミリーとが結びついた家族である。

この夫妻の長男は，伯爵の長男としての称号であり子爵の称号でもある Vicomte をもっているド・フロラック子爵（Vicomte de Florac）であるが，彼はさらにモンコントゥール王子（Prince of Montcontour）でもある。そして，伯爵夫妻の次男が，ポール・ド・フロラック（Paul de Florac）である。

そのように，ブルジョア・ファミリーと結びついた貴族の一家のなかに，ブルジョア化が進行している。

当主のド・フロラック伯爵は，妻の兄の死去にともなって妻に分与された遺産の一部が自分名義のものとして鉄道株に投資されていて，その株価は上

がるし，かなり有利な配当を受けとるようになっている。

　長男のド・フロラック子爵は，「親切だが浪費的な」性格の持ち主である。だが，銀行家であるニューカム家のホブソン兄弟のなかのブライアンの息子バーンズの強力な意向によって，「浪費家」のド・フロラック子爵が，ホブソン兄弟が密接な関係をもっている英国―大陸間鉄道の「フランス委員会」のポストを提供され，それによって貴族ながらもニューカム家やヒッグ家といったブルジョア・ファミリーと協調するようになっている。

　そして，そのようなド・フロラック家の家族のなかで，次男のポール・ド・フロラックも，かつて若い頃にはプロテスタントに改宗して両親たるフロラック伯爵夫妻を大いに心配させたりしたが，45歳にもなると，「資本主義（capitalisme）のセンス」を身につけて，分別くさい表情や身なりをするようになっている，というのである。

　そのように貴族とブルジョアとの結びつきの強まりのなかで，格式にこだわり経済観念にはルーズな貴族の一家においてもブルジョア的な「資本主義のセンス」を身につけるようになっている，というかたちで「資本主義capitalism」という言葉が使われているのである。

　ところで，このサッカレーの『ニューカム家の人びと』の場合には，そのような「資本主義」という新しい言葉は，叙述の流れとしては，「資本」や「資本家」という言葉が直前に使われてそれに直接に触発されるといったことなしに使われたようである。

　すでに見てきたように，ピエール・ルルーの『マルサスと経済学者たち』においては，「資本家の産業」における事態についての叙述として，「わたしは，資本主義の鞭のもとで労働する諸国民を見る」と，「資本家」という言葉に触発され結びつけられるかたちで「資本主義」という新しい用語が使われている。

　また，ルイ・ブランの『労働組織』（第9版）の場合には，「資本の排他的専有」ということによってひきおこされる事態を「資本主義」という用語によって表現するというかたちで，「資本」との特有の関連におけるものとして「資本主義」という新しい言葉が使われるようになっている。

ところが，サッカレーの『ニューカム家の人びと』においては，内容的にだけでなく，叙述の流れにおいても，「資本主義」という新しい言葉を使用するにあたって手がかりになる言葉としての「資本」も「資本家」もその文章の周辺には存在していない。サッカレーのこの本全体のなかには，ビジネス活動や投資について述べたりしているところもあり，「資本家」という言葉が使われたりしていることもあるが，しかし，そのような叙述や用語は「資本主義」という新しい言葉が使われる文脈のなかにおいては見られない。

さらにいえば，『ニューカム家の人びと』において使われている「資本主義」という言葉は，内容的にも，利潤めあての企業経営活動をおこなう資本家としての経済行為にたいして使われている言葉ではない。

サッカレーは，個人資産の運用として株式投資をおこなうといった資金の投資や，資本家的企業のポストに就いたりといった事態と並べて，きわめて一般的なブルジョア的気分のことを，「資本主義（capitalism）のセンス」と表現している。

このように，サッカレーの『ニューカム家の人びと』における「資本主義」という言葉は，経済学や社会分析におけるものではなくて，文学作品における描写のなかで使われている言葉であって，ブルジョア的な気分の一般的な表現のありようを示すものとして「資本主義」という概括的な抽象名詞が使われている。その意味では，企業の「資本」や「資本家」と直接的に関連するものとしての意味内容を明確にもつものとしてではなくて，むしろブルジョア的心情を情緒的に表現する言葉としてつくられ使われているものと見ていいようである。

## III　マルクスのサッカレー評

マルクスとサッカレーはほぼ同世代の人間である。

マルクスは，「イギリスの中間階級」という論文のなかで，イギリスにおける工場主などの中間階級について，その階級的立場からくる労働者階級にたいする抑圧的な行動を論じるなかで，イギリスの小説におけるサッカレー

などの文学者によるリアルな現実描写をきわめて高く評価し，次のように述べている。

「イギリスの小説家の生き生きとした，雄弁な作品は，あらゆる職業的な政治家，政論家，道学者たち全部をあわせたものが口にしたよりもはるかに多くの政治的・社会的真実を世間に伝えてきたが，このイギリスの小説家のいまの立派な仲間たちは，「身分の高い」年金受領者やあらゆる種類の商売を下等とみなす公債所有者から商店主や弁護士書記にいたる中間階級のあらゆる階層を叙述してきた。そしてディケンズとサッカレー，ブロンティ嬢とギャスケル夫人は彼らをどういうふうに描いただろうか？ 無遠慮，虚飾，けちな横暴，無知だらけとしてだ。そして文明世界はこの階級に「自分より上のものには卑屈で，自分より下のものには横暴である」という有無をいわせぬ警句をつきつけ，これでもって彼らの評決を確証したのである。」[MEW-10, S. 648]

そのように，マルクスは，「一方では貴族階級によって，他方では労働者階級によって封じ込まれている」[MEW-10, S. 648] イギリスの中間階級の，「無遠慮，虚飾，けちな横暴，無知だらけ」であって，上には「卑屈」で下には「横暴」なそのありようを描いているイギリスの小説家として，サッカレーの名前を，ディケンズやブロンテ姉妹，ギャスケル夫人と並べて挙げており，その政治的社会的真実についての生き生きとした描写について高い評価をあたえている。

また，マルクスにとっては晩年の時期たる1879年1月5日付の『ザ・シカゴ・トリビューン』に発表された雑誌記者によるインタヴュー記事《現代社会主義の創始者とのインタビュー》のなかで紹介されている「マルクスの書棚の本」のなかにも，「シェークスピア，ディケンズ，サッカレー，モリエール，ラシーヌ，モンテーニュ，ベーコン，ゲーテ，ヴォルテール，ペイン，イギリスやアメリカやフランスの青書類，ロシア語，ドイツ語，スペイン語，イタリア語等の政治上および哲学上の諸著作等々」があるといったかたちで，

サッカレーの作品も並べられていることが示されている。

1) サッカレーの生い立ちについては，主として，加藤猛夫［1935］に拠った。サッカレーの生涯については，『サッカレー，ハーディ』（世界文学大系 40，筑摩書店，1961年）におけるくわしい「サッカレー年譜」や百科事典などによる紹介などもあるが，事実や年次についての記述に相当の相違がある。加藤猛夫氏による評伝『サッカレー』は，それぞれの出来事や経過について Thackeray's *Work* などの典拠をくわしく挙げているので，もっとも信頼にたる記述と思われる。

# 第4章　どん欲な資本家
―― ブランキ ――

　「資本主義」という用語は，これまで見てきたように，1850年前後の時期にピエール・ルルーやルイ・ブランやサッカレーなどによって使われはじめたものである。
　ところで，その後しばらくの時期，すなわち1850年代から60年代にかけては，パッソウやデュボアや OED (*Oxford English Dictonary*) は，「資本主義」という用語を使った文献をほとんど挙げていない。かろうじて，1869年に，ブランキが『社会批判』において「資本主義」という言葉を使っている，とデュボアが指摘しているだけである。デュボアのみならずパッソウや OED をも含めて，1850年前後以後のものとして挙げられている文献はブランキを除くとすべて1870年よりのちの出版物である。
　ブランキが「資本主義」語を使ったとされる1869年といえば，マルクスが『資本論』第1巻を刊行した1867年の2年後のことである。
　マルクスにおける「資本主義」語あるいは〈資本主義〉概念とその用語法についてはあとで取りあげることとして，ルルーやルイ・ブランやサッカレーが使いはじめた「資本主義」という言葉が，『資本論』が出版された頃までどのような使われ方をしていたかについての一事例として，ブランキにおける「資本主義」語の使い方を見ておきたい。

## I　人物と社会的活動

　ルイ-オーギュスト・ブランキ (Louis Auguste Blanqui, 1805-81)[1] は，19世紀のパリの民衆蜂起と革命のほとんどに直接あるいは間接に関与し，76年の生涯のうち通算すると33年7ヵ月ものあいだ獄中にあり，拘束・監視付き強

制居住・追放または警察の監視等の約10年を合わせると43年2ヵ月ものあいだ不正常を強いられた生活を過ごし，政府権力には恐れられたが，民衆には「幽閉者」「殉教者」と呼ばれて尊敬を集め，多大の影響力をおよぼした革命家である。

ブランキは，1805年に，イタリア国境に近い南仏ニース北方の小都市ピュジェーテニエに生まれる。したがって，1811年生まれのルイ・ブランや1797年生まれのピエール・ルルーとほぼ同世代の人物である。父は元ジロンド派の国民公会議員で当時は郡長，兄ジェローム−アドルフはJ. B. セーの弟子で自由主義的経済学者である。

1814年のナポレオン退位とともに，父は職を失い，家族は強制立退きのためそれまで暮らしていた土地を離れることを余儀なくされて，一家は苦境におちいった。その後の王政復古期には，母が相続した叔母の遺産でなんとか生活したといわれている。

1818年，ブランキは，兄が復習教師をしていたパリのマッサン経営の寄宿学校に入り，リセ・シャルルマーニュに学ぶ。1822年，「自由万歳！」と叫びながら殺された共和派秘密組織「カルボナリ」(Carbonari, 炭焼党)の4人の軍曹の処刑を目撃して衝撃を受け，社会への批判に目覚める。1824年にリセを卒業，この頃，「カルボナリ」に加入。一時パリを離れるが，1826年にパリに戻り，マッサン寄宿学校の復習教師をしながらソルボンヌの法学，医学課程の試験準備をする。

1827年，学生デモに3度参加，3度負傷。1829年，ピエール・ルルーが編集者をしていたがまだ中庸派的傾向にあった『地球』(*Le Globe*)紙の速記者となる。だが，翌1830年，七月革命とともに『地球』紙を離れ，市街戦に参加した。

七月革命の「栄光の3日間」にもかかわらず王権の交代にすぎないかたちで成立することになったルイ−フィリップの七月王政に怒りを感じたブランキは，急進的な共和主義者の結社「人民の友協会」の反政府運動に参加し，1831年1月，ソルボンヌの学生の反政府デモに参加し，学生連合委員会の宣言を起草，学生登録資格剥奪処分を受け，逮捕投獄され，さらに，1832年，

政府批判の文書出版を口実とした〈15人裁判〉によって禁錮1年，罰金200フランの刑を受ける。

　この時期，バブーフの流れをくむブオナローティが亡命先のベルギーからパリに帰ってきていて，ブランキは平等主義者の伝統と半世紀にわたる体験を聞いて感銘を受け，地下運動の実践とその技術的戦術について学び，働く者の政府をつくる信念を固めたといわれている。

　1834年，『解放者』(*Le Libérateur, Journal des Opprimés*) 紙を発刊，秘密結社「家族協会」に参加する。1836年，「家族協会」による弾薬密造が発覚して逮捕され，禁錮2年，罰金2000フランの刑に処せられる。1837年，恩赦を受け，以後ジャンシでの監視つき強制居住となる。

　この頃，革命組織「四季協会」を組織。1839年5月12日，パリで「四季協会」による武装暴動をおこしたが，警察と軍隊によって打ち砕かれて失敗し，10月に逮捕されて死刑判決（無期刑に減刑），モン-サン-ミシェルの獄につながれた。1847年6月，出獄後ブロアで強制居住生活。

　1848年，二月革命の報を聞き，共和派と社会主義者とによる臨時政府の成立したパリに戻って，一般には「ブランキ・クラブ」と呼ばれた「中央共和協会」を設立した。同年3月31日，政論記者タシューローが発行している『回顧誌』(ルヴュ・レトロスペクティヴ)に，ブランキが1839年に同志を裏切って内務大臣に尋問陳述をしたという内容の「1839年5月12日事件」と題する「タシューロー文書」と呼ばれる誹謗文書が掲載されて，多くの仲間たちの疑惑と離反をまねく。

　さらに，4月の選挙で社会主義派が後退するなかで，ブランキは，同年5月15日，パリのデモ労働者による国会乱入と議会の解散を宣言した事件に連座して5月26日，逮捕され，またしても獄につながれた。このため，6月23日にはじまった，国立作業場の解散をもくろんだ政府の措置に憤激したパリ労働者による蜂起と多くの犠牲者を出した〈六月事件〉のときには獄中にあって，蜂起の指揮をとることができなかった。1849年，〈5・15事件〉裁判で10年の独房拘禁の刑を受ける。主としてベル-イール-アン-メールの懲治監に閉じこめられたのち，1859年4月に刑期は終了するも，ナポレオン3世政府はブランキをさらにマルセーユの監獄につれもどし，ラマルグ要塞等をへ

てアフリカのアルジェリアにあるマスカラの流刑者収容所に拘禁する。

1859年8月，ブランキは恩赦令によってやっと釈放されて自由の身となり，パリに帰る。

1861年3月，秘密結社と非合法出版を口実として逮捕，4年の禁錮刑を受けマザス監獄に入獄。12月，サント-ペラジ監獄に移され，以後，第二帝政の60年代半ばまで獄中にあった。この1862～64年の時期に，面会日が週2回あり監視がゆるやかであったサント-ペラジ監獄に出入りしていたトリドン，シャルル・ロンゲなど多くの若者たちに多大の影響を及ぼしたといわれている。

1865年8月，病気のため獄中から送られたネッケル病院から脱走してベルギーに逃れる。そこで，1868年には，国際労働者協会（第一インターナショナル）の第3回ブリュッセル大会に参加したとのことである。

1870年1月12日，ナポレオン一族のピエール・ボナパルトに射殺されたジャーナリストのヴィクトル・ノワールの葬儀にブランキとブランキ派の軍事組織は武装して参加したが，軍事的衝突は不発におわった。

同年8月12日，普仏戦争の混乱に乗じてブランキはひそかにパリに帰る。8月14日，ブランキ派はラ・ヴィレットの兵営に武器をもっておしかけ暴動への参加を呼びかけたが兵士たちは呼応せず，ブランキ派だけの武装行進ののち解散。この暴動計画も失敗した。

9月4日，帝政の崩壊と国防政府の成立ののち，『祖国は危機に瀕す』(*La Patrie en danger*) 紙を発刊して祖国防衛戦争を訴えたが，1871年3月17日，ブランキは，パリ・コミューン勃発の前日にまたもや逮捕される。

コミューン側はヴェルサイユ政府にたいしてパリ大司教ダルボアや元裁判長ボンジャンを含む74人の政府側捕虜とブランキ1人との交換を申し入れたが，ブランキの影響力を恐れる政府側はこれを拒否した。

コミューン壊滅後，ブランキは，イギリス海峡に面した岩礁に築かれたトーロー城塞監獄に入れられ，さらに軍事法廷で終身禁錮刑を受け，クレルヴォーの中央監獄に投獄された。8年あまりの獄中生活ののち，判決の取り消しによる大赦法によってブランキが出所したのは，1879年6月10日であった。

こうして、ブランキは、その生涯において蜂起と入獄をくりかえし、1881年1月1日に脳溢血のため死去した。75歳と11ヵ月であった。彼の葬儀には実に10万人もの会葬者が列を連ねたという。

このようにその生涯を革命のための蜂起と入獄のくりかえしで過ごし、しかも、獄中で書きためて面会に来た家族にあずけてあった著作の原稿やノート類を、1858年に母が死亡する直前に弟のジェロームに焼かせてしまっていて、ブランキには、ルイ・ブランやピエール・ルルーのようなまとまったかたちで書かれた著作はほとんどない。

現存しているブランキの著作の大部分は、その折々に書かれた宣言、声明、所感、評論、論説、手紙、ノート等々の断片をもとにまとめられたものである。それは、近代社会についての経済・社会問題にかんする論稿としてまとめられた『社会批判』、革命的機運の熟しはじめた第二帝政末期の1868〜69年頃に「パリの蜂起は、もはや今日、これまでの古いやり方では成功の見込みはない」として蜂起とバリケードによる市街戦のための技術的考察をおこなった『武装蜂起教範』、パリ・コミューンにあたって発刊された『祖国は危機に瀕す』紙に掲載したブランキの主要論説をまとめた『コミューンの烽火(のろし)』などである。それ以外に、ブランキ生存中に出版された著作として、1871年にパリ・コミューン直前に捕らえられ閉じこめられたトーロー要塞の陰鬱な獄房において責苦を逃れるために執筆し、1872年2月に出版した『天体による永遠』がある。

## II 『社会批判』における「資本主義」語

ブランキがその著作のなかで「資本主義 capitalisme」という用語を使っているのは、『社会批判』のなかにおいてである。それは2個所に見いだされる。

この『社会批判』は、ブランキ自身が自分の社会・経済問題にかんする論稿を死後に出版できるよう遅くとも1872年までにまとめたものにもとづいて、E. グランジェによって他の草稿を加えられて編集され、『社会批判』(*La critique sociale*, 2 vols., 1885, Paris) として公刊されたものである。

　構想されていた草稿の構成は，1「資本と労働」，2「奢侈」，3「高利の弁明」，4「共産主義——未来の社会」，5「断片」の5部からなり，これにプロローグが加えられるはずであったとのことである［ブランキ，1991，「訳注」431-432ページ］。

　だが，現行 Editions sociales 版（ES版）『オーギュスト・ブランキ選集』ではその構成も大きく変えられており，そこではまず，それなりのまとまった論述がおこなわれている1「高利」(1869〜70年) と2「共産主義——未来の社会」(1869〜70年) がおかれ，そのあと，個々の断片が並べられている。なお，邦訳では，原書コピーにもとづいて省略が補われ，ブランキによる「序言」も付け加えられて，構成も一部変えられている。

　この『社会批判』については，ブランキ自身，「本書は経済学の書ではなく，未来について問う一節をともなった，資本およびその母，高利にかんするモノグラフィーである」［ブランキ，1971，145ページ］と指摘しているものであって，近代社会のさまざまな問題点についての論評の羅列のかたちをとっており，全体としてまとまった論述がおこなわれたものとはなっていない。

　ブランキは，1「高利」において，近代社会の現実における災厄をもたらしている事態について，「分業の結果，個人の独立はいやおうなく犠牲にされている」と，人間社会の歴史的発展のなかで人類は分業の発達によって個人の独立が犠牲にされることになり，それ以来，社会は交換のうえに成り立つようになったとみなしている。そして，そのうえで，交換の媒介者としての貨幣がもたらした結果として，「貨幣のもたらしたサービスが非常に高くついた」のであって，「高利，資本家的搾取，およびその邪悪な娘たちたる不平等と困窮をつくりだした」［Blanqui, 1971, pp. 140-143. 邦訳, 147-150ページ］ととらえている。

　だが，ブランキは，このような災厄をもたらしている事態は，実は不可避なものではなかったとみなしている。

　というのは，「貨幣が誕生したとき，人間にはこの交換手段の使用方法が二つ与えられていた。一つは友愛であり，もう一つは利己主義である。公正

第4章　どん欲な資本家　75

をもってすればすぐさま総合的協同体(アソシアシオン・アンテグラル)が出現したのであろうが、実際には略奪の精神が際限のない悲運を生みだし、人類の歴史を耕したのである」という。すなわち、貨幣を利己主義の方向で使用するようになったため、そこにおいて「資本の蓄積は、協同組織(アソシアシオン)によってではなく、大衆を犠牲にし、少数者の利益のために個人的独占によっておこなわれた」のであって、「吸血鬼は容赦なき搾取に全身全霊を打ち込んだ。こうして高利は全世界の災厄となったのである」[Ibid., pp. 143-144. 邦訳, 151-152ページ]としているのである。

そこから、ブランキは、労働者の政治権力の獲得による革命によって、資本により労働が搾取されている近代社会の経済社会構造を「総合的協同体」としての共産主義に変革すべきであると考えて、革命の必要を主張するのである。

そのような把握にもとづきながら、ブランキは、つづく2「共産主義──未来の社会」において、協同組織にもとづく共同体的な共産主義体制と対比しながら近代社会の現実的事態を問題にし、そのなかで「資本主義 capitalisme」という言葉を次のように使っている。

「共同体的体制 (le régime communautaire) のもとでは、善は万民を益し、悪は誰をも益さない。豊作は祝杯をあげるべきものであり、不作は災難である。他人を害することで利益を得るものは誰もなく、他人にとって有用なことで苦しむものは誰もない。すべては正義と理性にのっとっている。在庫は、工業や商業の恐慌を招くことなしに、放出できるであろう。現在では災害なしには不可能な製品の蓄積も、その逆に、製品の自然的劣化のほかにはほとんど限界をもたないものとなるであろう。／たちの悪い草木が良い草木をおしのけて土地を占領してしまうことは、しばしばあるものである。儲けに貪欲な資本主義 (capitalisme) はいつも目を光らせていて、協同組織(アソシアシオン)の領分を占拠してしまい、そのためこの進歩のためのすばらしい道具は、その手のなかで現実にはシャスポー式銃になってしまったのである。それは中小商工業を放逐するために用いられたのである。」[Ibid., p. 147. 邦訳, 158-159ページ]

ブランキは，ここで，人間社会の歴史的発展のなかで「分業」の発達によって個々人は自立性をもちえなくなり，そのような個々人のあいだの社会的連関がとる「交換」にとっての「媒介者」としての「貨幣」の利用が，友愛にもとづく総合的協同体というかたちにおいてではなくて，利己主義にもとづく使用の仕方をされたため，その結果，略奪の精神が際限なく広がって「高利，資本による搾取」がおこなわれ「不平等と貧困が誕生」することになった，としているのである。
　そして，そのことは，近代社会における社会的連帯にもとづく「協同組織の領分」であるべきものが「儲けに貪欲な資本主義」によって占拠されてしまったことによるものである，としているのである。
　ここでブランキが「資本主義」という言葉によって表現しているのは，本来は協同組織が占めるべき領域を占拠してしまっている近代社会のなかの「儲けに貪欲な」要因についてである。すなわち，そこにおける「資本主義」という用語は，近代社会の社会・経済体制そのものを示すものではない。それは，「協同組織の領分を占拠」する「儲けに貪欲な資本主義」(le capitalisme, âpre au gain) というかたちで使われているところからも明らかなように，「資本」そのものと同じものとして使われているのである。
　ところで，ブランキは，この「共産主義――未来の社会」の節のなかで，さらに，革命によってひきおこされる事態に関連して「資本主義」という用語を使っている。

　「革命の翌日こそ芝居の山場である。かといって，急激な変化がおこるというわけではない。人や物事は昨日と同じである。ただ希望と恐怖とがそのところを変えるのである。鎖は断ち切られ，国民は自由になり，その前に果てしなき地平線が開ける。／そのときなにをなすべきであるか？ 1848年のときと同じように，昔と変わらぬ馬車にただ新しい馬をつけ替えるだけで，静かに昔と同じわだちを踏んでいくのか？ このわだちがわれわれをどこへ導くかは知っているとおりだ。これに反して，良識がついに支配的になるならば，ここで二つの平行した道をすすんでいくことになる。

一つの道は各段階を一段一段とすすんで普遍的総合教育に達し，今一つの道は前者の各段階に対応する段階を経て共同体に到達する。／この二つの道をすすむにあたってまずなすべきことは，障害物の破壊である。障害物とは何であるかは十分に知られているとおりである。まず黒服の軍隊，そして，その傍らには資本の陰謀。黒服の軍隊を第一線から立ち退かせる，これは簡単な仕事だ。資本はそれほど簡単にはいかない。人もすでに知っているとおり，資本がとる常套手段は逃げること隠れることだ。そうしておいて，資本主義（capitalisme）は窓辺に身をよせて，人民が溝のなかで右往左往するのを静かに眺めているのだ。1848年の状況はまさにこれであった。人民は呻り，嘆き，不平を言い，腹を立てたときにはもう遅すぎて，さんざんに打ちのめされ，武器を取りあげられてしまった。二度とこのようなことはくりかえすまい。／通貨が姿を消すのを押しとどめようなどというのは不可能なことだ！／そんなことは気にさえしなければいいのだ。通貨が消えたとて，動産や不動産は逃げも隠れもできないのだ。それで十分だ。もっとも急を要することにまず手をつけるのだ。」[*Ibid*., pp. 163-164. 邦訳, 183-184ページ]

ブランキは，「教育と共同体とは顔をそろえてすすみ，どちらも一歩たりとも他に先んじることはできない」[*Ibid*., p. 163. 邦訳, 182ページ]と，「普遍的総合教育」と「共同体」との両者の実現によってのみ共産主義を打ちたてるこことができると強調している。

というのは，ブランキによれば，「共産主義なしには教育が普遍的なものとなることはありえず，教育なしに共産主義が普遍となることもありえない。共同体下の人間とは，誰も騙すことができず，誰も思いのままに引きまわすことができない人間である。一方，無知な人間はすべてカモであり，ぺてんの道具であり，奴隷であり，奴隷制度の道具である」[*Ibid*., p. 148. 邦訳, 161ページ]からである。

したがって，「共同体は啓蒙の光があまねくゆきわたり，一人として他人に騙されるような者がいなくなったとき初めて完成されたものとなるであろ

う。その暁には，誰一人として財産の不平等に苦しむことはなくなるだろう。ところで，この条件にかなうのは，ほかならぬ共産主義のみなのである」[*Ibid.*, p. 152. 邦訳, 166-167ページ] というのである。すなわち，「共産主義は教育の全般的普及によって必然的に生まれるものであり，またそれなくしては生まれることのできないものである」[*Ibid.*, p. 154. 邦訳, 169ページ] とみなしている。

　そして，労働者の武装蜂起にもとづいて革命権力を確立すると，ただちに普遍的総合教育と共同体的協同組織の実現にとっての障害物を取り除くことが，共同体的な共産主義体制を実現するための緊急の課題になるとして，とくに軍隊と経済について，次のような「即座に断行すべき措置」をとるべきであるとする。

　すなわち，政府としては「パリの独裁」としての革命的独裁をおこないながら，そのもとで，「中，上級官吏の即時免職」と「刑法および司法官職の廃止」をおこない，軍隊については，「軍隊を廃止」し「男女を問わずすべての黒服の軍隊を追放」して，民兵制度による「国民自衛軍の創設」と「労働者および共和主義人民の全面武装」をすること。

　そして，経済については，「1.すべての工業，商業主にたいし，雇用，賃金等，現在の状態を暫時そのままに据え置くよう命令を発すること。これを守らぬものは追放すること。国家はこれら雇用主と話し合いをつけること。命令を拒否して雇用主が追放された場合には，国家管理をもってこれに代えること」。「2.関税，鉱山，大工業会社，信用，交換手段の問題を規制するための適切な会議の招集」。「3.労働者協同諸組織の諸基盤を設定する任務を負う会議の開催」の3項目を挙げている。

　経済にたいしてそのような緊急措置をとる必要性について，ブランキは，「雇用主にたいする国家命令により，資本の不意打ちは回避することができよう。これは最初になされねばならぬ絶対必要なことである。そうしなければ，労働者は溝のなかで新しい社会的方策を待つより仕方がなくなってしまうであろう」[*Ibid.*, pp.164-165. 邦訳, 184-185ページ] と，その緊急性を強調している。

このように，ブランキは，革命権力が即座に断行すべき措置を提起しているのであるが，このことは，1848年の二月革命において，労働者，学生，小市民といったパリの民衆の蜂起と市街戦によってそれまでフランスを支配していた政治権力を打ち倒しながら，その後の過程において結局のところ蜂起した民衆の要望は実現できず，ブルジョアジーによって政治的に取りこまれてしまったという，歴史的経験についての痛切な反省にもとづいているのである。

すなわち，民衆が力を発揮している革命的状況のもとにおいては，資本は，表舞台から逃避し，姿を消してひそかに事態を見まもっており，労働者を中心とした民衆が力をもたなくなってしまい方向を見失ってから再び姿をあらわすものであることを，ブランキは，「人もすでに知っているとおり，資本がとる常套手段は逃げること隠れることだ。そうしておいて，資本主義（capitalisme）は窓辺に身をよせて，人民が溝のなかで右往左往するのを静かに眺めているのだ」と述べているのである。

そのように，危機的な状況のなかで逃避した「資本」が形勢を観望している状況を「資本主義は窓辺に身をよせて，人民が溝のなかで右往左往するのを静かに眺めている」と表現しているのであって，そこで使われている「資本主義」とは「資本」そのものあるいは「資本家」のことを指すものであることは明白である。

なお，邦訳のブランキ『社会批判』には，これ以外にも「資本主義」と訳している個所が存在するが，それらは原書では「資本主義 capitalisme」ではなくて，「資本家的 capitaliste」という言葉が使われているものである。

なお，S. モリニエほか著『コミューンの炬火――ブランキとプルードン』所収のモリニエ『ブランキ』の翻訳には，それ以外にもブランキからの引用文のなかに「資本主義」という言葉が使われているが，しかし，その文章が書かれている出典は明らかでないし，さらに，「資本主義」と訳されている言葉の原語も確定できない。

したがって，確定できるかぎりにおいては，ブランキにおける「資本主義」という言葉の使い方は，「資本」や「資本家」と同義のものとして使われて

いるものである。

　このことは、「資本主義」という用語の使用ということにとって、他の国々にさきがけて1850年前後にフランスの社会主義者たちによって使われはじめた「資本主義」という新しい言葉が、1870年頃のフランスにおいてもなお、「資本」や「資本家」と同じものとして使われているという事例を示すものである。

## III　ブランキとマルクス

　1805年生まれのブランキは、1818年生まれのマルクスよりも13歳年上であり、しかも革命運動への参加はマルクスよりもはるかに早く、1830年の七月革命では市街戦に参加している先輩である。

　マルクスは、革命家としてのブランキにたいしては、敬意をこめて高く評価していたようである。

　マルクスの著書、論文、書簡のなかで「ブランキ」の名前が出てくるのは、フランスにおける1848年の七月革命後の反動的巻き返しとしての六月事件からである。

　マルクスは、1848年6月1日からケルンにおいて『新ライン新聞』を発行・編集しているが、それはまさに1848年革命の直後のことであり、フランスでは二月革命によって共和派と社会主義者とからなる臨時政府を打ちたてたパリの労働者、小市民の強力な力にたいしてブルジョア的支配のための巻き返しが強行されようとしている時期であった。

　そのような状況のもとで、6月23日にはじまる労働者のデモにたいする政府側軍隊による軍事力の強力な使用の結果、殺戮的な鎮圧をもたらしたいわゆる〈六月事件〉にたいして、マルクスとエンゲルスは、事件がはじまった直後の6月26日に、『新ライン新聞』に「パリからの報道」という記事を書き、その後も報道をつづけながら、この事態は「ブルジョアジーにたいするプロレタリアートの革命」であると特徴づけ、パリの労働者を力をこめて擁護している。

マルクスは，その後，1848年の二月革命と六月事件，1851年のルイ-ナポレオン・ボナパルトの反革命クーデター，そして1871年のパリ・コミューンと，19世紀のフランスをくりかえし襲った革命的激動と反動的ゆりもどしについて，『フランスにおける階級闘争　1848年から1850年まで』（1850年），『ルイ・ボナパルトのブリュメール18日』（1852年），『フランスにおける内乱』（1871年）を書いている。

　それらは，いわゆる唯物史観にもとづいて政治的社会的諸事件を経済的階級的基礎から明らかにしてそれらの諸事態の原因と性格を解明したものであって，エンゲルスにいわせると「歴史上の大事件がまだわれわれの目前で演じられている最中か，あるいはようやく終わったばかりのときに，これらの事件の性格や意義や，その必然的な結果を明瞭に把握するという，驚くべき才能」[MEW-17, S. 615]を示しているものである。

　そのなかで，マルクスは，革命家としてのブランキについて一貫して高い評価をあたえている。

　1848年の二月革命から六月事件による労働者の敗北とそしてルイ・ボナパルトの登場前夜までの政治的諸事件を明らかにした『フランスにおける階級闘争』においては，次のような指摘がおこなわれている。

　「プロレタリアートは，ますます革命的社会主義のまわりに，すなわち，ブルジョアジー自身がそれにたいしてブランキなる名称を考えだした共産主義の周囲に結集しつつある。この社会主義は，革命の永続宣言であり，階級差異一般の廃止に，階級差異の基礎であるいっさいの生産関係の廃止に，これらの生産関係に照応するいっさいの社会関係の廃止に，そしてこれらの社会関係から生じるいっさいの観念の変革に到達するための必然的な過渡点としてのプロレタリアートの階級的独裁である。」[MEW-7, S. 89-90]

　マルクスは，そこでは，ブランキを「革命的社会主義」「共産主義」の代名詞であるかのようにみなすとらえ方を肯定している。

さらにまた，1851年12月のルイ・ボナパルトの反革命クーデターの原因を解明した『ルイ・ボナパルトのブリュメール18日』のなかでは，マルクスは，「ブランキとその同志たち，すなわちプロレタリア党の真の指導者たち」といったかたちで，ブランキを「プロレタリア党の真の指導者」と評価している。

　さらに，1870年代にいたっても，マルクスは，パリ・コミューンの性格と本質について分析した『フランスにおける内乱』のなかで，コミューン側とティエールの臨時政府とのあいだのブランキ1人とパリ大司教を含む74人の捕虜との交換の申し入れにたいして政府側が頑強に拒絶したことを詳しく述べながら，「ティエールは頑強に拒絶した。彼は，ブランキを渡せばコミューンに首領をあたえることになる……ことを，知っていたのである」と，ブランキはパリ・コミューンの「首領」たる人物であると評価している。

　このように革命家としてのブランキについてのマルクスの高い評価は，1851年のロンドンにおける〈平和者の宴会〉でのブランキの「乾杯の辞」問題においても明瞭に示されている。

　この〈平和者の宴会〉というものは，1851年2月24日，二月革命の3周年の記念日にロンドンで開かれた国際的な示威のための集会であって，それは亡命フランス人たちのなかのルイ・ブランのグループとブランキ派のバルテルミ，アダンらとヴィリヒ=シャッパー派とが一緒に組織したものである。

　宴会主催者からの要請によって，ブランキは，ベル–イール–アン–メール–ブルターニュの牢獄から，この宴会にたいして「乾杯の辞」を送ったが，その「乾杯の辞」には，ルイ・ブランやその他の臨時政府の閣僚メンバーにたいする痛烈な批判がおこなわれていた［MEW-7, S. 568-570］。

　この「乾杯の辞」は，宴会委員会の委員13名のかなり長い討論の結果7対6の賛否によって握りつぶされることになったが，それにたいして，マルクスとエンゲルスは，ただちに，このブランキの「乾杯の辞」に序文をつけてドイツ語と英語に翻訳し，ドイツ語訳は3万部印刷してドイツとイギリスで配布している。エンゲルスは，さらに，3月5日に『タイムズ』編集者に宛ててこのブランキの「乾杯の辞」の英語訳を添えて手紙を出しているし，マ

ルクスもまた,『亡命者偉人伝』(1852年5～6月に執筆)と『気高い意識の騎士』(1853年11月21～28日頃執筆)のなかで詳しくその経緯について記し,それを1854年にニューヨークでパンフレットとして出版している。

そのように,ブランキにたいして革命家,社会主義者として高く評価しただけではない。マルクスは,ブランキの個人的な窮状にたいしても気にしていたようである。

ブランキは,1859年4月に10年の刑期が満了したが,それにもかかわらず再逮捕されてアルジェリアのマスカラの流刑者収容所に入れられ,8月になってやっと恩赦令により釈放されて自由の身となったが,1861年3月10日にまたもや逮捕され,パリのマザース監獄に入れられて虐待行為を受け,さらにサント-ペラジ監獄で服役させられることになる。

そのような事態にたいして,マルクスは,1861年5月8日付のラサール宛の手紙のなかで,「僕たちは,できればアーネスト・ジョーンズといっしょに,この奇怪事について大衆的な集会を開くつもりである」と書いている。

そのようなマルクスのブランキにたいする個人的な気持ちは,11月10日付のルイ・ヴァト宛の手紙で,「フランスで,プロレタリアの党のことを,頭と心でつねに考えてきた人〔ブランキ〕の運命に,私ほど関心をもつものはいないということを確信してください」と書いているほどである。

そのようなマルクスとブランキとのあいだに,その生涯のなかで個人的に直接的な接触があったかどうかについては明確に言及された証言はない。けれども,個人的に会ったことがある気配はある。

マルクスは,1870年にパリに住んでいる次女ラウラと娘婿のポール・ラファルグ宛の手紙のなかで,「ブランキはどうしている？ 彼はパリにいるのかな？」[MEW-32, S. 656]と書いたりもしており,個人的な親近感をこめた感じで気にしていることがわかる。

1871年3月18日,政府の武力的奇襲に対抗したパリの民衆の蜂起によってパリ・コミューンが成立することになるが,ブランキは民衆蜂起の前日の3月17日に逮捕される。

ところが,パリ・コミューンが打ちたてられたばかりの同年の3月末に,

フランスの保守的＝君主主義的な日刊新聞『ル・ゴロア』(*La Gaulois*) に，パリ・コミューンはロンドンでマルクスがブランキたちと協議して組織したものであるという捏造記事が掲載され，それがロンドンの各紙をにぎわしている。

それにたいして，マルクスは，ただちに，『タイムズ』(4月4日付掲載) や『デイリー・ニューズ』(4月6日付掲載) に，それはまったくのでっち上げであるとして抗議のための公開の手紙を送っている [MEW-17, S. 302-303]。

この問題は，さらに，同年7月11日のマルクスからレオン・ビゴ (在パリ) 宛の手紙 (草稿) においても取りあげられている。

レオン・ビゴ (Léon Bigot) は，フランスの弁護士で共和党左派の政論家であり，コミューン敗北後にヴェルサイユ軍事法廷でコミューンの戦士たちの弁護人をした人物であって，さきの捏造新聞記事においてマルクス，ブランキとともにパリ・コミューンについて共同謀議したとされているアシ (Adolphe-Alphonse Assi, フランスの機械工で，プルードン左派。国際労働者協会パリ支部のメンバー，国民軍中央委員およびパリ・コミューン議員) についてのヴェルサイユ第3軍事法廷での裁判の弁護人であった。

マルクスのビゴ宛の手紙は，アシとマルクスとの関係についてビゴが国際労働者協会総評議会書記に宛てて問い合わせた手紙の返事として書かれたものである。

「私のものであるとされ，また私がそのなかでアシ氏のことを話題にしているとされているあの手紙は，パリの諸新聞が私のものとしているすべての手紙同様，偽造であることを言明します。／私は，1回を除いて，私的にも公的にもアシ氏とかかわりをもったことはありません。3月18日革命〔パリ・コミューン蜂起〕の数日後，ロンドンの諸新聞がある電報を掲載しましたが，それによると，この革命は私がブランキ氏およびアシ氏とひそかに手を組んで準備したものである，ということになっていました。このふたりが私としめし合わせるためにロンドンへ来たというのです。私は当時すでに，これはすべてフランス警察のでっち上げたつくり話であるこ

とを,『タイムズ』紙上で言明しました。」[MEW-33, S. 244]

　パリ・コミューンをマルクスとブランキが共謀してひきおこしたというのはまったく論外のでっち上げであることはいうまでもないところであるが,しかし,そのような捏造記事そのものはマルクスとブランキとの親密な間柄についての一般的な見方を反映しているところであろう。

　なお,この手紙で,マルクスは,アシに会ったのは1回だけであると明言しているが,ブランキについては,それまでに会ったことがあるかどうかについてはまったく触れておらず,否定も肯定もしていない。

　1871年のパリ・コミューン壊滅ののちには,ブランキ本人は幽閉の身として政治の舞台から遠ざけられてしまい,マルクスも,パリ・コミューンに取り組んだ『フランスにおける内乱』を1871年4月から5月にかけて書き上げたのちには,ブランキへの言及はほとんどなくなってしまっている。

　これまで見てきたように,マルクスによるブランキにたいする評価は一貫して肯定的評価を示しており,マルクスによるブランキにたいする否定的評価は基本的には存在していない。

　ブランキにたいする批判的見解は,パリ・コミューンののちの1870年代の半ば以降に,エンゲルスによっておこなわれたものである。

　1870～71年の普仏戦争とパリ・コミューンの敗北は,ヨーロッパの国際労働運動に大きな変化をもたらすことになった。

　そのような状況のなかで,エンゲルスは,ヨーロッパの民主主義運動および労働運動の新しい傾向の分析をおこなった連続論文『亡命者文献』(1～5)を1874年から75年にかけて執筆しているが,その第2論文は1894年に再録されるさいには「ブランキ派コミューン亡命者の綱領」という副題をつけられている。

　そのなかで,エンゲルスは,「ブランキは,元来,政治革命家であり,人民の苦しみに同情を抱く,感情のうえだけの社会主義者であるが,彼は社会主義的理論ももたなければ,社会救済の一定の実際的提案ももっていない。その政治活動の面では,彼は元来『行動の人』であり,適当な時期に革命的

急襲をこころみる, すぐれた組織をもつわずかな少数者が, 最初の 2, 3 回の成功によって人民大衆をひきつけ, こうして革命を成功させることができるという信念をいだく人であった」[MEW-18, S. 529] とみなして,「ブランキは過去の世代の革命家である」と断定している。

そのようなブランキにたいする「過去の世代の革命家」という判断は, 新しい情勢のもとでの革命の新しい形態についてのエンゲルスの見解のうえに打ちだされたものであって, エンゲルスは, そのことを, マルクスの『フランスにおける階級闘争 1848年から1850年まで』の1895年版への「序文」において,「〔1848年の〕二月革命が勃発したときは, われわれすべてのものが, 革命運動の条件や経過についてのわれわれの考えにおいて, それまでの歴史的経験に, 特にフランスの歴史的経験に, とらわれていた」のであるとしているのであって, エンゲルスが指摘している「バリケードによる市街戦」が「最後の勝敗を決める」という「1848年の闘争方法は, どの面でも時代遅れとなっている」という革命形態についてのブランキ批判は, 実は, マルクスをも含めてエンゲルス自身もパリ・コミューン以前にもっていたところの「われわれの当時の誤り」[MEW-22, S. 513-527] でもあったものである, という自己批判をも意味しているものである。

1) ブランキの人物と社会的活動については, ブランキ [1991] における「ブランキ年譜/著作・文献目録」, および, アバンスール [1985] の付録2「M. ドマンジェと「ブランキ監獄年表」ならびに「訳者解説」, ジェフロワ [1973], モリニエ [1963], 小牧近江 [1979] 等に拠っている。

# 第5章　使われはじめの時期の「資本主義」語

## I　社会体制用語ではない「資本主義」語

### 1　抽象名詞としての「資本主義」

現在、われわれは、「資本主義」という用語を、近代社会の経済システムあるいは社会体制を示すものとして使っている。

しかしながら、「資本主義」という言葉は、言葉そのものの意味内容としては、それ自体が経済システムやあるいは社会体制を意味するものとしての規定性をもつものではない。

そもそも、言葉としての形式的なあり方からするならば、「資本主義 capitalism」という言葉は、「資本 capital」という言葉に、抽象名詞語尾としての「主義 -ism」を付けて作られた言葉である。

「capital」という言葉は、「主要な」という意味の形容詞や「首都」や「大文字」といった意味の名詞としても使われるが、さらにまた、「基金」や「元手」や「個人や会社の資金」としての意味内容をもつものであって、この資金といった意味内容での「資本 capital」という言葉は、OED (*Oxford English Dictionary*) によると、すでに1611年にはその用法が見られたとのことである。

ところで、抽象名詞語尾としての「-ism」は、これまた OED の指摘によると、(1)ⓐ criticism（批評）や mechanism（機械装置、機構）や organism（有機体）などのように、通常、「-ise, -ize」を付けて作られる動詞に対応する行為やその結果をあらわす名詞を作ったり、ⓑこれと類似したかたちで heroism（英雄的行為）や patriotism（愛国心）や despotism（独裁）といった人の行動や行為を表現する言葉を作る。さらに、(2)ⓐ Buddhism（仏教）, Chartism（人民憲章運動）, conservatism（保守主義）, liberalism（自由主義）,

Protestantism（新教）やあるいは Owenism（オーエン主義）などのように理論や宗教的，哲学的，政治的，社会的等のシステムの名称を作ったり，あるいは，ⓑ egoism（利己心，利己主義），feminism（フェミニズム），imperialism（帝国主義），opportunism（日和見主義），realism（現実主義，実在論），romanticism（ロマン主義）等といった原理や原則の種類名を示す言葉をつくる。また，(3) Americanism（アメリカ気質，アメリカ流儀）や Hellenism（ギリシャ文化）や Orientalism（東洋風）といった特有性や特徴を示す用語を形成したりするものである。

このようなものとして，「資本 capital」に接尾語「主義 -ism」を接合して作られる「資本主義 capitalism」という言葉は，さしあたりは，「資本」そのものやあるいはその人格的担い手としての「資本家」の特徴や活動の状態やあるいは資本のもつ原理的性質等を表現する抽象名詞として使われるというかたちが，もっとも通常の言語使用法である。

## 2　使われはじめの時期の「資本主義」用語法

このことは，1850年前後における使われはじめの時期における「資本主義」という言葉の用語法，すなわち，ピエール・ルルーにおける「資本」と同義の用法，特有の定義づけをあたえながらの「資本」の「排他的専有」という事態についてのルイ・ブランの用語法，あるいは，資本家的な「ブルジョア的気分」を表現するものとしてのサッカレーの用語法，さらには，内容的には「資本」あるいは「資本家」と同義で使っているブランキの用法等は，「資本主義」という言葉の用語法としてはきわめて自然であって，当時の日常生活において，そのような意味内容の「資本主義」という用語はそのまま通用するであろう妥当性をもった用語法である，と思われるところである。

そのような1850年前後の時期における「資本主義」という言葉は，1830年代から1840年代にかけての資本主義的経済関係の進展という現実的基盤のうえにあって，資本家的生産様式の展開のなかでの労働者階級の窮状の拡大，利潤追求に狂奔する資本家的企業活動，貧富の差の拡大といった現実的事態を基盤にしながら，そのような事態やそこでの人びとの気分を表現するため

第5章　使われはじめの時期の「資本主義」語　89

に新しくつくられた言葉である，ということができる。

　そのようなものとして，まさに1850年前後の時期に，ピエール・ルルーと，ルイ・ブランと，サッカレーとが，彼ら相互のあいだには互いになんらの連関も継承関係もなしに，それぞればらばらのかたちで，しかも，それぞれなりの意味内容において「資本主義」という用語がつくられ使われているのである。

　ところで，この「資本主義」という新しい言葉は，そのように19世紀前半に新しく展開してきた資本主義的な現実的事態にもとづく新しい言葉としてつくりだされたものではあるが，それをつくりだした19世紀半ばの時期の時代精神にとって，ニュートラルな性格をもったものとして出てきたものではなかった，といえるようである。

　「資本主義」という言葉は，その発生の時期の時代精神においては，「資本」や「資本家」にまつわる金儲け主義や私的利害の利己的追求あるいは金銭的利害とかかわる俗物的分別というものにたいする批判的な意味あいや気分をもった言葉としてつくられ使われているものである。

　すなわち，ピエール・ルルーやルイ・ブランのように近代社会の現実的事態における労働者の貧窮や，貧富の差の拡大，あるいは社会的な階級的分裂にたいして批判的であって，そのような矛盾を克服して新たな共同社会や人間社会を志向する社会主義者としての立場にもとづきながらの現実把握や，あるいは，サッカレーのように，社会の現実をリアルに表現する文学作品を作りだすなかで，上層中流階級としての銀行家や企業経営者などにおけるブルジョア的俗物性やそれに影響された心情や行動を風刺的に描写するなかで，つくりだされ使われるようになった言葉である。

　このことは，逆に，資本主義的な近代社会において体制的立場にたつ理論や思想家にとっての，意識的にせよあるいは無意識的にせよ，「資本主義」という言葉にたいする，のちのちまで引き継がれていく嫌悪感や拒否的対応ともかかわるところである。

　だが，このような1850年前後において使用されはじめた「資本主義」という用語のもつ意味内容は，現在の時点において日常語として使われている

「資本主義」という用語において含意されている規定的な意味内容とは，大きく異なるものである。

現在のわれわれの時代，すなわち，資本主義と社会主義との二つの世界体制の対立の時代とソ連型社会主義の崩壊によるその解体，そしてその後の単一化した資本主義世界システムのカジノ化という20世紀から21世紀にかけての現実的な歴史的事態を経験している時代において，一般に使われている「資本主義」という用語に含意されている近代社会特有の「経済構造」や「社会体制」としての規定的性格をもつものとしての意味内容は，19世紀半ばのピエール・ルルーやルイ・ブランやサッカレーなどによって使われはじめた時期における「資本主義」語の規定的意味内容とは，まったく異なるものである。

では，いつから，誰によって，いかなるかたちで，そのような近代社会特有の「経済構造」や「社会体制」の歴史的形態を示すという意味内容をもつものとして，「資本主義」という用語の使い方がおこなわれるようになったのか。この点については，今後の「資本主義」語の取り組みのなかで明らかになるであろう。

## II 19世紀後半期の諸文献

ところで，19世紀半ばの1850年前後に，ピエール・ルルーやルイ・ブランやサッカレーたちが「資本主義」という言葉を初めて使用したのち，この「資本主義」という用語は，19世紀の後半期には，いささか散発的なかたちで1870年代以降に拡がっていったようである。

デュボアの『フランスにおける政治的・社会的用語集』は，ピエール・ルルー『マルサスと経済学者たち』(1848年) 以後において「資本主義」という用語を使っている著書として，次のような諸文献とそこでの使用例を挙げている。

1869年　A. ブランキ『社会批判』(A. Blanqui, *Crit. soc.*, p. 164)

「資本はそれほど簡単にはいかない。人もすでに知っているとおり，資

本がとる常套手段は逃げること隠れることだ。そうしておいて，資本主義は窓辺に身をよせて，人民が溝のなかで右往左往するのを静かに眺めているのだ。」

1870年　V. アーノルド『革命党の設立について』(V. Arnould, *De la constitution d'un parti révolutionnaire*, p. 17)

「小作農民は，彼らの財産さえ無事であるならば，賃金生活者を大資本主義のもとにおくことに関心をもっているであろうか？」

1870年　『レ・ミゼラブル』誌（*Le Misérable*, 28 févr., 2 col., p. 1)

「そんなに長いあいだ資本主義によって抑圧されたのちの，今後の仕事……」

1871年　J. デュブール『社会的危機』(J. Duboul, *La crise sociale*, p. 61)

「一定の言葉の魅力に抵抗するということにかんして，そのさまざまな面における問題をとらえるのに，あまりに狭い知性とあまりに少ない教養ではぞっとする荒廃をつくりだす，という逆説と詭弁がある。《集産主義》，《寄生的資本主義》，《連合組織》，《自立的自治体》，《信用支払いからの絶対的課税控除》，《社会的清算》といった言葉が，この仲間である。」

1871年　E. ベルメッシュ「革命的小品」(E. Vermesch, *Opuscules révolutionnaires*, No. 4, *La Grève*, p. 13)

「資本主義にとっては，賃金の基準におけるあらゆる修正は生存価格の変動における直接的訂正となる……」

1872年　M. ブロック『ドイツにおける社会主義の理論家』(M. Block, *Les thèoriciens du socialisme en Allemagne*, p. 48)

「《資本主義》（この言葉を持ちだすためにはみずから解決することが必要である）を支持して不公平に示すことをしないで……」

また，OED（*Oxford English Dictionary*）は，サッカレー『ニューカム家の人びと』(1854年) 以後の英語での文献として，次のようなものを挙げている。

1877年　ドウア『より良き時代』(A. Douai, *Better Times*, p. 10)

「私的資本主義のこの制度は比較的最近の起源のものである」

1884年　『ポール・モール』誌（*Pall Mall*, G. 11 Sept. 6/1, 1884）
「原始的キリスト教的共産主義にそっと入り込む資本主義のための抜け穴」

また，パッソウは，『"資本主義"——概念的・術語的研究』において，「資本主義」語を使った初めての文献としてはフランスにおけるルイ・ブランの『労働組織』（第9版）を挙げながらも，それ以後の文献としては，ゾンバルト『近代資本主義』第1巻（第1版，1902年）をめぐるドイツ語系の文献を中心に取りあげている。しかし，パッソウの取りあげている広範な文献のなかには，1902年のゾンバルトの著書の出版以前のものもあり，またドイツ語以外のものもあるので，そのなかの早い時期のもののなかから出版年次の明示されているものを，いくつか年次順に取りあげてみると，次のごとくである。

1870年　シェフレ『資本主義と社会主義』
　Schäffle, *Kapitalismus und Socialismus*, 1870.

1881年　G. ラッツィンガー『政治経済学の道徳的基礎』
　G. Ratzinger, *Die Volkswirtschaft in ihren sittlichen Grundlagen*, 1881.

1888年　イエズス会員コスタ-ロセッティ『国民経済学の一般的基礎』
　Jesuit Costa-Rossetti, *Allgemeine Grundlagen der Nationalökonomie*, 1888.

1891年　M. リベラトーレ（イタリアのイエズス会員）『政治経済学原理』（翻訳）
　M. Liberatore (italienische Jesuit), *Grundsätze der Volkswirtschaft*, (Deutsche Übersetzung) 1891.

1891年　G. F. クナップ「世襲的臣従関係と資本家的経済」（『立法，行政および国民経済年報』第2号）
　G. F. Knapp, "Die Erbuntertänigkeit und die kapitalistischen Wirtschaft" (*Jahrbuch für Gesetzgebung, Verwaltung und Volkswirtschaft*, Heft 2, 1891.)

1892年　ウェンツェル「真の資本主義と悪しき資本主義」（『キリスト教的社会改革月刊誌』）
　Wenzel, "Wahrer Kapitalismus und Falscher Kapitalismus" (*Monatsschrift*

*für christliche Sozialreform*, Jahrgang 1892.)

1892年　シャインフルーク「真の理想主義の光に照らしての暴利資本主義の概念」(『キリスト教的社会改革月刊誌』)

Scheinpflug, "Begriff des wucherischen Kapitalismus im Lichte des realen Idealismus" (*Monatsschrift für christliche Sozialreform*, Jahrgang 1892.)

1894年　ルドルフ・マイアー『世紀末資本主義』

Rudolf Meyer, *Der Kapitalismus fin de siècle*, 1894.

1895年　レール-フランケンシュタイン『国民経済における生産と消費』

Lehr-Frankenstein, *Produktion und Konsumtion in der Volkswirtschaft*, 1895.

1898年　ルーエル「資本主義の発生」(『エコノミスト・ジャーナル』)

Rouxel, "La genése du capitalisme" (*Journal des Economistes*) 1898.

1901年　ワルター「資本主義の本質と歴史について」(『社会評論』)

Walter, "Über Wesen und Geschichte des Kapitalismus" (*Sozial Revue*) 1901.

1902年　W.ノイラート「資本主義」(『国民経済・統計年報』第79巻)

W. Neurath, "Der Kapitalismus" (*Jahrbücher für Nationalökonomie und Statistik*, Bd. 79, 1902.)

1904年　G.トラウブ『道徳と資本主義』

G. Traub, *Ethik und Kapitalismus*, 1904.

1905年　F.J.シュミット「資本主義とプロテスタンティズム」(『プロシャ年報』第122号)

F. J. Schmidt, "Kapitalismus und Protestantismus" (*Preußische Jahrbücher*, Bd. 122, 1905.)

1911年　A.ライスト『19世紀における私法と資本主義』

A. Leist, *Privatrecht und Kapitalismus im 19. Jahrhundert*, 1911.

1911年　K.ビーレフェルト『農業における資本主義の浸透』

K. Bielefeldt, *Das Eindringen des Kapitalismus in die Landwirtschaft*, 1911.

## III 「資本主義」語の普及

デュボアやパッソウや OED が取りあげているフランス，イギリス，ドイツにおける著書・論文を見るかぎり，「資本主義」という用語は，1870年代までは，主としてフランスのそれも社会主義関連の文献において使用されているが，イギリスにおいては，1880年前後に，若干の使用例が出てくる。

それにたいして，ドイツにおいては，主として1880年代以降になって「資本主義」という用語をもちいた著作が出てくるようになっている。そのようなドイツにおける「資本主義」語の使用について，パッソウは，1867年のマルクス『資本論』第1巻の出版を契機として「資本主義」という用語が使われるようになった，と述べている。

すなわち，パッソウは，「資本主義」という用語を使った最初の文献としてルイ・ブランの『労働組織』(第9版，1850年) を挙げながら，その後の文献としては，マルクスの『資本論』第1巻 (1867年) に言及したうえで，マルクスのもたらした影響によって「資本主義」や「資本家的生産様式」といった用語が流行語になったとしながら，その影響はまずシェフレの『資本主義と社会主義』(A. E. F. Schäffle, *Kapitalismus und Socialismus*, Tübingen, 1870) において打ちだされたとして，次のように指摘している。

「ドイツにおいては，カール・マルクスが彼の『資本論』において〈資本家的生産様式〉を叙述の対象として以来，上述の〔資本主義，資本家的生産様式といった〕表現は大いに普及してきた。資本主義，資本家的生産様式等々がやがてさまざまな言いまわしによる大いなる流行語になったのは，主としてそこからきたものである。われわれの国では，その普及には多分シェフレの本『資本主義と社会主義』の書名が重要な貢献をしている。シェフレはマルクスとラサールに深く影響されている。」[Passow, 1918, S. 2-3]

すなわち，1867年に刊行されたマルクスの『資本論』第1巻に大きな影響

を受けたシェフレによって，1870年に，書名そのものに「資本主義」（Kapitalismus）という言葉を使った『資本主義と社会主義』（*Kapitalismus und Socialismus*）という書物が出版され，「資本主義」という用語は世に拡がることになった，というのである。

　パッソウは，そのように，ドイツでは，マルクス『資本論』の影響を受けたシェフレの『資本主義と社会主義』（1870年）を中継のステップとしながら，「資本主義」「資本家的生産様式」といった用語が1880年代にはいってから次第に普及していくようになり，そのうえで，1902年に，ゾンバルトによって，『近代資本主義』第1巻（第1版）（W. Sombart, *Der moderne Kapitalismus*, Bd. 1, Leipzig, 1902）という，これまた書名に「資本主義」（Kapitalismus）という用語を組み入れた著作が出て，これが一世を風靡し，それとともに「資本主義」という用語もすっかり普及することになった，というのである。

　　「より新しい時代においては，《資本主義》等々の表現はとくにゾンバルトの大きな著作『近代資本主義』（この本のとくに最初の版はマルクスに非常に大きく影響されている）によって，世におこなわれるようになり，事態をより十分に表現するならば流行となったのである。その本の出現以来，科学的文献においてもまたこれらの表現がいくつかの分野において拡がっている……。」［*Ibid.*, S. 3］

　そのうえでパッソウは，「資本主義」という用語を使用したり問題にしたりしている諸文献について広範に渉猟し，その内容の点検をおこなっている。
　ところで，パッソウ自身は，「資本主義」「資本家的生産様式」といった用語にたいしてきわめて批判的な見解の持ち主である。
　すなわち，パッソウは，「資本主義」「資本家的生産様式」といった用語は，さまざまの異なる意味において使われているという多義性と，概念としての明確な規定性が明らかでないという不明確性と，そして，社会主義的な煽動的な演説などで用いられて近代的な経済組織を否定しようとする感情的で倫

理的な拒否感を底意としてもったものであって，そのような「資本主義」という用語は科学的な用語としては不適切なものである，とみなしている。

そのため，国民経済学においては，そのような「資本主義」「資本家的生産様式」といった用語はまったく不人気であって，その使用にたいしては異議が続出して拒否的傾向が強い。だから，経済学の科学的文献においては「資本主義」といった用語はほとんど使用されなかった，とパッソウは言うのである。

そのように，経済学においては「資本主義」や「資本家的生産様式」という用語はほとんど使用されなかったが，しかし，ドイツにおいても，社会主義的文献においてのみならず，歴史家や法学者や神学者たちには「資本主義」という用語は積極的に受け入れられて使用されてきた，という。

すなわち，「資本主義」という用語は，近代社会の経済システムを矛盾と対立をもたらす変革されるべき社会体制であると理解する社会主義者によって使われただけでなく，さらに，それ以外にも，利殖をめざして貸金利子の取り立てをおこなう高利貸しを罪あることとみなしているカトリックの立場に立つ神学者たちや，あるいは，人間社会の歴史的諸形態や社会の歴史的な変遷を把握しようとする歴史家たちや，さらには，法的諸制度を社会の経済関係の歴史的特徴と関連づけながら把握しようとする法学者たちによって，近代社会の経済関係の特徴をとらえようとするなかで「資本主義」という用語の使用は拡がっていった，としているのである。

# 第2部
# 「資本主義」語なきマルクス

# 第6章　マルクスと「資本主義」語

## I　マルクスにおける資本主義用語

　パッソウは，マルクスが使っている資本主義についての用語は「資本主義」(Kapitalismus) ではなくて「資本家的生産様式」(kapitalistische Produktionsweise) であったと，次のように指摘している。

> 「わたしの見たかぎりでは，マルクスは資本主義についてはどこにおいても述べていない。彼はむしろ「資本家的生産様式」という表現を，時によっては他の似たような合成語を使っている。それにもかかわらず，最近(1914年) 出版された『資本論』普及版の第1版の事項索引のなかには，奇妙なことに資本主義という見出し語が，ページの指示とともに見いだされる。しかし，実際にはそこにはそのような表現はまったく見いだせない。」
> [Passow, 1918, S. 2-3]

　パッソウが指摘していることは，『資本論』そのものにおいては，たしかにそのとおりである。
　『資本論』第1巻の冒頭の文章は，「資本家的生産様式が支配している諸社会の富は，「商品の巨大な集まり」としてあらわれ，個々の商品はその富の要素形態としてあらわれる」となっていて，「資本家的生産様式」が支配している「社会」の富という叙述となっている。それは，けっして「資本主義における富」でもなければ，「資本主義社会の富」という表現でもない。
　そして，第1巻の締めくくり的部分である第7篇第24章の第7節「資本家的蓄積の歴史的傾向」においては，近代社会の歴史的位置とその変革の基盤の形成について，「資本家的生産様式から生まれる資本家的領有様式は，そ

れゆえ資本家的な私的所有は，自分の労働にもとづく個人的な私的所有の最初の否定である。しかし，資本家的生産は，自然過程の必然性をもってそれ自身の否定を生みだす。これは否定の否定である。この否定は，私的所有を再建するわけではないが，しかし，資本家的時代の成果——すなわち，協業と，土地の共有ならびに労働そのものによって生産された生産手段の共有——を基礎とする個人的所有を再建する」と，「資本家的生産様式」概念を基礎として把握しているのである。

　さらに，『資本論』全3巻の最終章たる第3巻第7篇の第52章「諸階級」においては，「労賃，利潤，および地代を各自の所得源泉とする，たんなる労働力の所有者，資本の所有者，および土地の所有者，すなわち賃労働者，資本家，および土地所有者は，資本家的生産様式にもとづく近代社会の三大階級を形成する」といったかたちで，近代社会の三大階級を「資本家的生産様式」のうえに形成されるものと把握し，それでもって『資本論』を完結するものとしているのである。

　このように，『資本論』における近代社会の経済分析にとっては，「資本家的生産様式」という概念と用語こそが基軸的で規定的要因をなすカテゴリーとなっていて，「資本家的生産様式」という用語は『資本論』第1巻で63回，その全3巻においては289回も使われている。

　そのように，『資本論』における「資本家的生産様式」という用語と概念は，マルクスの近代社会の経済構造の把握にとって不可欠なカテゴリーとなっているのであるが，それにたいして，「資本主義 Kapitalismus」という用語は，マルクスが生存中に公刊した著書・論文について見るかぎりまったく使われていない。

## 1　未定稿の原稿やノート類

　だが，マルクスにおいても，未定稿の原稿やノートへの書きこみ，あるいは手紙等には，わずかながら「資本主義」という用語表現が見いだされる。

　そこで，本章では，まず，わずかながらも存在するマルクスにおける「資本主義」という用語の使用例について点検する。そのうえで，マルクスには

第 6 章　マルクスと「資本主義」語　101

基本的には「資本主義」という用語が使用されていないという事実についてのわが国の論者による論及について見ていくこととしたい。

メグナド・デサイは，ボトモアほか編『マルクス主義思想辞典』の「資本主義」項目において，「彼〔マルクス〕は，1877年に，ロシアの仲間との手紙において，ロシアの資本主義への移行の問題についての議論のなかでそれ〔名詞としての「資本主義」という言葉〕を使っている」[Bottomore, 1997, p. 72] と指摘しているが，マルクスによる「資本主義」語の使用例はそれだけではない。

マルクスとエンゲルスにおける「資本主義」という用語の使用例については，望月清司氏が『マルクス歴史理論の研究』のなかでかなり詳しく明らかにされているが [望月清司, 1973, 27ページ]，しかし若干の遺漏や MEGA による追加あるいは思い違いが含まれているので，それらを補ってみるならば次のごとくである。

マルクスの未定稿の原稿やノート類に見いだされる「資本主義」語は 3 個所ある。

## (1)『1861-63年の経済学草稿』

その一つは，『1861-63年の経済学草稿』の『ノート』Ⅷ, S. 704 におけるものであるが [MEGA, Ⅱ-3.3, S. 1114]，その見開きページにマルクスの原稿の写真版が載っている。

それは，図1に見られるように，難解なドイツ文字の筆記体で，英独まじりのスペルが，しかも，悪筆で有名なマルクス独特の筆跡での省略形でもって書かれている。

そこで「資本主義」という言葉が書かれているとされているものは，ローマ字に直すと "d. Capit." と書かれているように読めるものであって，これを MEW（MEGA）編集者が "der Capitalismus" と復旧的解読をしたものである[1]。

このマルクスの省略形でのドイツ文字を "d. Capit." と読み，さらに，この "d. Capit." と読んだものをさらに "der Capitalismus" の省略語と判読す

図1 『1861-63年の経済学草稿』における「資本主義」

> *[手稿]*
>
> größte Theil der Bevölkerung, die Arbeiterbevölkerung, nur innerhalb sehr enger Grenzen ihre Consumtion erweitern kann, anderseits, im selben Maasse wie der Capitalismus sich entwickelt, die Nachfrage nach Arbeit *relativ* abnimmt, obgleich sie *absolut* wächst. Es Kömmt hinzu,

MEGA, II-3.3, S. 1114, 1115.

るという解読能力は、まったく驚嘆せざるをえないところである[2]。

なお、この草稿は、1861～63年に書かれた『経済学草稿』のなかの『剰余価値学説史』部分にあたるものであって、すでに以前の『マルクス・エンゲルス全集』(MEW) にも載っているものである。

この「資本主義」用語は、次のような文脈のなかで使われている。

「人口の最大の部分すなわち労働者人口がその消費を拡大しうるのは、非常に狭い限界のなかに限られているのに、他方、資本主義 (Capitalismus) が発展するのと同じ程度で、労働にたいする需要は、たとえ絶対的には増大するにしても、相対的には減少する……。」[MEGA, II-3.3, S. 1114. 『マルクス資本論草稿集』⑥692ページ]

このように、ここで使われている「資本主義 Capitalismus」という用語は、マルクスがこの時期に使っている「資本家的生産 kapitalistische Produktion」や「資本家的生産様式 kapitalistische Produktionsweise」あるいはまた「資本 Capital」と置き換えても、それはそれとして通用するかたちで使われているものである。

そして、それは、最初の『資本論草稿』としての膨大な下書き原稿のなかで書かれているものである。

## (2)『資本論』第 2 巻の初稿の原稿

二つめは,『1861-63年の経済学草稿』の完了後に『資本論』全体の完成稿の作成のために取り組まれた『1863-67年の経済学草稿』のなかの『資本論』第 2 巻の初稿の原稿中におけるものであるが,これまた MEGA に写真版が載っている。

だが,ここでのマルクスの原稿もまた,図 2 に見られるように,ドイツ文字の筆記体で書かれていて,ローマ字では "d. Cpitlsms" とでも読めるように思われるものであり,それを MEGA 編集部が "der Capitalismus" としたものである。

この「資本主義」という言葉の出てくる文章は,『資本論』第 2 巻「資本の流通過程」の初稿の草稿のなかの第 3 章第 5 節「蓄積あるいはより大きな規模での再生産」のなかに出てくる次のような文章である。

「5)なぜならば,資本主義 (Capitalismus) の推進力そのものは,なによりもこの生産様式の基礎上で完全に発展するものであるからである。」
[*Ibid.*, S. 358]

そこで取りあげられているのは,資本蓄積による拡大再生産は,単純再生産に比して「人口の自然的増加」と「余剰資金の形成」を内的なモメントとした過剰生産においておしすすめられるものであるが,しかし,このような過剰生産は,以前の生産様式においては,資本家的生産様式の基礎上でのそ

図 2 『資本論』第 2 巻初稿(『1863-67年の経済学草稿』)における「資本主義」

5) weil der Trieb des *Capitalismus* sich erst auf der Basis dieser Productionsweise völling entwickelt;

MEGA, II-4.1, S. 358, 361.

の大きさに比して取るに足りない大きさであるということの理由を，6点にわたって述べているものである。

そこで述べていることは，次のようなことである。

以前の生産様式においては，財産形成は生産拡大の部分的な目的にすぎず，剰余労働や剰余生産物の大部分は非生産的な国家的あるいは宗教的な人びとによって消費されていたものである。

それにたいして，資本家的生産様式においては，人口や労働者の不比例的増加や，あるいは生産のたえざる変革や世界市場との関連のなかで，不断の生産拡張をおこなうことが必要になるものである。

マルクスは，このことを指摘する文中において，第5点として，資本家的生産様式の発展の内的推進力について述べているのであるが，そのなかで「資本主義」という言葉が使われているのである。

### (3) 現行『資本論』第2巻

三つめは，現行『資本論』において「資本主義 Kapitalismus」という言葉が使われている唯一の例であるが，これはマルクスの死後，エンゲルスが遺稿やメモ，ノートなどを利用しながら『資本論』の第2巻を編集したときに，「1877年または1878年の1冊のなかで諸書の抜粋のあいだに見いだされる覚え書き」であり「抜き書き帳のなかにあった注」からとった文章であって，それが現行『資本論』の第2巻のなかに組み入れられているものである。

この「資本主義」語については，MEGA の編集作業を担当されている大村泉氏が，その草稿のコピーを直接に見て，マルクスがドイツ語で書いているのを確認されたとのことである。

それは，『資本論』第2巻第1篇「資本の諸姿態とその循環」のなかの第4章「循環過程の三つの図式」のなかでの叙述におけるものであって，再生産の考察がおこなわれるなかで，資本家が生産物総額（$c+v+m$）のうちの剰余価値（$g$）全部を個人消費するという場合を考察したうえで，述べられている叙述である。

「この前提は，資本家的生産が存在しないという，したがって産業資本家そのものが存在しないという前提と同じである。なぜならば，致富そのものがでなく享楽が推進的動機として働くという前提によっては，資本主義（Kapitalismus）はすでにその基礎において廃止されているからである。／しかし，この前提は技術的にも不可能である。資本家は，価格の変動にそなえて，また売買のためにもっとも有利な市況を待つことができるようにするために，準備資本を設けなければならないが，それだけではない。彼は，生産を拡張し技術進歩を彼の生産有機体に合体するために，資本を蓄積しなければならない。」[MEW-24, S. 123]

ここで述べられていることは，剰余価値（g）をすべて個人消費にふりむけて資本蓄積はまったくおこなわないという事態は資本家的生産においてはありえないことであるということである。すなわち，消費による個人的享楽が生産の推進的動機となるという事態は「資本家的生産」が存在しないということを意味するし，そのことは「資本主義」がその基礎において廃止されていることを意味すると，ここでの「資本主義」は「資本家的生産」に基礎づけられた「資本家的生産様式」と同じ意味あいにおいて使われている。

ともあれ，これまで見た三つの事例は，いずれもマルクスが1861年以後に『資本論』の原稿の下書きを書きこんだり，あるいは，その第2巻の仕上げにあたっての抜き書きのなかで記入したりした文章のなかに見いだされるものである。

## 2 手紙，その他

これまで見てきた未定稿の草稿やノート類は別として，マルクスによる手紙類のなかでの「資本主義」という言葉の使用について見ると，その多くは英語かフランス語である。だが，ドイツ語で「資本主義」という言葉が使われているケースが2件ある。ただし2件ともシェフレの書名を指したものである。

### (1)「エンゲルス宛の手紙」(1870年9月14日付)

マルクスは，1870年9月14日付の「エンゲルス宛の手紙」の追伸部分に，「シェフレの本の題名は『資本主義と社会主義うんぬん』("Kapitalismus und Socialismus etc.") というのだ」と，ドイツ語で書いている。

この本については，のちにあらためて詳しく取りあげる予定であるが，シェフレが，マルクスが『資本論』第1巻を出版した1867年の3年後の1870年に，『資本主義と社会主義，とくに営業的および資産的形態に顧慮して：賃労働と資本との対立の宥和のための講義』(A. E. F. Schäffle, *Kapitalismus und Socialismus mit besonderer Rücksicht auf Geschäfts- und Vermögensformen : Vorträge zur Versöhnung der Gegensäze von Lohnarbeit und Kapital*, Tübingen, 1870) という長い書名の732ページもの大部の本を出し，そのなかでマルクスの『資本論』について取りあげているので，それが問題にされているのである。

そのあたりのことをマルクスとエンゲルスの手紙のやりとりのなかで見てみると，1870年9月10日付のマルクスからエンゲルス宛の手紙のなかで，追伸として，「ついでだが！ チュービンゲンのシェフレ教授が僕に反対してばかげた厚い本（値段は12シリング半！）を著わした」と書いており，折り返しエンゲルスからマルクス宛に，「シェフレの本の題名はなんというのか，たぶん君は知らせてくれることができるだろう。……」と返事をしている。

そして，さらにそれにたいするマルクスからエンゲルスに宛てた手紙が，さきに見た「シェフレの本の題名は『資本主義と社会主義うんぬん』("Kapitalismus und Socialismus etc.") というのだ」というものである。

### (2)「アードルフ・ワーグナー著『経済学教科書』への傍注」

ところで，マルクスは，それから10年ほどのちの1879年後半から1880年11月までの時期に「アードルフ・ワーグナー著『経済学教科書』への傍注」を書いている。この「傍注」のなかでマルクスは，『資本論』で展開した価値学説にたいするワーグナーによる歪曲を批判しながら自分の学説の基本命題を説明しているのであるが，そのさい，ワーグナーがしきりにシェフレを引きあいに出していることに触れている。

そして、ワーグナーの見解を批判するなかで、シェフレを引きあいに出しながら、「私はたとえば労働力の価値の規定にあたっては、その価値が現実に支払われるということから出発しているが、これは実際にはそうでないのだ。シェフレ氏は『資本主義』うんぬん（"Kapitalismus" etc.）のなかで、この点をとらえて「気まえがいい」とか、それに類することを言っている。彼がここであてこすっているのは、科学的に必要な手続きにすぎないのだ」[MEW-19, S. 360]と述べているのである。
　このようなシェフレの『資本主義と社会主義……』についてエンゲルスとやりとりした手紙やノートに記した「傍注」から見ると、マルクスは1870年にシェフレのこの本を入手し、そのうえで、この本に書かれているシェフレの見解の内容について把握しているようである。
　このことは、何を意味するか。
　シェフレの本の表題そのものが『資本主義と社会主義……』というものであって、「資本主義 Kapitalismus」という言葉が使われており、さらに、シェフレの本のなかにはふんだんに「資本主義 Kapitalismus」という用語が使用されているのであるからして、マルクスは「資本主義」という用語についてはうんざりするほど目にしたことは確かである。
　しかし、マルクスは動じていない。マルクスは、「資本主義」という用語にたいして、それが「資本家的生産様式」にかわる有用な言葉としての意義をもったものとしては考えなかったようである。彼は、相変わらず「資本家的生産」「資本家的生産様式」という用語を使いながら、1872年7月から1873年4月にかけてドイツ語版『資本論』第1巻についての第2版を9分冊に分けて刊行し、さまざまの重要な修正をおこなったフランス語版の校閲をおこなって1872年8月から1875年5月にかけてフランス語版『資本論』を分冊で刊行し、1877年からドイツ語版『資本論』の第2巻の原稿の執筆に取り組んでいる。
　そして、1870年代におけるこのような取り組みにおいても、マルクスはあくまで「資本家的生産」「資本家的生産様式」を基軸的カテゴリーとして叙述をおこなっており、「資本主義」という新しい用語の採用をおこなっては

いない。

### (3)『オテーチェストヴェンヌイエ・ザピスキ (祖国雑記)』誌編集部に宛てた手紙 (1877年11月頃)

マルクスは，1877年11月頃『オテーチェストヴェンヌイエ (祖国雑記)』誌編集部に宛てたフランス語の手紙を書き (発送せず)，同誌の同年10月号に載ったミハイロフスキーの「ジュコーフスキー氏に裁かれたカール・マルクス」なる論説への批判をおこなっているが，そのなかで「資本主義 capitalisme」という言葉を使っている。

「〔『資本論』の〕本源的蓄積にかんする章は，西ヨーロッパにおいて資本家的経済秩序 (l'ordre économique capitaliste) が封建的経済秩序の胎内から生まれでてきたその道をあとづけようとするだけのものであります。……／ところで，わが批判家〔ミハイロフスキー〕は，この歴史的な素描をロシアにたいしてどのように適用することができたでしょうか？　ただ次のようにです。もしロシアが西ヨーロッパ諸国民になることをめざすならば，ロシアは，あらかじめ農民の大部分をプロレタリアに転化することなしには，それに成功しないであろうし，ついで資本家的経済のふところにひとたび引きこまれるや，他の諸民族と同様に資本家的制度 (du régime capitaliste) の無慈悲な諸法則に服従させられるであろう，ということ，ただこれだけであります。しかし，これでは，わが批判家にとっては足りないのです。西ヨーロッパでの資本主義 (capitalisme) の創生にかんする私の歴史的素描を，社会的労働の生産力の最大の飛躍によって人間のもっとも全面的な発展を確保するような経済的構成に最後に到達するために，あらゆる民族が，いかなる歴史的状況のもとにおかれていようとも，不可避的に通らなければならない普遍的発展過程の歴史哲学的理論に転化することが，彼には絶対に必要なのです。しかし，そんなことは願い下げにしたいものです。」[MEGA, I-25, S. 116. MEW-19, S. 108-111]

### (4)「ダニエリソーン宛の手紙」(1879年4月10日付)

1879年4月10日付において，マルクスは，ロシアのナロードニキの理論家であり『資本論』のロシア語版の翻訳者であるダニエリソーン宛に英語で手紙を書いているが，そのなかに次のような文章がある。

「主要な資本主義諸国（führende Länder des Kapitalismus）における鉄道網の出現は，資本主義（Kapitalismus）がまだ社会のわずかばかりの点に局限されていた諸国が，いまや最短期間でその資本家的上部構造（kapitalistische Überbau）を作りだして，それを，生産の主要部分を伝統的な諸形態で営んでいる主要な社会部分とはまったく不釣合いな大きさにまで拡大したということを，ただ可能にしただけではなく，必然性をもって強制さえもしました。だからこれらの諸国では，鉄道の建設が社会的および政治的分解を促進させたし，先進諸国では鉄道の建設が資本家的生産（kapitalistische Produktion）の決定的な発展を速め，したがってまたその最終的な変化を速めたということは，すこしも疑いありません。」[MEW-34, S. 373]

この手紙は英語で書かれているものであるが，MEWはすべてドイツ語に翻訳してあるので，文中の単語の原語もドイツ語で示されている。したがって，この英語での手紙の場合に原文において「資本主義 capitalism」という用語が使われているかどうかについては，後述の「ヴェラ・ザスーリチ宛の手紙」の〈第1草稿〉のようなケースもあるので，やや不確かである。

### (5)「ヴェラ・ザスーリチ宛の手紙」〈第1草稿〉(1881年2月末から3月初め)

さらに，マルクスは，1881年2月末から3月初めにかけて，フランス語で，ロシアの女性革命家ではじめはナロードニキに加わり，のちに社会民主主義運動に参加してマルクス主義的な労働解放団の創立に取り組んだヴェラ・ザスーリチ宛に手紙を書いているが，MEWのドイツ語版では，その〈第1草稿〉と〈第2草稿〉に「資本主義」という言葉が使われている。

この手紙は，ザスーリチがロシアの歴史的発展における村落共同体の運命にかんして，ロシアのマルクス主義者たちが主張していた「世界のすべての国々が資本家的生産のすべての段階を経過することが歴史的に必然的である」という見解にたいして，マルクスに意見を聞きたいという手紙にたいする返事として書かれたものである。

　マルクスはこの返事を書くにあたってはきわめて慎重であって，まず下書きを，それも4回も下書き草稿を書いており，そのうえで返事を出したようである。

　その〈第1草稿〉のなかでは次のような指摘がおこなわれている。

　「「農村共同体」のこういう発展が現代の歴史的潮流に照応するものであることの最良の証拠は，資本家的生産が最大の飛躍をとげているヨーロッパとアメリカの諸国においてこの生産がおちいっている宿命的な危機である。この危機は，資本家的生産（Kapitalismus, la production capitaliste）が消滅することによって，〔すなわち〕近代社会がもっとも原古的な型のより高次な形態たる集団的な生産と領有へと復帰することによって，終結するであろう。」[Rjazanov, 1969, 1 Bd., S. 326. MEGA, I-25, S. 228. MEW-19, S. 392]

　この文章は，MEW（『マルクス・エンゲルス全集』原本）では"mit der Abschaffung des Kapitalismus"（資本主義の消滅にともなって）と「資本主義 Kapitalismus」という用語を使った叙述になっている。

　だが，1928年にリャザーノフが編集した『マルクス・エンゲルス・アルヒーフ』（*Marx-Engels Archiv*）第1巻およびMEGA, I-25所収のフランス語の原文においては"capitalisme"（資本主義）という用語はまったく使われておらず，"la production capitaliste"（資本家的生産）という用語を受けたかたちの言葉として使われていて，平田清明氏が『アルヒーフ』のフランス語原文から訳された『マルクス・エンゲルス全集』においても，「資本主義的生産が消滅することによって」となっている。

(6)「ザスーリチの手紙への回答の下書き」〈第2草稿〉

さらに,「ザスーリチの手紙への回答の下書き」の〈第2草稿〉では,次のような文章がある。

「ここでは,多少とも理論的な問題はすべて度外視するとして,今日ロシアの共同体の存在そのものが,強力な利権屋たちの陰謀によっておびやかされているということを,あなたにいまさらいう必要はない。国家の仲介によって,農民の負担によって養われているある種の資本主義(capitalisme)が,共同体に相対峙している。この資本主義にとっては,共同体を押しつぶすことが利益なのである。さらに,多少とも生活にゆとりある農民を中農階級に仕立てあげ,そして貧しい耕作者──すなわち大多数──をたんなる賃金労働者に転化することは,地主の利益なのである。」[Rjazanov, 1969, 1 Bd., S. 334. MEGA, I-25, S. 234. MEW-19, S. 400]

ここでは,明確にフランス語原文においても「資本主義」(capitalisme)という言葉が使われている。

ところで,この「ヴェラ・ザスーリチ宛の手紙」の下書きは〈第4草稿〉まで書かれたが,〈第3草稿〉と〈第4草稿〉には「資本主義」(capitalisme)という用語は使われていない。そして,最終的に出された手紙の本文はかなり簡潔な文章となっており,しかも,その手紙にも「資本主義」という言葉は使われていない。

## 3　エンゲルスの使用例

なお,エンゲルスも,次の個所で,若干ながら「資本主義」という言葉を使っている。だがそれは,いずれもマルクス死後の1890年代におけるものである。

(1)『イギリスにおける労働者階級の状態』「1892年ドイツ語版への序文」(ドイツ語)[MEW-2, S. 640]。

(2)『共産党宣言』「イタリア語序文」(フランス語)1893年2月1日[MEW-

4, S. 590]。

(3)「ダニエリソーン宛の手紙」(英語) 2回使用, 1893年2月24日 [MEW-39, S. 37]。

(4)「ダニエリソーン宛の手紙」(英語) 4回使用, 1893年10月17日 [MEW-39, S. 148, 150]。

(5)『ロシアの社会状態』「あとがき」(ドイツ語) 2回使用, 1894年 [MEW-18, S. 667, 674]。

## 4 小 括

ともあれ，これまで見てきた「資本主義」という用語についてのマルクスの使用例を考慮に入れたとしても，そこから，マルクスに「資本主義」という用語と概念が独自的なものとしてあったと見ることはできない。

その理由としては，なによりもまず，マルクスはその生存中に公刊した著書や論文においては，「資本主義」(Kapitalismus, capitalism, capitalisme) という用語をまったく使っていないということである。

さらに，未定稿の原稿やノート類あるいは手紙においても「資本主義」という用語の使用はきわめて稀なものでしかなく，あるいは，手紙類においても，「資本主義」という言葉の使用は英語やフランス語での文章のなかにおいてであって，マルクスの本来的な使用言語であるドイツ語ではシェフレの書名にかんするもの以外には，まったく使われていないのである。

そのように，これまで見てきたマルクスが稀に使っている「資本主義 Kapitalismus」という用語は，次章で見るような資本主義概念の確定にもとづく「市民的生産様式 bürgerliche Produktionsweise」といった新しい用語の使用や，あるいは，新しい用語表現への模索をへての「資本家的生産様式 kapitalistische Produktionsweise」という用語の確定とその後のゆるぎなき使用の場合のように，十分に熟考したうえでの新しい概念の確定や用語法がおこなわれているものとは考えられない。

したがって，パッソウが指摘しているように，マルクスには「資本主義」という用語と概念は基本的には存在しておらず，マルクスにおいては資本主

義範疇は「資本家的生産様式」という表現用語によって示されているものである，と断定してよいであろう。

なお，ついでながら，19世紀半ばの時期にマルクスと同時代の社会主義者として，その生存中においてはマルクスよりも理論的にも実践的にも高名であったラサールも，「資本主義」という用語は使っていなかったようである[3]。

## II わが国の論者による指摘

マルクスには基本的には「資本主義」という用語は存在しておらず，マルクスの資本主義範疇は「資本家的生産様式」という用語でもって示されていたものであるというパッソウの指摘は，わが国においても，戦前以来，多くの論者によって指摘されてきたところである。

### 1 福田徳三「資本増殖の理法と資本主義の崩壊」(1921年)

そのもっとも早いものとしては，マルクス批判家としての福田徳三氏が，『改造』の1921年10月号に「資本増殖の理法と資本主義の崩壊」と題した論文を掲載され，そのなかで次のように指摘されている。

「マルクス以前においては，「資本制生産」「資本主義」という言葉は，はなはだ稀に，そして確定した意義なしに使用せられていたにすぎない。否，マルクスにいたっても「資本主義」という言葉は，まったく用いられていないのである。カウツキー編集の『資本論』第1巻の普及版の事項索引ははなはだ良くできているものであるが，そのなかに「資本主義」「資本制生産様式」と複数の標語を載せて，該当個所が挙げてあるが，そのいずれの部分を引照してみても「資本主義」という言葉はこれを見いだすことはできない。「資本制生産」という言葉のみを見るのである。カウツキーが「資本主義」を「資本制生産様式」と複数の標語としたのは，両者を同義語として取り扱ってさしつかえないものと認めたからであろう。」[福田徳三,

1921, 19ページ] 4)

　この論文について，小泉信三氏は，雑誌『我等』の1922年新年号の「最新学説の紹介」のなかで，1921年度の「経済学界における最大の収穫の一つ」として激賞されている。

　しかも，この論文は，河上肇氏とのあいだのいわゆる福田・河上論争の発端となった論文であって，この福田論文にたいして，河上肇氏は，雑誌『我等』4巻3号（1922年3月）に「福田博士の「資本増殖の理法と資本主義の崩壊」に就いて」という論文を書いて，反論されている。だが，そこでの河上肇氏の批判においては，「資本主義」語にかんする論点については取りあげておらず，論争の対象とはなっていない。

　なお，ここで福田徳三氏が「資本主義」や「資本制生産」といった用語について指摘されている内容は，その3年ほど前の1918年に出版されたパッソウの『"資本主義"——概念的・術語的研究』にほぼ全面的に拠っているものである。

　このように，すでに1921年（大正10年）時点において，わが国においても，マルクスには「資本主義」という用語は使われていなかったということは，明示的に紹介されているのである 5)。

## 2　我妻栄「資本主義生産組織における所有権の作用」（1927年）

　ついで，民法学者の我妻栄氏が，1927年に『法学協会雑誌』に掲載された「資本主義生産組織における所有権の作用——資本主義と私法の研究への一寄与としてのカルネルの所論」論文において，現代社会の経済組織と私法との関連について問題にするにあたって，「資本主義」「資本主義的」という用語について次のようにいわれている。

　「私の資本主義と私法というのは，要するに，現代の経済組織と私法という意味であるが，現代の経済組織を「資本主義的」ということが，果たして当たれるものであるかどうかは，経済学の学徒ならざる私には，確信を

以て答えることは出来ない。／この点に関するパッソウの詳細な研究によれば，事情は次のごとくである。……「資本主義」"Kapitalismus" という語は，比較的新しい言葉であって，マルクスの用いた "Kapital" "kapitalistische Produktionsweise" というような言葉は，これにたいする大なる刺激とはなったけれども，マルクスの『資本論』中には "Kapitalismus" という語はついに一度も出てこない。そして，ゾンバルトの大著『近代資本主義論』以来，「資本主義」という語は，すべての社会科学者のあいだに一種の流行とも称すべきに至ったけれども，その内容の確たる定義に至っては，いまだ何人によっても与えられていない。そして，パッソウはいう。「資本主義」という語は，これによって，経済学者が従来用いてきた「資本」という観念とは遠く離れた事柄を意味せんとするものであり，殊に，意識的または無意識的に，一種の価値判断をともなった意味に用いられる場合が多いから，科学的研究にはまったく不適当な概念である，と。／思うに，「資本主義」という言葉の用いられた場合には，従来パッソウのいうような欠点があったことは事実であるかもしれない。しかし，……今日においては，ゾンバルトのいうように，むしろ，「資本主義」という言葉を以て現代経済組織の特質を表現する純客観的な科学的概念として予定し，進んで，その内容を明らかにすることに努力することが賢明な道であろうと考えられる。」［我妻栄, 1927, 1953, 342-343ページ］

## 3　平瀬巳之吉『古典経済学の解体と発展』(1950年)

戦後においては，平瀬巳之吉氏が，古典派経済学の解体をともなうマルクス経済学の確立との関連においてロォドベルトゥスの経済学の吟味を経済学説史研究としておこなわれるなかで，1950年に出版された『古典経済学の解体と発展——ロォドベルトゥス批判』において，ロォドベルトゥスが1870年代以降の書簡のなかで使っている「資本主義」という言葉に関連して，次のような指摘をおこなっておられる。

「元来が資本主義という言葉は，リヒアルト・パッソウの考証によれば，

ルイ・ブランに起源しマルクスによって普及せしめられたもので，そのかぎり対象世界の客観的認識というよりは，むしろそれの批判ないし価値判断をふくむと考えられている。……／ただしロォドベルトゥスは，みずから看破したはずの本体を語るのに，「資本主義」という言葉をあまり使わない。ことに本格的な諸著作ではそうで，ただ時に1870年代以降の書簡のなかで，……総じて文学的表現でのみこれを使い，フランス社会主義の思想的影響を多分にうけたはずの彼としては，不思議な位にこの術語を使わない。その代わりに彼が全著作を通じて愛唱する表現といっては，「自由放任の交換」ということであった。／……もとよりルイ・ブランの「資本主義」という術語があらわれるのは，1839〜40年にわたって彼が "*Revue du progrés politique, social et littéraire*" に書き，のち "*Organisation du travail, 1840*" としてまとめられた激情的で影響力の強い著作においてであったが，この頃にはロォドベルトゥスはすでに「自由放任の交換」という術語を確立していたわけである。そして「資本主義」という術語が，パッソウのいうようにマルクスの影響力に結びついて普及させられたのち，1870年代にはついにロォドベルトゥスもたとえ文学的表現としてにせよ，これを使わぬわけにはいかぬほどの事情となってくるのである。」［平瀬巳之吉，1950, 199-201ページ］

平瀬氏は，ルイ・ブランが「資本主義」という術語を初めて使ったのは，1839〜40年の "*Revue du progrés*" 誌に掲載され，それが1840年にまとめられて『労働組織』(*Organisation du travail*) として出版された書物においてであると指摘されているのであるが，しかし，1840年に出版された『労働組織』の初版においては「資本主義」という用語は使われてはいない。

ルイ・ブランが初めて「資本主義」という用語を使ったのは，1850年に大幅な改訂増補をおこなって出版した第9版の『労働組織』においてであって，それも新たに追加的に組み入れた第4編「信用」の叙述において「資本主義」という言葉は使われているのである。

## 4 大塚久雄『欧洲経済史』(1956年)

大塚久雄氏は,欧州経済史の入門的な概説書として書かれた『欧洲経済史』(1956年)において,「経済史学のうえで「資本主義の発達」などというばあい,「資本主義」Kapitalismus, capitalism, capitalisme とは,いったいどのような事実を意味しているのであろうか。あるいは,意味せしめるべきなのであろうか。この点に関しては研究史上いろいろの立場があり,したがってもちろんいろいろな用語法がみられる。しかし,ここでは,近代の西ヨーロッパの諸国やアメリカ合衆国などで世界史上もっとも純粋に近い姿をとって現れてきたような,近代に独自な生産様式という意味に用いることにしようと思う。そのばあい,生産様式という語はさしあたって歴史の一定の段階に照応した,経済生活(生産⇆消費)の根本的な社会的組み立てというほどに解しておきたい」[大塚久雄, 1956, 3ページ]と「資本主義」という用語の意味内容について述べたうえで,さらに,それにたいする注のなかで次のように指摘されている。

「このような意味での「資本主義」は,いうまでもなく,カール・マルクスの『資本論』における当面の研究対象であった。けれども,今日でこそ,マルクス主義経済学においても「資本主義」は術語として一般に使用されるようになっているが,『資本論』においては「資本主義」という用語はまだ使用されてはいない。ちなみに,「資本主義」が今日のような普及をみるにいたるきっかけをつくったのは,おそらく「近代資本主義」の表題をもつヴェルナー・ゾンバルトの大著, Werner Sombart, *Der moderne Kapitalismus*, 1. Aufl., 2 Bde., 1898[ママ]; 2. vermehrte Aufl., 3 Bde. (jeder 2 Halbbände), 1916 であったと思われる。」[同上, 4ページ]

## 5 高島善哉『アダム・スミス』(1968年)

高島善哉氏は,1968年に岩波新書によるアダム・スミスの概説書として出された『アダム・スミス』のなかで,マルクスは「資本主義」という用語を使っていないということについて,次のように述べられている。

「マルクスはいったいどこで資本主義体制という用語を使っているのか，……。たしかにマルクスは，彼の著書や論文のどこにおいてもそういう用語を使ったことはない。こういってまず間違いはないと信ずる。資本主義体制はおろか，資本主義という用語もマルクスの著作には見当たらない。1859年の『経済学批判』や1867年の『資本論』においては，資本主義というべきところで，マルクスは資本主義的生産様式という言葉を使っている。してみると，まだマルクス以前には資本主義という言葉もなかったか，あるいはあってもほとんど使われていなかったと思われるのである。そしてマルクスが，この二つの著作の中で資本主義的生産様式の分析を行ない，とくに資本というものの重要さに人びとの注意を喚起するようになってから，この資本主義という言葉がしだいに学界に根を下ろしてきたように思われるのである。」［高島善哉, 1968, 165-166ページ］

この高島善哉氏の指摘のなかには，不正確なところが2点ある。

その1点は「資本主義体制」という用語についてである。高島氏は，「マルクスはいったいどこで資本主義体制という用語を使っているのか，……彼の著書や論文のどこにおいてもそういう用語を使ったことはない」といわれているのであるが，訳語が「資本主義体制」とされている用語は kapitalistische System と kapitalistische Regime との二つがあり，マルクスはどちらも使用している。

『資本論』について見ても，たとえば，「労働の価格の上昇は，やはり，ある限界のなかに，すなわち資本主義体制（kapitalistische System）の基礎をたんにゆるがさないだけではなく，増大する規模でのこの体制の再生産を保証するような限界のなかに，閉じこめられているのである」［MEW-23, S. 649］とか，あるいは，「この集中，すなわち少数の資本家による多数の資本家の収奪と手を携えて，……世界市場の網のなかへの世界各国民の組み入れが発展し，したがってまた資本主義体制（kapitalistische Regime）の国際的性格が発展する」［MEW-23, S. 790］といった叙述がおこなわれていて，瞥見したところ，kapitalistische System は『資本論』第1巻に6回，第2巻に1回，第

第6章　マルクスと「資本主義」語　119

3巻に8回，合計15回使われており，kapitalistische Regime は第1巻に1回使われている。

　二つめの不十分な点としては，高島氏は「1859年の『経済学批判』や1867年の『資本論』においては，資本主義というべきところで，マルクスは資本主義的生産様式という言葉を使っている」といわれているのであるが，マルクスが「資本主義的生産様式 kapitalistische Produktionsweise」という言葉を使いはじめたのは，1859年1月に『経済学批判』を書き終わってのちのことであって，『経済学批判』執筆時点においてはマルクスは「資本主義的生産様式」という用語は持ちあわせておらず，この時期にマルクスが使っていた「資本主義」用語は「市民的生産様式 bürgerliche Produktionsweise」である。

　だからこそ，かの有名な唯物史観の定式を叙述した『経済学批判』の「序言」においても，人類社会における歴史的形態の移りかわりの基礎としての生産様式の変遷についての指摘にあたって，「大づかみにいって，アジア的，古代的，封建的および近代市民的（ブルジョア的）生産様式が経済的社会構成のあいつぐ諸時期として表示されうる」と，「近代市民的（ブルジョア的）生産様式」という表現がおこなわれているのであって，「資本主義的生産様式」という用語は使われていないのである。

　なお，『経済学批判』の本文の原稿は1859年1月21日に完成し，その「序文」は1859年1月の日付を付けて2月23日に出版者宛に発送されたものである。

　そして，マルクスが「資本主義的生産様式」という用語を使うようになったのは，その後の『経済学批判』の第2分冊としての《資本にかんする章》を執筆する準備のための「資本にかんする章へのプラン草案」や「わたし自身のノート〔『経済学批判要綱』〕にかんする摘録」の作成の過程においてであって，この時期のマルクスの諸資料の執筆順序と時期については種々論議のあるところであるが，1859年夏から1861年夏過ぎ頃の時期と推定されているところである。[重田澄男, 1992, 273-281ページ]

## 6　望月清司『マルクス歴史理論の研究』(1973年)

市民社会論的観点からマルクスの歴史理論に取り組まれた望月清司氏の『マルクス歴史理論の研究』(岩波書店，1973年)は，マルクスにおける「資本主義」という用語の使用あるいは非使用についての詳細な文献的検証もおこなわれているのであるが，そこでは次のような指摘がなされている。

> 「「資本主義」とはマルクスにとって何であったのか。ここで注意深い読者は，これまでの本書の表記において資本主義という用語をカッコ付きで用いてきたことに気づいたにちがいない。なぜか。それはわがマルクス自身が，あのぼう大な労作群において，それもとくに理論を展開する文章において，「資本主義」(der Kapitalismus) という言葉を用いたことがないからである。「資本家」(der Kapitalist) という語は周知のように無数に用いられるが，「資本主義」はパッソウの有名な指摘以後に公けにされた論稿をふくめて少なくともドイツ語形ではまったく──管見のかぎり『資本論』全3巻中のただ1語だけを別として──用いられていない。「資本主義」(カピタリスムス)という概念がマルクスにない以上，厳密にいえば「資本主義的」という概念も成立しえないはずであり，したがって通常「資本主義的」ないしは「資本制(的)」と訳されている"kapitalistisch"は，もっとも正確には「資本家的」でなければならないであろう。それではまた戦前の高畠訳『資本論』(改造社版)にもどっただけではないか，それにたとえ「資本主義」という用語をマルクスが使わなかったとしても，その後のマルクス主義世界では日常語としてすでに定着しているのだから右は訳語上の問題でしかないのではないか，という反論がおそらく生ずるであろう。だがその反論には根拠がない。」[望月清司, 1973, 22-23ページ]

## 7　馬場啓之助『資本主義の逆説』(1974年)

経済思想やマーシャルの翻訳などで名を知られている馬場啓之助氏は，『資本主義の逆説』(東洋経済新報社，1974年)において，次のようにいわれている。

第6章 マルクスと「資本主義」語 121

「「資本主義」という用語をわたしは使ってきましたが，この用語は社会主義者が使いはじめたもので，ドイツの歴史学派の人々がこの用語に定義をあたえ，古典経済学を批判する見地からこれを活用しました。つまり，資本主義という概念は，初めから社会主義との対概念として思想史に登場してきたのです。意外と思われるかもしれないが，古典派経済学者は，アダム・スミスにしても，ダヴィッド・リカードにしても，ジョン・スチュアート・ミルにしても，資本主義という用語を使っていません。新古典派経済学になっても，アルフレッド・マーシャルなどはまだこの用語を使っていないのです。かれらの著書のなかでは，資本主義という用語は現われてきません。いまなら当然資本主義というべきところに，「自由競争」とか「私有財産制」とかという用語を使っています。／資本主義に相当する用語が使われはじめたのは，カール・マルクスによってでしょう。マルクスの「資本制生産様式」というのが，それであります。資本主義という用語に定義をあたえたのは，ドイツ歴史学派のウェルナー・ゾンバルトです。かれはその画期的な大著『近代資本主義』（1902〜27年）において，資本主義という概念に初めて定義をあたえました。……新古典派経済学者も，マーシャルは使いませんでしたが，ケインズになると，『自由放任の終焉』（1926年）をよい例とするように，資本主義という用語を使いだしています。」［馬場啓之助, 1974, 47-48ページ］。

なお，ここで馬場啓之助氏は「資本主義という概念は，初めから社会主義との対概念として思想史に登場してきたのです」といわれている。

たしかに，20世紀においては，世界中の国々が社会体制のあり方について資本主義か社会主義かという二者択一的な選択を迫られるという状況にあったし，また，第二次世界大戦後においては資本主義体制と社会主義体制という二つの世界体制の冷戦的対立が世界の基本構造になるという事態もあって，資本主義と社会主義とは一対をなす体制的存在であり，対概念をなすものであると理解されても当然のように思われるかもしれない。

しかしながら，「資本主義という概念は，初めから社会主義との対概念と

して思想史に登場してきた」という指摘はいささか不正確である。

というのは，思想史的に見て，「資本主義」という用語の登場は，たしかにピエール・ルルーやルイ・ブランといったフランスの初期社会主義者たちによって使われはじめたものであるが，その使われ方は，その意味内容としては「資本」や「資本家」と同じ概念であったり，あるいは「資本」の排他的専有という資本所有の特有の事態を表現する用語として使われたものであって，「資本主義」という用語はけっして社会主義体制にたいする近代社会の社会システムのあり方を意味する概念を示すものではなかったのである。

さらにいえば，マルクスの場合においても，マルクス的用語である「資本家的生産様式」という用語は，人間社会の歴史的変遷におけるアジア的，古典古代的，中世封建的な生産様式の諸形態といった歴史的諸形態の一つとしての近代社会特有の「生産様式」の形態を示すものとしてつくられ，使われた用語にほかならぬものであって，けっしてたんなる「社会主義的生産様式」との対概念をなすものとして生みだされ，使われたものではない。

## 8 小 括

これまで見てきたように，マルクスには基本的に「資本主義」という用語は存在しておらず，マルクスの資本主義概念は「資本家的生産様式」という用語によって表現されているということは，パッソウによって明らかにされた1918年以来，国内外のきわめて多様な分野のさまざまな論者によって指摘されてきたところである。

それにもかかわらず，マルクスの資本主義範疇が「資本家的生産様式」という用語と概念によって打ちたてられているという事実に留意したマルクス理解は意外に少なく，マルクスの使っていない「資本主義」という用語に恣意的な意味をもたせながらの『資本論』解釈と近代社会の経済構造把握が横行しているのが一般的現状である。

1) この点については，服部文男氏から私信によって教示されたところであって，服部氏は「これに続く動詞からみて単数の名詞と考えられることから編集者が「資本主

義」と解読したものと思われ，私もそれ以外の名詞は思い浮かびません」とみなされている。このようなマルクスの「資本主義」語についてのMEGAにおける写真版の存在とその解読についての服部氏のご教示については，心からの感謝を表したい。

2） この点について，大谷禎之介氏は，私信において，「これは「"d. Capit."と読んだ省略語をさらに"der Capitalismus"と判読」したのではなくて，"d. Capit."という省略を完全に誤ってausschreiben（略語を元に戻すこと）したものです。小生の判断では，これはどう見ても，"das Capital"とausschreibenするほかないところです。"der Capitalismus"と読むなどというのは無茶苦茶で論外です」と指摘されている。象形文字に比されるマルクスの筆記体文字の読みとりも元の用語へのその復旧的判断もまったく超絶的なものであって，その当否については神々の裁きに委ねるほかないところであるが，大谷氏の指摘が正しいとすると，マルクスの「資本主義」語の稀少な使用例はさらにその数を減らすことになる。ともあれ，大谷氏の数々のご教示には深甚の感謝を表したい。

3） ラサールについては，猪木正道氏が次のように指摘されている。「当時資本主義という言葉はいまだできあがっていなかったから，ラサールはこれを工業主義（Industrialismus）と呼んで，彼の共産主義と対置している。」[猪木正道, 1949, 147ページ]

4） この叙述の引用にあたって，表現をわかりやすく変えたところがある。なお，本論文の存在については深沢竜人氏（元明治大学・院）により教示された。ここに記して謝意を表したい。

5） 福田徳三氏のこの論文は，翌1922年（大正11年）に刊行された『社会政策と階級闘争』（大倉書店）に組み入れられている。

なお，福田氏につづくものとしては，林癸未夫氏（早稲田大学）の『社会政策新原理』（早稲田大学出版部，1926年）において，パッソウにもとづきながらの，ルイ・ブランによる「資本主義」という用語の初めての使用，マルクスにおける「資本主義」語の非使用についての指摘と，そして，「資本主義」語と「社会主義」語とのほぼ同時期における形成という言及がおこなわれている。指摘されている内容にはやや不正確なところが見られるものの，1926年（大正15年）という早い時期において，「資本主義」という用語についての検討とさまざまな論者の見解について紹介されたものとして，注目に値するものである。

# 第7章　マルクスにおける資本主義認識


## I　二つの問題点

### 1　問題点

　すでに見てきたように，マルクスには「資本主義 Kapitalismus」という用語は存在しておらず，『資本論』について見るならば，マルクスの資本主義範疇は「資本家的生産様式 kapitalistische Produktionsweise」という用語によって示されているのである。

　しかし，そこから，マルクスの資本主義範疇は「資本家的生産様式」という用語によってのみ示されるものであって，それは「資本主義」という用語で表現されている概念と同じものである，とみなしてしまうならば，そのような理解は重大な問題点を抱えこむことになる。

### 第1の問題点

　「資本家的生産様式」という用語を，抽象名詞としての「資本主義」という用語と同じものとみなしてしまうならば，「資本家的生産様式」という用語でもって示されているマルクスの資本主義範疇における規定的要因の限定性と，「資本主義」という抽象名詞で表現される概念に比しての相違が，看過されてしまうことになる。

　というのは，「資本主義」という抽象名詞は，「資本」にかかわるなんらかの特徴や状態を示すものであるが，しかし，それがいかなる要因についてのものであるかについての限定性は存在していない。

　それにたいして，「資本家的生産様式」という用語は，「生産様式」についての特有の特徴を示すものである。すなわち，マルクスの資本主義範疇としての「資本家的生産様式」は，「生産様式」という要因についての特定の形態を示すものである。

だからして，「資本家的生産様式」という用語をそのまま「資本主義」という用語と同じものとみなすということは，「資本家的生産様式」という用語によって示されているマルクスの資本主義範疇における特有の規定的要因とその意義が見えなくなってしまうことになる。

### 第2の問題点

ところで，そこから，「資本家的生産様式」という用語がマルクスの資本主義範疇を表現する唯一の用語であるとみなしてしまうならば，マルクスには「資本家的生産様式」以外の用語でもって表現された資本主義範疇があったということを無視してしまうことになる。

もしマルクスの資本主義範疇を示す用語が「資本家的生産様式」のみであるとするならば，マルクスには『1861-63年の資本論準備草稿』への取り組みをはじめた1860年以後にしか資本主義範疇は存在しなかった，ということにならざるをえない。

その場合には，1859年刊行の『経済学批判』や，あるいは1857-58年草稿としての『経済学批判要綱』，さらには1840年代や50年代における『共産党宣言』や『賃労働と資本』においては資本主義範疇はなかった，ということになる。

だが，そうではなくて，マルクスの資本主義範疇は1860年以前には「資本家的生産様式」とは異なる用語でもって表現されていたとするならば，それはいかなる用語であったのかを明らかにすることが必要になる。

このことは，『資本論』段階において「資本家的生産様式」という用語によって示されている資本主義範疇は，マルクスによっていつ発見されて，それはいかなる用語でもって表現され，その後，いかにして「資本家的生産様式」という用語に取り替えられることになったのか，ということを示す必要があるということにほかならない。

ところで，そのことはさらに，マルクスが資本主義範疇について1860年より以前には別の用語でもって表現していたものを，どうして「資本家的生産様式」という用語に変更しなければならなくなったのか，その理由と新たな表現のとる積極的意味はいかなるものであるのか，ということを明らかにす

る必要があるということに繋がっていく。

このようなさまざまな問題点については，資本主義の用語法と概念内容にたいする詳細な研究をおこなったパッソウも，さらには，マルクスには「資本主義」という用語がなかったということを指摘されたわが国の諸論者も，まったく問題にされていない。それはそのような問題があるということに気づかれなかったということかもしれない。

だが，これらの諸問題は，内容的には，マルクスにおける資本主義範疇がいかに認識されたかという資本主義認識の方法と，資本主義範疇の基本的内容をいかなるものとして理解するかという，資本主義の規定的内容の確定についての，きわめて重要な問題と密接に関連した論点にほかならないものである。

## 2 「資本家的生産様式」の用語法

マルクスの「資本家的生産様式 kapitalistische Produktionsweise」という用語は，その用語形成の当初から，社会的経済制度やその歴史的形態にかかわるものとしての規定的性格をもつ「生産様式 Produktionsweise」についての存在形態を示すものである。そして，その特定の形態にたいして「資本家的 kapitalistisch」という限定詞がつけられて，近代社会特有の内容を表現する用語として作られたものである。

そもそも「生産様式」とはいかなるものであるのか。

この「生産様式」という用語は，マルクスによって作られた言葉である。それが，いつ，いかなるかたちで作られたものであるかについては，あとで取りあげることにする。

ここでは，とりあえず，『資本論』のなかでの指摘によりながら，きわめて概括的なかたちで「資本家的生産様式」についてその内容を示しておきたい。

マルクスは，「生産様式」について，『資本論』のなかでは，直接的生産過程における〈生産の仕方〉という狭い意味で用いていることもあるが，「資本家的生産様式」という用語として使う場合には，近代社会特有の歴史的な

経済関係の特徴的形態を示すという,より広い概括的把握における用語として使っている。

そのようなものとしての「資本家的生産様式」は,古代の「奴隷制にもとづく生産様式」や中世の「封建的な生産様式」や,あるいは社会主義的な「結合生産様式」といったさまざまな歴史的時代の諸形態と対比されるところの,近代社会特有の歴史的なものとしての形態規定性をもつものであって,その規定的性格と内容を「資本家的」という限定詞によって表現している「生産様式」の形態にほかならぬものである。

そして,この近代社会特有の歴史的形態としての「資本家的生産様式」は,内容的には,「賃労働の形態での労働と,資本の形態での生産諸手段とが前提」されているところの「本質的に剰余価値の生産であり剰余価値の吸収である資本家的生産」を基礎としたものであるが,それは「ただ物質的生産物を生産するだけではなくて,物質的生産物がそのなかで生産されるところの生産関係をたえず再生産し,したがってまたこれに対応する分配関係をもたえず再生産する」ような経済構造を示す範疇である。

マルクスは,『資本論』第1巻の「序言」において,『資本論』は「近代社会の経済的運動法則」を明らかにすることを目的として,「資本家的生産様式と,これに照応する生産諸関係および交易諸関係」を研究したものであると指摘しており,この「資本家的生産様式」を基軸的な範疇として近代社会の経済的運動法則の解明をおこなっているのである。

こうして,「資本家的生産様式」という概念と用語は,近代社会の経済分析にとっての基軸的で規定的要因をなす範疇として『資本論』の全体のなかでくりかえし使われているものであって,ピエール・ルルーやルイ・ブランやブランキなどにおける「資本主義」という用語のように,たまたま1回か2回ほど使っただけの用語といったものではない。

## II 逆行的追跡

では,そのような『資本論』において近代社会の経済的諸関係にとっての

基軸的な範疇とされている「資本家的生産様式」という用語が示す資本主義範疇は、マルクスの著作においては、『資本論』以前のどの時点にまでさかのぼって見いだされるものであるのか。

その点検のために、時間的経過に逆行するという"逆行的追跡"のかたちをとりながら見ていくことにしたい。

## 1 「資本家的生産様式」

『資本論』第1巻が発行されたのは1867年であるが、それより以前に「資本家的生産様式」という用語が使われているのは、1860年前後の時期までである。

1860年代においては、マルクスは、『1861-63年の経済学草稿』と呼ばれている23冊のノートと、『資本論』全3巻についての最初の異文草稿としての膨大な『1863-65年の経済学草稿』と、そして『資本論』第1巻の原稿の作成と清書をおこなっている。

すでに、この時期には、マルクスの「資本家的生産様式」という用語は完全に定着したものとなっている。

すなわち、「資本家的生産様式」という用語は、『1861-63年の経済学草稿』の執筆のはじめから、次のように明確に使用されている。

>「A. スミスが分業を、資本家的生産様式（kapitalistische Produktionsweise）に特有なものとして、すなわち、機械および単純協業と並ぶ、労働を形態的にだけでなくその現実性においても資本のもとへ包摂することによって変化させるもの、として把握しなかったことだけは明らかである。」
>[MEGA, II-3, S. 246]

## 2 「市民的生産様式」

ところが、1859年に出版された『経済学批判』においては、「資本家的生産様式」という用語はまったく使われていない。さらにいえば、それよりも前には、マルクスは「資本家的生産様式」という用語をまったく使用してい

ないのである。

　このことは何を意味するのか。もし「資本家的生産様式」という用語が資本主義範疇を示す唯一の用語であるとするならば，マルクスには，その研究開始の時期から1859年の『経済学批判』の出版にいたるまでの時期においては，資本主義範疇はなかったということになる。

　だが，『経済学批判』において，マルクスは，「資本家的生産様式」という用語のかわりに，同じ意味内容の規定的事物にたいして，「市民的（ブルジョア的）生産様式 bürgerliche Produktionsweise」という用語を使っているのが見いだされる。

　『経済学批判』の「序言」において，マルクスは次のように言っている。

「大づかみにいって，アジア的，古代的，封建的および近代市民的生産様式（modern bürgerliche Produktionsweise）が経済的社会構成のあいつぐ諸時期として表示されうる。市民的生産諸関係は，社会的生産過程の最後の敵対的形態である。敵対的というのは，個人的敵対という意味ではなく，諸個人の社会的生活諸条件から生じてくる敵対という意味である。」

　この「近代市民的生産様式」なるものは，近代社会特有の「生産様式」の形態であり，アジア的形態，古代的形態，中世の封建的形態と相ならぶ「生産様式」の近代的な歴史的形態にほかならないものであり，階級的な敵対関係をもったものであるからして，それは『資本論』段階における資本＝賃労働の階級関係をもった「資本家的生産様式」と同じものとみなしてよいものである。

　すなわち，マルクスは，『資本論』段階においては「資本家的生産様式」という用語によって示していた「生産様式」の「資本家的 kapitalistische」形態という資本主義範疇を示す用語を，『経済学批判』においては，「市民的 bürgerlich」という規定的限定詞をつけた「市民的生産様式」という用語でもって示しているのである。

　この『経済学批判』本文においては，資本主義範疇にかかわる用語として

はさらに「生産関係」あるいは「生産」についての言葉が出てくるが，そこで付けられている限定詞も，けっして「資本家的」ではなくて，「市民的」であって，「市民的生産諸関係」や「市民的生産」という用語が使われている。

ところで，マルクスは，『経済学批判』を執筆する直前の1857年から58年にかけて，のちに『経済学批判要綱』と名づけられた初めての体系的な経済理論にかんする『1857-58年の経済学草稿』を『7冊のノート』に書きあげている。

この『経済学批判要綱』においても，「資本家的生産様式」という用語はまったく使われていない。

しかし，この『要綱』においては，「交換価値のうえに打ちたてられた生産様式 die auf den Tauschwerth gegründete Productionsweise」とか「資本にもとづく生産様式 die auf das Capital gegründete Productionsweise」といったかたちの用語が多種多様に使われている。そして，そのなかで，生産について，「資本家的生産 kapitalistische Produktion」という用語を1回だけ使っている。

ところで，それよりも前の時期について見ると，マルクスは，1849年の4月から『新ライン新聞』に連載した『賃労働と資本』や，1848年に出版された『共産党宣言』においては，「市民的生産関係 buürgerliche Produktionsverhältnis」という用語を使って資本主義範疇を示している。『賃労働と資本』には，次のような叙述がみられる。

「諸個人がそのなかで生産をする社会的関係，すなわち社会的生産関係は，物質的生産手段，生産力が変化し発展するにつれて，変化し変動する。全体としての生産関係は，社会的関係，社会と呼ばれるものを，しかも一定の歴史的発展段階にある社会，独特で特色のある性格をもった社会を，形づくる。古代社会，封建社会，市民社会は，そういう社会関係の全体であり，同時にそれぞれ，人類史上の特別の発展段階をあらわしている。／資本もまた，ひとつの社会的生産関係である。それはひとつの市民的生産関

係（bürgerliche Produktionsverhältnis）であり，市民社会の一生産関係である。」[MEW-6, S. 408]

マルクスが「市民的生産様式」や「市民的生産関係」という用語を使っているもっとも古い論文・著書は，1847年10月28日から11月25日にかけて『ブリュッセル・ドイツ語新聞』に掲載した「道徳的批判と批判的道徳」であって，そこでは「市民的生産様式 bürgerliche Produktionsweise」という用語が使われている。

そして，この「道徳的批判と批判的道徳」が書かれた1847年10月より以前には，ドイツ語での「市民的生産様式」「市民的生産関係」といった用語はまったく使われていない。

その意味では，この「道徳的批判と批判的道徳」は，マルクスがドイツ語で資本主義範疇の存在を示している最初の文献である，ということができる。

### 3　「ブルジョア的生産諸関係」

しかしながら，マルクスが資本主義範疇について示している文献は，それ以前にも存在する。

というのは，「道徳的批判と批判的道徳」が書かれた1847年10月よりも前に，フランス語によってであるが，資本主義範疇を表現する用語が使われているのを見いだすことができるからである。

すなわち，1847年7月に，マルクスは，プルードンの『経済的諸矛盾の体系，または貧困の哲学』（1846年）を批判した『哲学の貧困』を出版しており，この本はフランス語で書かれているが，そこで，「ブルジョア的生産形態 les formes de la production bourgeoise」とか「ブルジョア的生産諸関係 les rapports de la production bourgeoise」といった用語によって表現されている資本主義範疇を見いだすことができる。

「リカードはブルジョア的生産（la production bourgeopise）をば地代を決定するうえで必要なものとして，前提しておきながら，しかもなお，それ

を，あらゆる時代，あらゆる国々の土地所有に，適用する。これは，ブルジョア的生産諸関係 (les rapports de la production bourgeoise) を永久的な諸カテゴリーとして表現するすべての経済学者の常套手段である。」[MEGA, I-6, S. 217, MEW-4, S. 170]

ところで，マルクスは，『哲学の貧困』の出版の直前に，プルードンについて論評を加えた「アンネンコフ宛の手紙」(1846年12月28日付，フランス語)を書いているが，そこでも同様な資本主義用語が使われている。

このような「アンネンコフ宛の手紙」や『哲学の貧困』において使われている「生産のブルジョア的形態 la forme bourgeoise de la production」や「ブルジョア的生産諸関係 les rapports de la production bourgeoise」といった用語は，近代社会特有の「生産」や「生産関係」の歴史的形態を示すものであって，『資本論』段階における「資本家的生産様式」と共通している資本主義範疇にほかならぬものであることは明らかである。

近代社会特有の生産の歴史的形態を示すものとしての資本主義範疇を表現する用語が見いだされるのは，ここまでである。

それ以前の時期にマルクスが書いている論文・著書さらには手紙において，資本主義範疇を表現する用語はまったく使われていない。

このことは，用語法的に見て，マルクスの資本主義範疇は，1846年12月28日付の「アンネンコフ宛の手紙」において初めて確定的に提示され，1847年に刊行した『哲学の貧困』において，公表された刊行物において初めて明らかに示された，ということを意味する。

## 4 唯物史観の確立と「生産様式」

ところで，すでに見たように，マルクスの資本主義範疇を表現する「資本家的生産様式」といった用語は，規定される要因たる社会的経済構造についての「生産様式」や「生産関係」等と，そして，近代社会特有の歴史的形態規定性を示すものとしての「資本家的」といった形容詞的限定詞との結合によって，はじめて成立する概念であり用語である。

このような資本主義範疇としての「資本家的生産様式」といった用語を打ちたてるためには,「資本家的」等の規定的限定詞を確定する前に,規定される要因としての「生産様式」や「生産関係」について確定しておくことが必要である。

そのように,規定されるべき要因としての「生産様式」や「生産関係」を概念的に確定する仕事を,マルクスは,いつ,いかにしておこなったのか。

そのような「生産様式」「生産関係」等を確定するという理論的作業は,人間社会の社会的構造とその歴史的形態ならびにその変遷についての社会観＝歴史観としての唯物史観の確立によっておこなわれたものである。

そして,その唯物史観をマルクスが打ちだしたのは,「アンネンコフ宛の手紙」執筆の直前の1845年11月から1846年8月にかけてエンゲルスと共同で執筆した『ドイツ・イデオロギー』においてである。

『ドイツ・イデオロギー』において提示されている唯物史観の内容は,のちに『経済学批判』の「序言」においてマルクス自身によって次のように簡潔なかたちで概括されている。

「人間は,彼らの生活の社会的生産において,一定の,必然的な,彼らの意志から独立した諸関係に,すなわち,彼らの物質的生産諸力の一定の発展段階に対応する生産諸関係にはいる。これらの生産諸関係の総体は,社会の経済的構造を形成する。これが実在的土台であり,その上にひとつの法律的および政治的上部構造がそびえ立ち,そしてそれに一定の社会的意識形態が対応する。物質的生活の生産様式が,社会的,政治的および精神的生活過程一般を制約する。人間の意識が彼らの存在を規定するのではなく,彼らの社会的存在が彼らの意識を規定するのである。……大づかみにいって,アジア的,古代的,封建的および近代市民的生産様式が経済的社会構成のあいつぐ諸時期として表示されうる。」[MEW-13, S. 8-9]

このような人間社会の社会構造とその歴史的形態ならびにその変遷についての歴史理論としての唯物史観を打ちたてるなかで,マルクスとエンゲルス

とは，そのような唯物史観を構成する諸要因として，「土台」「上部構造」「生産諸力」「生産様式」「交通関係，交通様式，交通形態」「生産諸関係」といった諸要因についての概念とそれをあらわす用語を確定している。

そして，さしあたりは仮説的性格を多分にもつところの社会観＝歴史観としての唯物史観を"導きの糸"としながら，人間社会の歴史的形態にとって規定的な要因とされている「生産様式」についての近代社会特有の歴史的形態を明らかにし，それにたいして「ブルジョア的」「市民的」「資本家的」といった限定詞をつけて，「ブルジョア的生産関係」「市民的生産様式」「資本家的生産様式」といった用語を使いながら資本主義範疇を表現して，それを解明していったのである。

## 5　初期マルクスにおける「市民社会」概念

だからして，1845年11月から1846年8月にかけて執筆した『ドイツ・イデオロギー』以前の近代社会についての取り組みにおいては，マルクスは，のちに『資本論』における基軸的範疇としての「資本家的生産様式」という用語で表現される資本主義範疇を持ちあわせていなかったといわざるをえない。

すなわち，1843年に執筆された「ヘーゲル国法論批判」「ユダヤ人問題によせて」「ヘーゲル法哲学批判・序説」や，『経済学・哲学草稿』（1843〜44年執筆）においても，さらには『聖家族』（1845年2月刊行）においても，そこでは彼独自の社会観＝歴史観としての唯物史観をまだ確定しておらず，したがって，唯物史観における特有の要因としての「生産様式」「生産関係」といった概念も持ちあわせていないのであって，それゆえ，そこにおける近代社会についての批判的分析と解明は，「生産様式」の近代的形態を示すものとしての資本主義範疇を持つことなしにおこなわれていたのである。

## III　資本主義認識における諸問題

それでは，ここで，これまで述べたことと重複することにもなるが，マルクスにおける資本主義範疇の認識にかかわるいくつかの諸問題について，こ

れまでたどってきた"逆行的追跡"とは逆に，今度は"理論形成史"あるいは"発展史"の順序に沿いながら，見ていくことにしたい。

## 1 「市民社会」は資本主義範疇であるか？

マルクスの近代社会への取り組みは，ヘーゲルの「市民社会」概念への取り組みからはじまる。

1843年3月『ライン新聞』の編集者の地位から身を引いた24歳の青年マルクスは，研究生活にはいり，ヘーゲル『法の哲学』にたいする批判的検討に取りかかり，初期3論文を書きあげる。

この初期マルクスの近代社会把握にとっての最初のキー・カテゴリーとなったものは「市民社会 bürgerliche Gesellschft」である。

ところで，この時期におけるマルクスの近代社会把握にとってのキー・カテゴリーたる「市民社会」は，『資本論』段階における「資本家的生産様式」と同義の資本主義範疇であるのかどうか，という問題がある。

伊藤誠氏は，拙著『資本主義の発見』(御茶の水書房，1983年) に言及しながら，次のようにいわれている。「重田澄男 (1983年) によると，そのようなマルクスの作業が理論体系として結実してゆくなかで，1859～61年ごろにマルクス自身，それ以前に用いていた市民社会や市民的 (ないしブルジョア的) 生産様式といった用語にかえて，資本主義的生産ないしは資本主義的生産様式の支配する社会といった用語を用いるようになり，それとほぼ同義で資本主義という用語も『剰余価値学説史』と『資本論』にそれぞれ1回ずつみられるようになった」[伊藤誠,1998, 222–223ページ] と。

また，馬場宏二氏も，次のようにいわれている。「マルクスは，「資本主義」をほとんど使わなかったようである。この点をくわしく考証した重田氏によると，初期には「ブルジョア社会」といい，のちに『資本論』では「資本家的生産様式」と呼ぶようになった」[馬場宏二,1997, 7ページ] と。

拙著を取りあげていただけるのは感謝にたえないところであるが，マルクスにおける資本主義の「発見」にかんしていささか誤解があるようである。

伊藤氏や馬場氏の指摘においては，初期マルクスにおける bürgerliche

Gesellschaft（市民社会，ブルジョア社会）概念も資本主義範疇に含まれるものとされているようである。

　だが，拙著では，マルクスにおいて資本主義範疇が確定しているのは，初期マルクスの「市民社会」からではなく，唯物史観の確定後の「アンネンコフ宛の手紙」あるいは『哲学の貧困』における「ブルジョア的生産関係」以降においてである，としているところである。

　もともと「市民社会 bürgerliche Gesellschft」という言葉は，変容と多義化の過程をたどってきた言葉である。「市民社会」については，トマス・ホッブズやロックのようにそれを「政治社会」と同義のものとする見解もあるが，ファーガスンやアダム・スミスのように万人が商人となるような自由・平等・独立の諸個人が取り結ぶ文明化された商業的社会とみなす理解や，あるいは，ヘーゲルのように，「私的＝特殊的な諸利益にもとづく欲望の体系」としてとらえ，それは〈家族―市民社会―国家〉といったかたちで家族と国家との中間に位置する分裂態として，国家によって止揚されるべきものとみなす理解もある。

　ところで，初期マルクスの「市民社会」把握は，ヘーゲル的理解を受けとめながら検討をおこなっているものであるが，しかし，ヘーゲル的内容にそのままとどまるものではない。ヘーゲルにたいする批判的なとらえ返しとその内実の充実をおしすすめているものである。

　マルクスは，初期3論文のなかの「ヘーゲル国法論批判」において，近代社会の特徴を，ヘーゲルにもとづいて政治的国家と市民社会との分離に見いだしながらも，人びとの非政治的な世俗的な私的な活動領域における「市民社会」こそが規定的な基礎をなすものととらえて，土台・上部構造論的な社会構造把握の基礎的観点を確定する。

　そして，「ユダヤ人問題によせて」においては，私的所有批判のうえに，「欲望と労働と私利と私権の世界」としての市民社会を，疎外された社会形態であって現実的に変革され止揚されるべき社会と把握し，さらに，「ヘーゲル法哲学批判・序説」において，市民社会のなかの一階級としてのプロレタリアートによる革命という社会主義的観点を確定するにいたっているので

ある。

　マルクスは，そのように，世俗的世界としての「市民社会」を国家の基礎をなす土台としてとらえかえし，市民社会における矛盾は，ヘーゲルのように思弁による国家への止揚ではなくて，市民社会そのものの現実的変革によって止揚されるべきものと把握するのである。

　しかも，マルクスはその後，『経済学ノート』として知られている『パリ抜粋ノート』に見られるように，経済学の研究をおこないながら『経済学・哲学草稿』を執筆しており，アダム・スミスの『国富論』にもとづく「資本の利得」「労賃」「地代」といった所得源泉をもった資本家・賃労働者・土地所有者からなる近代社会における三大階級についての対比的分析をおこない，「疎外された労働」についての論稿を書いている。

　このように，この時期のマルクスは，近代「市民社会」の内実を，私的所有のうえに構成される資本家・賃労働者・土地所有者の三大階級からなる社会であり，プロレタリアートによる私的所有の止揚によって変化さるべき社会形態として把握するようになるところまで，近代社会にたいする現実的把握の内容は深まっている。

　しかしながら，そこにおいてはまだ，社会構造において規定的基礎をなす要因を生産活動においてとらえる観点は不分明であって，規定的要因としての生産活動における「生産形態」「生産様式」「生産関係」のもつ意義は未確定である。

　そこにおいてとらえられている近代社会の経済的諸関係の特徴は，疎外された労働に根拠づけられた私的所有を基軸とする把握となっている。

　すなわち，この時点におけるマルクスの近代社会把握の規定内容は疎外論的観点からの批判的把握にとどまっており，規定的要因としての「生産様式」における近代社会特有の歴史的形態規定性についての概念的把握はまだ明確におこなわれてはいない。

　そのように，そこにおいてはまだ，総体としての社会的諸関係の構造的把握における歴史的形態規定性を明確にとらえる社会観＝歴史観が確立しておらず，近代社会特有の形態を把握するにあたっての総体的な規定的把握がお

こなわれていないため、のちに『資本論』における「資本家的生産様式」へと繋がっていくことになる資本主義範疇はまだ存在していない、といわざるをえない。

もちろん、1845〜46年の唯物史観の確立以降における資本主義範疇としての「資本家的生産様式」の確定ののちにおいては、そのような「生産様式」の近代社会的形態を基礎にしたものとされた「市民社会」は、資本家的社会としての規定的内容をもつものとして、「ブルジョア社会」と表現しうる規定的性格をもたされることになるが、そこにおける資本主義範疇としての規定的要因はあくまでも「資本家的生産様式」であって、「市民社会」ではない。

## 2　資本主義範疇はいかにして認識されたのか？

ここでの問題点は、『資本論』において「資本家的生産様式」という用語によって表現されているマルクスの資本主義範疇は、マルクスにおける理論形成史のいつの時点において、いかにして認識されたものであるのか、ということである。

マルクスにおける資本主義範疇の認識は、端的にいって、唯物史観において人間社会の社会的諸関係を規定する基礎的要因とされている「生産様式」についての、近代社会特有の歴史的形態をとらえるというかたちで、おこなわれたものである。

すなわち、初期マルクスにおける現実的事態についての把握の深化のなかで、マルクスは、人間社会の社会的諸関係における規定的な基礎をなすものはけっして「国家」ではなくて世俗的な現実生活たる「市民社会」と「家族」であるという土台・上部構造論的社会構造把握を確立する。

そして、そのうえに、さらに、「市民社会」としてとらえられていた社会の現実的な活動領域たる経済的諸関係における規定的要因は何であるのか、その規定的要因における近代社会特有の形態としての〈種差〉は、いかなるものとして把握さるべきものであるのかといったことを問題にする。

そして、そのうえで、マルクスは、社会構造とその歴史的形態把握のため

の社会観＝歴史観としての〈唯物史観〉を構想し，その確立への道を切りひらいていく。

かくして，マルクスとエンゲルスとは，1845〜46年に共同執筆した『ドイツ・イデオロギー』の第1巻第1章「フォイエルバッハ」において，人間社会の社会構造とその歴史的諸形態は，物質的生産諸力の発展に照応した生産様式の歴史的形態とその移りかわりによって規定されるものであるという唯物史観を提示し，次のように述べている。

「一定の生産様式ないし生産段階は，つねに一定の協働の様式ないし社会の段階と結びついているということ，そして人びとが手にしうる生産諸力の大きさが社会的現状態を制約するのであり，したがって"人類の歴史"はつねに産業の歴史との連関で研究され論述されねばならないということ，これである。」[MEW-3, S. 30. 廣松渉編訳, 1974, 26ページ]

マルクスたちは，このようなかたちで唯物史観の基本的観点と内容を確定するとともに，唯物史観を構成する諸要因として，特有の規定的性格をもつところの「土台」「上部構造」「生産諸力」「生産様式」「交通諸関係，交通様式，交通形態」「生産諸関係」といった諸要因と用語もまた確定する。

そして，そこから，近代社会の規定的内容の把握にあたっては，それまでのような「市民社会」についての疎外論的観点からの批判的把握ではなくて，唯物史観の観点とそれを構成する諸要因をテコとした「生産様式」や「生産関係」についての歴史的形態としての規定性を明確にもつものとしての把握へと向かうのである。

そのような唯物史観を"導きの糸"とした近代社会の経済的諸関係の規定的形態についてのマルクスの把握は，まず，プルードンの『経済的諸矛盾の体系，または貧困の哲学』にたいする批判をおこなった「アンネンコフ宛の手紙」に見いだされる。

そこで，マルクスは，「人間がそのもとで生産し，消費し，交換する経済的諸形態は，一時的で歴史的なのです。新たな生産諸力が獲得されるととも

に，人間は彼らの生産様式（mode de production）を変え，また，生産様式とともに，この特定の生産様式の必然的諸関係にほかならなかったすべての経済的諸関係を変える」ものであると，経済的諸形態における「生産様式 mode de production」の規定的性格について指摘しながら，次のようにいう。

「プルードン氏は，所有を独立の一関係として立てることによって，たんに方法上の一誤謬をおかしているだけではありません。──すべてのブルジョア的生産形態（les formes de la production bourgeoise）を結びつけている紐帯を彼は把握していないこと，一定の時代における生産形態の歴史的な一時的な性格を理解していないこと，このことを彼は明らかに示しています。」[MEGA, III-2, S. 74-75. MEW-4, S. 552]

そこにおける「ブルジョア的生産形態」「生産のブルジョア的形態」という表現は，「歴史的な一時的な性格」をもつ「一定の時代における生産形態」としての規定性を明確にもつところの近代社会に特有の形態を示すものとされているものである。

かくして，近代社会の経済的基礎としての「生産様式」における近代社会に特有の歴史的形態としての規定性を示す範疇が，ここに，初めて，「ブルジョア的生産形態 les formes de la production bourgeoise」あるいは「生産のブルジョア的形態 la forme bourgeoise de la production」という用語によって表現されるにいたったのである。

マルクスによる「資本主義の発見」は，ここに，その第一歩を踏みだしたということができる。

そのような資本主義範疇の確定と用語表現は，「アンネンコフ宛の手紙」につづいて，プルードン批判の著作として公刊された『哲学の貧困』において明示的に示されている。

この『哲学の貧困』において，一般に公開される著作においては初めて，近代社会の社会的諸関係にとっての規定的要因をなすものとしての歴史的形態を示す範疇として，「ブルジョア的生産諸関係 les rapports de la production bourgeoise」という表現が使われるようになっている。

「ブルジョア的生産諸関係」という範疇は，まさに，唯物史観における社会諸関係の経済的基礎をとらえる特有の要因としての「生産関係」についての，近代社会に特有のものとしての経済的諸関係における歴史的形態規定性をもった要因の把握が，「ブルジョア的」という表現によっておこなわれていることを，明確に示している。

このような，唯物史観にもとづくマルクスによる近代社会の経済諸関係の解明について，エンゲルスは，マルクスの『経済学批判』の紹介のなかで，「このドイツ経済学〔マルクスの経済学〕は，根本において唯物史観にもとづいており，この史観の要綱は前述著作〔『経済学批判』〕の序言のうちに簡単に述べられている」[MEW-13, S. 469] と指摘しており，また，マルクス自身も，『経済学批判』の「序言」において，「われわれの見解〔唯物史観を導きの糸とした見解〕の決定的な諸点は，1847年に刊行されたプルードンに反対した私の著書『哲学の貧困』のなかで，たんに論争のかたちでではあったが，初めて科学的に示された」[MEW-13, S. 10] と指摘しているところである。

そのような「アンネンコフ宛の手紙」および『哲学の貧困』で使われたフランス語で表現された資本主義範疇は，ドイツ語としては，『ブリュッセル・ドイツ語新聞』の1847年10月28日付から11月25日付までに連載された「道徳的批判と批判的道徳」において見られるところであり，そこでのドイツ語での用語表現としては，次のように「市民的生産様式 bürgerliche Produktionsweise」という言葉が使われている。

「プロレタリアートがブルジョアジーの政治的支配を打倒するとしても，歴史の経過のなかに，その「運動」のなかに，市民的生産様式（bürgerliche Produktionsweise）の廃止を，したがってまたブルジョアの政治的支配（die politische Bourgeoisherrschaft）の決定的打倒を必然にする物質的諸条件がまだ作りだされていないかぎりは，その勝利は一時的なものになるにすぎず，1794年と同じように，市民革命そのものに役立つ一契機となるにすぎないであろう。」[MEW-4, S. 338-339]

そして，そのようなかたちでの「市民的生産」「市民的生産諸関係」「市民的生産様式」という用語表現をとったドイツ語形での資本主義範疇は，このあと，『共産党宣言』『賃労働と資本』等々と10年以上にわたって，マルクスにおける近代社会の経済的諸関係の分析における基軸的範疇として使われつづけながら，さらなる研究によって近代社会の経済的諸関係についての理論的・実証的な把握の深化をすすめているのである。

## 3 「市民的」か，「ブルジョア的」か？

そのように，マルクスが打ちたてた資本主義範疇は，ドイツ語の著書・論文においては，さしあたりは，「bürgerlich 市民的（ブルジョア的）」という限定詞によって表現される用語となっている。

ここでの問題は，この〈bürgerlich〉という限定詞が付けられた「生産」や「生産様式」にとっての用語について，日本語への翻訳にあたって，「ブルジョア的」という訳語をつけて「ブルジョア的生産様式」とするか，それとも，「市民的」という訳語を使用して「市民的生産様式」といった用語とするか，という問題である。

それについては，邦訳の『マルクス・エンゲルス全集』をはじめとして，「ブルジョア的」という訳語を使用して「ブルジョア的生産様式」といった訳語をあてているのが普通である。

だが，本書では，それにたいして「市民的」という訳語を使用して，「市民的生産様式」といった用語としている。そのように，あえて「市民的」という訳語をつけたのは，一定の理由があってのことである。

たしかに，内容的にみると，「道徳的批判と批判的道徳」（1847年）からはじまって『経済学批判』（1859年）までのあいだに使われているマルクスにおける〈bürgerlich〉な「生産様式」や「生産関係」という用語の実態は，けっして対等・自由・平等の自立的生産者たちによる生産ではなくて，資本＝賃労働の階級関係のもとでの生産のうえに打ちたてられている生産様式である。

したがって，そのような実態的内容に即していえば，日本語としては「市

民的生産様式」よりも「ブルジョア的生産様式」という訳語のほうがより内容にふさわしい訳語であることは, 確かである。

だが, そのことを十分に承知したうえで, ことさらに「市民的生産様式」という訳語を使ったのは, 二つの理由による。

その理由の一つは, そもそもドイツ語形での「bürgerliche Produktionsweise」という用語が作られたときのことにかかわるものである。

マルクスは, 唯物史観の確立ののちに, 社会的諸関係にとっての基礎をなす経済的土台における規定的要因である「生産様式」や「生産関係」の近代社会における特有の歴史的形態を示す用語として, まずは,「アンネンコフ宛の手紙」と『哲学の貧困』において, フランス語で,「bourgeoise ブルジョア的な」という限定詞をつけて「les rapports de la production bourgeoise ブルジョア的生産諸関係」「la production bourgeoise ブルジョア的生産」という用語でもって表現している。

問題は, そのようなフランス語での用語表現をドイツ語での用語に置き換えるにあたって, いかなるドイツ語の言葉を使ったか, ということである。

ところで,『哲学の貧困』ののちに書かれた「道徳的批判と批判的道徳」や『共産党宣言』などのドイツ語での論文・著書においては, いくつかの用語については,「Bourgeois- ブルジョア的」という接頭語をつけた用語がつくられて,「Bourgeoisklasse ブルジョア階級」「Bourgeoisstaats ブルジョア国家」「Bourgeoisregime ブルジョア制度」「Bourgeoisepoche ブルジョア時代」といった言葉が使われている。

だが, それにもかかわらず, マルクスは,「生産様式」「生産関係」「生産」等にかんするかぎりは, そのような「Bourgeois- ブルジョア的」という接頭語をかぶせた用語としての「Bourgeoisproduktion ブルジョア的生産」あるいは「Bourgeoisproduktionsweise ブルジョア的生産様式」「Bourgeoisproduktionsverhältnisse ブルジョア的生産諸関係」といった用語を使わないで,〈bürgerlich〉という限定詞をつけた用語たる「bürgerliche Produktion」あるいは「bürgerliche Produktionsweise」「bürgerliche Produktionsverhältnis」といった用語をわざわざ使っているのである。

初期マルクスにおいては，この〈bürgerlich〉という限定詞は，まさに「ヘーゲル国法論批判」など初期 3 論文に見られるように，ヘーゲルの『法の哲学』においてキー概念の一つをなしていた「市民社会 bürgerliche Gesellschaft」の規定的限定詞として使われていたものであった。

　ところで，このヘーゲルにおける〈bürgerliche Gesellschaft〉という用語は，けっして資本主義的な「ブルジョア社会」としての意味あいをもった規定性において使われているものではない。それは，〈家族─市民社会─国家〉という展開に示されているように，家族と国家との中間に存在する範疇たる世俗的な現実社会としての「市民社会」を示すものにほかならぬものである。

　そのように，マルクスは，「生産様式」の近代社会特有の歴史的形態を示す要因を，他の用語におけるようにドイツ語としても使える「ブルジョア的 Bourgeois-」という接頭語を使わないで，あえてヘーゲルの「市民社会 bürgerliche Gesellschaft」において付けられていた「bürgerlich 市民的」という限定詞を「生産様式」に付けているのである。

　このことが，マルクスの〈bürgerliche Produkutionsweise〉を，「ブルジョア的生産様式」ではなくて，「市民的生産様式」として「市民的」という訳語をあてた理由の一つである。

　その理由の第 2 点は，のちの中期マルクスから後期マルクスへの転換にあたっての，「市民的生産様式」という用語の意識的な全面的廃棄と「資本家的生産様式」という用語への転換にかかわるものである。

　次の節で詳述するところであるが，マルクスは，近代社会の経済諸関係についての研究がすすむなかで，その一定の時期に〈bürgerliche Produkutionsweise〉という用語の代わりに，かなり苦闘しながらの試行錯誤の末に「kapitalistische Produktionsweise 資本家的生産様式」という用語への転換をはかり，結局は『資本論』に見られるように，ほぼ全面的に「資本家的生産様式」「資本家的生産」といった「kapitalistisch 資本家的」という規定的限定詞による表現に一元化して，〈bürgerliche Produkutionsweise〉という用語は廃語として使わなくなっているのである。

　なぜ，〈bürgerlich〉な「生産様式」という用語を廃棄して，〈kapitalistisch〉な「生産様式」という表現に変えなければならなくなったのか。

〈bürgerlich〉という限定詞をかぶせた「市民的生産様式」という用語表現と，生産様式の近代的形態としての資本主義範疇の実態的な内容とのあいだの違和性が，結局のところ，マルクスにおける用語表現そのものについての転換をひきおこすことになった，と判断されるところである。

ところが，そのように違和感を感じて使用にたえない用語として"廃語"とされてしまうことになる必然的理由は，〈bürgerliche Produkutionsweise〉を「ブルジョア的生産様式」というかたちで，その実態的内容にふさわしい表現用語に訳したのでは理解困難になってしまう。

すなわち，「ブルジョア的生産様式」という訳語にした場合には，そのような用語を廃止して，ほぼ同じニュアンスの「資本家的生産様式」という用語にどうして全面的に転換しなければならないのか，その理由が明らかでなくなってしまうのである。

それにたいして，ヘーゲル的な「市民社会」の規定詞を継承したかたちの「市民的生産様式」という訳語であるならば，近代社会の経済諸関係についての研究がすすみ，資本＝賃労働関係的な階級的な生産の内容がより明確になってくるなかで，〈bürgerlich〉な「生産様式」という用語表現の不適切性が次第に感じられるようになり，それがある一定の時点において，それまで10年以上にわたって使いつづけてきた〈bürgerlich〉な「生産様式」という用語表現を全面的に廃棄して，〈kapitalistisch〉な「生産様式」という表現用語に転換するようになるということが，明確に理解しうることになる。

これが，〈bürgerliche Produktionsweise〉に「市民的生産様式」という訳語をあえてあたえた二つめの理由である。

このように，bürgerliche Produktionsweise という用語は，用語そのものの作成の時点において，「Bourgeois-ブルジョア的」という接頭語を使わないで，ヘーゲルの「市民社会」概念の用語表現における限定詞「bürgerlich 市民的」を継承したということ，これが第１点。そして，やがてのちの一定の時点において，「〈bürgerlich〉な生産様式」という用語は"廃語"として「資本家的生産様式」という用語へと全面的に転換されることになる，とい

うこと，これが第2点。

　このような二つの点について考慮に入れるならば，1847年から1859年までマルクスが10年以上ものあいだ資本主義範疇を示すものとして使っていた〈bürgerliche Produktionsweise〉という用語は，マルクスにおける資本主義範疇の用語法についての検討にあたっては，「ブルジョア的生産様式」という訳語よりも「市民的生産様式」という訳語のほうがより適切である，と思われるところである。

　もちろん，マルクスの資本主義範疇の用語法についての検討という課題とはかかわりのない一般的な内容理解の場合には，「ブルジョア的生産様式」という訳語のほうがより内容に適切な訳語であることは確かであって，そのような使用に異を唱えようとしているわけではない。

## 4　なぜ「市民的生産様式」から「資本家的生産様式」に転換したのか？

　マルクスは，近代社会の経済諸関係にとって基軸的内容を示す資本主義範疇として「市民的生産様式」という用語を1847年から1859年にいたるまで使いつづけてきたのに，研究の途中でそれをやめて，「資本家的生産様式」という用語に全面的に転換することにしたのはなぜなのか。このことが，ここでの問題点である。

　結論的に言えば，さきに見てきたように，「市民的生産様式」という用語は，近代社会の経済諸関係についてのマルクスの研究が深化するなかで，生産様式についての近代社会特有の形態的特徴を表現するにはふさわしくないと感じるようになり，その実態的内容の特徴によりふさわしい表現用語を求めて模索し，それにもっとも適切な用語として「資本家的生産様式」という用語を確定するにいたった，ということである。

　そのような用語転換への模索にあたっての苦闘の跡は，『1857-58年の経済学草稿』としての『経済学批判要綱』に，きわめて明瞭なかたちで示されている。

　そこで，まず，そのような『要綱』への取り組みの経過と，『要綱』の内容の特徴から見ていくことにしよう。

1848年革命の敗北後ロンドンに亡命したマルクスは，1850年代の前半に，24冊もの膨大な『ロンドン抜粋ノート』を作成しているが，そのなかで，経済学研究とりわけ貨幣・信用論の文献に精力的に取り組み，そのうえで，1857～58年の『経済学批判要綱』の体系的展開をおこなう。

　『経済学批判要綱』は，「貨幣にかんする章」と「資本にかんする章」との2章構成をとっている。

　そのように，商品・貨幣関係を取り扱う「貨幣にかんする章」と，資本＝賃労働関係を取り扱う「資本にかんする章」との，規定的内容の区別の明確化による論述は，それまでには明らかでなかった近代社会における経済的諸関係における重層的内容を明確にするようになってくる。

　第1に，「諸交換価値，貨幣，諸価格」についての考察をおこなう「貨幣にかんする章」においては，ロンドンでの1850年代前半における貨幣論研究の成果として，商品・貨幣関係そのものが自立化したかたちで考察され，その独自的な規定的内容が解明されることになる。

　第2に，「資本にかんする章」においては，商品・貨幣関係とは規定的内容を異にする生産活動における資本＝賃労働関係のもとでの資本の運動が取り扱われ，そのなかで価値増殖の秘密が明らかにされ，そのうえに資本の運動の諸姿態が解明されることになる。

　どうやら，ここにおいて，マルクスは，それまでは「市民的生産」「市民的生産様式」という用語でもって表現していた近代社会における特有の「生産」や「生産様式」の特徴的形態について，生産過程における資本＝賃労働関係のもとでの生産活動のあり方にふさわしいより適切な用語でもって表現する必要性を感じはじめたようである。

　マルクスは，『経済学批判要綱』において，生産活動における近代社会特有の形態規定性をもつ資本＝賃労働関係のもとでの価値増殖をめざす生産形態の内容把握の深化にもとづきながら，生産や生産様式をより適切に表現するための用語として，それまで使っていた「市民的生産」「市民的生産様式」という用語にかわる新たな表現を生みだそうと，さまざまな用語表現上の試みと模索をおこなっている。

ところで、そのような『要綱』における「市民的生産様式」にかわる用語上の試みも、「貨幣にかんする章」においては、「交換価値のうえに打ちたてられた生産様式 die auf den Tauschwerth gegründete Produktionsweise」とか「交換価値に照応する社会の生産様式」といったかたちでの「交換価値」とかかわらせた用語表現しか見られない。

それにたいして、「資本にかんする章」にはいると、「資本にもとづく生産様式 eine auf das Capital gegründete Productionsweise」といった表現が出現するようになり、それ以外にも「資本によって支配されている生産様式」「資本が前提となっている生産様式」「資本そのものに適合的な生産様式」といった用語が続出するようになり、もはや「市民的生産様式」という表現はほとんど使われないといった状況になっている。

このことは何を意味するか。

『要綱』の「資本にかんする章」において出現するこのような「資本を基礎とする……」「資本が支配する……」「資本のうえに打ちたてられた……」生産や生産様式という新たな表現用語の多様な試みは、それ以前に使っていた「市民的生産」や「市民的生産様式」という表現用語にとってかえられるべきところの、そして、のちの『資本論』段階における「資本家的生産」や「資本家的生産様式」へと結晶化して繋がることになる資本主義範疇についての用語上の転換の試みにほかならない。

そして、マルクスが、「資本家的生産」「資本家的生産様式」という用語表現を確定したのは、『経済学批判』第1分冊の「序言」が書かれた1859年1月よりのち、そして、『1861-63年の経済学草稿』(『資本論草稿』)の執筆を開始した1861年の夏頃までの時期である。

そこでは、『経済学批判要綱』の「資本にかんする章」にもとづきながら、「資本」についての理論的解明をおこなうための『経済学批判』第2分冊(のちに『資本論』へと再構成される)の執筆のための資料整理と、執筆プランの作成のなかで、「資本家的生産」「資本家的生産様式」という資本主義的範疇を表現する用語が確定的に打ちたてられているのである。

そして、その後の『資本論草稿』としての『1861-63年の経済学草稿』の

なかでは,「資本家的生産」「資本家的生産様式」という表現は, すでに明確に確定済みの用語として, くりかえし使用されている。

## 5 資本主義発見のプライオリティ

マルクスの近代社会認識にとってのキー・ワードをなす基軸的範疇は, ドイツ語形での用語に限定して見るならば,「市民社会 bürgerliche Gesellschaft」—「市民的生産様式 bürgerliche Produktionsweise」—「資本家的生産様式 kapitalistische Produktionsweise」と転回 = 発展をとげている。

それを資本主義範疇としての規定的内容について見ると,「市民社会」から「市民的生産様式」への唯物史観を媒介とした転回において, マルクスは, 初めて「資本主義の発見」をおこなったといえるのである。すなわち, マルクスの資本主義範疇は, フランス語形での「ブルジョア的生産諸関係」とそれにつづくドイツ語形での「市民的生産様式」というかたちで, 初めて確定されたのである。

それにたいして,「市民的生産様式」から「資本家的生産様式」へのキー・ワードの転換は, 概念内容としては同じ資本主義的経済関係をとらえながらも, 対象的事物の内容の具体的解明がすすむなかで, 対象的事物の規定的内容にとってよりふさわしい表現用語があたえられることになった, ということを示すものである。

そして, ここにおいて, のちに「資本主義」という用語と結びつけられることになる「資本家的生産様式」という表現が用語法的に見いだされた, ということができる。

だからして, いわゆる中期マルクスにおいてキー・カテゴリーとなっている「市民的生産様式」という用語は, 内容的には後期の『資本論』段階における「資本家的生産様式」と同じものをあらわしながら, 表現用語としては, 初期マルクスにおいてキー・カテゴリーであった「市民社会」で使われていた限定詞「市民的 bürgerlich」をそのまま「生産様式」に付加するかたちで作られているものであって, 表現する事物としての資本主義範疇の内容を的確に表現するには不十分な, 違和感をもった用語表現であった。

そのため,「市民的生産様式」という用語は,資本主義範疇の表現用語としては過渡的性格をもたざるをえず,「資本家的生産様式」という用語表現を確定した後期マルクスにあっては"廃語"として消滅の道をたどることになったのである。

　このようなマルクスにおける「資本主義の発見」のプロセスと用語法上の変遷は,マルクスにおける資本主義認識の方法にかんするさまざまな問題にたいして照射をあたえ,それらの解明への道をひらくものである。

　ところで,これまで見てきた近代社会における特有の歴史的諸形態を示すという性格と意義をもつ「資本家的生産様式」というマルクスの資本主義範疇は,現在われわれが近代社会の経済システムや社会体制を表現するものとして一般に使っている「資本主義」という用語と,社会構造的な内容を示す用語として本質的な同一性をもったものである。

　現在一般に日常語として使われている「資本主義」という用語は,ピエール・ルルーやルイ・ブランやサッカレーなどの諸文献において散見される「資本主義」という言葉と同じ言葉でありながら,その規定的内容も,認識方法も,それとは大きく異なるものである。

　そのようなピエール・ルルーなどの「資本主義」語の継承としてではなくて,マルクスの「資本家的生産様式」という用語が,その後,マルクス以後の論者によって,「資本主義 Kapitalismus」という言葉に置き換えられながら,さまざまな多様化と変容をともないつつも,基本的には近代社会の経済システムや社会体制としての規定的性格をもつ現在の「資本主義」という用語法へと繋がれていくことになるのである。

　この点についての経緯は,今後シェフレやゾンバルトなどの著書の検討のなかで明らかになるところであろう。

　ともあれ,ここで,小括的な締めくくりとして,「資本主義」を最初に見つけたのは誰かということについて見ていくことにしたい。

　マルクスが資本主義範疇を確定したのは,1846年の「アンネンコフ宛の手紙」においてであり,公刊された著書・論文としては1847年の『哲学の貧困』においてである。

図3 マルクスの〈資本主義〉認識

| マルクスの足どり | 他の論者による「資本主義」語の使用 |
|---|---|
| 1843年 「ヘーゲル法哲学批判・序説」等初期3論文<br>ヘーゲルの「市民社会 bürgerliche Gesellschaft」論<br>↓<br>1844年 『経済学・哲学草稿』<br>スミス『国富論』にもとづく「資本」「賃労働」「土地所有」の3欄並記<br>疎外された労働<br>～～～～～～～～～～～～～～<br>1845～46年 『ドイツ・イデオロギー』<br>唯物史観の確立<br>↓ ＜ 生産の規定的性格<br>「生産様式 Produktionsweise」「生産関係」概念<br><br>……「資本主義」範疇の確定……<br>↓ ↓<br>↓ 「ブルジョア的生産諸関係<br>la rapports de la production bourgeoise」<br>1846年 「アンネンコフ宛の手紙」<br>1847年 『哲学の貧困』<br>～～～～～～～～～～～～～～<br>↓ 「市民的生産様式 bürgerliche Produktionsweise」<br>1847年 「道徳的批判と批判的道徳」<br>↓<br>1848～49年 『賃労働と資本』『共産党宣言』<br>↓<br>(1857～58年 『経済学批判要綱』)<br>1859年 『経済学批判』<br>↓<br>～～～～～～～～～～～～～～<br>↓ 「資本家的生産様式 kapitalistische Produktionsweise」<br>1859～61年 「資本にかんする章へのプラン草案」<br>1861～63, 63～65年 『資本論草稿』<br>↓<br>1867年 『資本論』第1巻刊行 | <br><br><br><br><br><br><br><br><br><br><br><br><br><br><br><br><br><br><br><br><br>1848年 ルルー『マルサスと経済学者たち』<br>1850年 ルイ・ブラン『労働組織』第9版<br>1854年 サッカレー『ニューカム家の人びと』<br><br><br><br><br><br>1869年 ブランキ『社会批判』<br>1870年 シェフレ『資本主義と社会主義』<br>1894年 ホブソン『近代資本主義の進化』<br>1902年 ゾンバルト『近代資本主義』 |

それにたいして、ピエール・ルルーが初めて「資本主義」という言葉を使ったのは1848年の『マルサスと経済学者たち』の初版においてである。また、ルイ・ブランの場合は1850年に出版した『労働組織』第9版において、サッカレーの場合は1854年の『ニューカム家の人びと』第2巻において「資本主義」という言葉が使われているのである。

それらのことは図3に示しているところであるが、そこから明らかになることとして、1846年の「アンネンコフ宛の手紙」と1847年の『哲学の貧困』においてマルクスが資本主義範疇を確定しそのことを明示したということは、ピエール・ルルーが「資本主義」という言葉を初めて使った1848年や、ルイ・ブランの1850年や、サッカレーの1854年よりも早い年次であることは確かだということである。

したがって、そのかぎりにおいては、「資本主義」を最初に見つけたのはマルクスである、ということができる。

「資本主義」発見のプライオリティ (priority)、すなわち、最初の発見者としての優先権は、マルクスのものであるということができる。

すなわち、ピエール・ルルーやルイ・ブランやサッカレーたちが「資本主義」という言葉を使いはじめるよりも先に、すなわち、この世にまだ「資本主義」という言葉が存在しておらず、マルクス自身も「資本主義」という言葉を知らない状況のもとで、マルクスは、人類の文化と科学の歴史のなかで初めて、近代社会の経済構造の歴史的形態としての資本主義範疇を見いだし、それを世に示したのである。

そして、そのようにマルクスが見いだした資本主義範疇が、現在全世界において使われている「資本主義」という用語へと繋がっていくことになるのである。

だが、マルクスは、その発見した資本主義範疇を「資本主義」という用語においてではなくて、フランス語形での「ブルジョア的生産諸関係」という用語やあるいはドイツ語形での「市民的生産様式」という用語でもって示したのである。したがって、そのかぎりにおいては、用語としての「資本主義」という言葉そのものの最初の発見者は、マルクスではない。「資本主義」と

いう言葉そのものの最初の発見者は、現在までの点検のかぎりでは、ピエール・ルルーということになる。

# 第3部

# 「資本主義」用語の継承と変容

# 19世紀後半期の時代状況[1]

　シェフレの『資本主義と社会主義』が出版された1870年は，ドイツにおいては，社会思想の流れや経済学界の動向において，大きな転換を迎える時期であった。
　1860年代のドイツの経済学の世界は，自由放任主義的な経済思想が支配していて，社会問題はほとんど問題にされないままであった。
　ドイツにおいて自由主義的な経済思想が自己主張をはじめたのは，「ドイツ・マンチェスター派」と呼ばれる人たちが〈ドイツ経済人会議〉に結集した1858年頃からであり，その「ドイツ・マンチェスター派」の運動および理論が頂点に達したのは，1868年の自由主義的営業条例においてであった。
　これら自由主義的経済思想にとっての主要な関心事は，営業の自由と貿易の自由であり，統一産業立法の制定，信用制度の完備，鋳貨制度および度量衡の統一などであった。労働者問題にたいしては，彼らは，労働者の社会的地位の改善ないし救済といった労働者保護についてはまったく無関心で，社会問題を規制する力としては市場原理による「自然法則」にまかせる以外にはなにもないと考えていた。
　そのような状況のもとで，ドイツの労働者階級がラサールによって政治的に初めて組織されたのは1863年の〈全ドイツ労働者協会〉の結成においてであった。1860年代のドイツにおける経済学者たち大部分にとっての社会問題への関心は，もっぱら社会主義にたいする批判とりわけラサールにたいする反対に向けられていた，とのことである。
　そのような1860年代のドイツにおいて，近代的な資本家的企業における労働者問題のもつ重要性に気づき，社会主義の理論と運動の提起している問題に積極的な関心を示した経済学者は，シェフレ，ロードベルトゥス，エンゲル，ウィンケルブレッヒ等きわめて少数の例外的存在のみであった，といわ

れている。

　ところで，シェフレの『資本主義と社会主義』が出版された1870年からゾンバルトが『近代資本主義』初版を出版した1902年までの約30年のあいだに，ヨーロッパは大きな変化をとげている。

　1870～71年に，普仏戦争（プロイセン・フランス戦争）があり，その勝利のうえにドイツ帝国が打ちたてられ，その敗北のなかでフランスではパリ・コミューンの成立と崩壊という劇的な出来事がおこった。

　普仏戦争の勝利とドイツ帝国の樹立によるドイツ統一は，ドイツにおける資本主義の発展を促したが，パリ・コミューンは既成勢力にたいする大きな衝撃をあたえ，労働者階級と社会主義にたいする恐怖感をひきおこすこととなった。

　こうした状況のなかで，1873年に，ドイツでは歴史学派の経済学者たちを中心として「社会政策学会」が創立されることになる。

　社会問題や社会政策にかんする研究や提案をおこなうために設立された「社会政策学会」は，19世紀後半における資本主義経済のめざましい発展にともなう労働者の貧困や労働争議などの社会問題が深刻になりはじめたなかで，シュモラー，ブレンターノ，ワーグナーたちの歴史学派の立場にたった経済学者とともに，官僚，政治家，ジャーナリストなども参加し，工場法や中小企業，農業，税制，交通など当時の重要な経済・社会問題についての実証的な調査研究をすすめる一方，社会政策についても具体的提案をおこない，学界，官界，ジャーナリズムに多大の影響をおよぼした。学会の内部には保守派，自由派の諸潮流があったが，その基本理念は，社会主義による体制変革には反対しながらも，資本主義の欠陥を認め，国家の政策をつうじて階級対立の緩和をはかる社会改良主義であった。

　ドイツの労働者組織と社会主義運動について見ると，1863年にラサールの指導のもとに結成された「全ドイツ労働者協会」と，1869年にベーベルやリープクネヒトたちによって設立された「ドイツ社会民主主義労働者党」とが，1875年にゴータで合同大会を開いて「ドイツ社会主義労働者党」を結成することとなり，ここに，ドイツにおいて単一の社会主義政党が生みだされるこ

とになる。

　だが，ドイツ社会主義労働者党は，1877年に帝国議会選挙で9％の得票率を獲得してその発展が軌道にのりかけた時点で，1878年，ビスマルクの社会主義者鎮圧法による弾圧に直面することとなる。しかし，同党の"英雄時代"と呼ばれるこの時期の試練のなかで，同党は労働者階級のなかに影響力を拡大しながら力を蓄え，1890年のビスマルク退陣と社会主義者鎮圧法の撤廃ののち「ドイツ社会民主党」と党名をあらため，帝国議会での議席数を35議席（得票率19.7％）も獲得し，その後さらなる拡大と躍進への道を歩んでいる。

　しかも，こうした発展のなかで，社会主義者鎮圧法にたいするたたかいは，ビスマルク的な国家社会主義的色彩をもったラサール派の影響力を弱めて，マルクス派の勝利を結果することとなった。1891年に確定したエルフルト綱領においては，1875年のラサール主義とマルクス主義との折衷的内容のゴータ綱領と異なって，マルクス的な理論の影響が強いものとなっている。

　国際労働運動について見ると，パリ・コミューン後の反動によって停滞していた労働運動も，1880年になるとふたたび活発化し，ドイツ社会主義労働者党を筆頭にヨーロッパ各国とアメリカに労働者政党が誕生するようになる。

　こうしたなかで，ふたたび新しい国際的な労働者の組織としてインターナショナルを結成する気運がフランスとイギリスの労働者を中心に盛り上がり，1889年7月14日，フランス革命100周年を記念して20ヵ国からパリに集まった社会主義者の国際大会で，労働者の国際組織を結成することが決定され，1891年にブリュッセルで第二インターナショナルの正式の大会が開かれることになった。

　この時期は，労働者代表の議会参加や出版の自由などによって合法的活動の条件が拡がるなかで，第二インターナショナル加盟政党は大衆のあいだに影響力を拡大し，そこにおいて労働運動のなかでもマルクス主義が支配的な影響をもつものとなった。

　かくして，かつてはドイツ国内においてはその存在も理論もほとんど知られていなかったマルクスが，1870年以降の30年のあいだに，労働者政党としてのドイツ社会民主党においても，国際的な労働者組織である第二インター

ナショナルにおいても，主導的な影響力をもつようになり，その理論はアカデミズムにおいても取りあげられるようになってきている。

この時期のマルクス関連の事情について見ると，1867年に『資本論』第1巻を出版したマルクスは，1883年に死亡。そして，エンゲルスの10年にわたる労苦によって，1885年にその第2巻が，1894年に第3巻が出版されて，『資本論』全3巻が世に出ることになるが，その翌年，1895年にエンゲルスも死亡する。

ゾンバルトが，歴史学派の重鎮たちによる指導を受けながら，社会主義とマルクス主義とに関心をよせ，自分なりの資本主義的現実把握をおこなうための礎石を打ち固めつつあったのは，まさにこの19世紀末から20世紀はじめにかけての時期のことである。

ところで，現実的過程においては，1873年の恐慌以後，約30年にわたって新たな構造をもつ資本主義への再編成のための激動の時期がつづいている。

19世紀の後半期には，重化学工業を中心とした技術の変革があいついでおこったが，これらの技術的変革の導入の過程で，1861～65年の南北戦争によって工業ブルジョアジーの支配力を強化したアメリカと，1870～71年の普仏戦争の勝利によって統一国家としてのドイツ帝国の形成をなしとげ，さらに50億フランの賠償金と豊富な鉄鉱資源をもつアルザス・ロレーヌ地方とを手に入れたドイツとは，それぞれ重化学工業を中心に工業化と生産規模の巨大化をおしすすめ，その結果，"世界の工場"としてのイギリスの地位は1870年代には崩れはじめ，1890年頃にアメリカに追いこされ，20世紀のはじめには，世界第2の工業国としての地位もドイツに奪われてしまうにいたる。

このようなイギリスの工業独占の崩壊の過程は，同時に，産業構造の高度化をともなう生産規模の巨大化の過程であり，また，並びたつ資本主義諸国のあいだの激烈な国際競争をともなう資本主義世界の再編成の過程でもあった。

このような資本主義の激動のなかで，巨大な生産設備をもった少数の大企業があらわれて，カルテル，シンジケート，トラストなどの産業独占体が形成されるようになってくる。これらの産業独占体は，初期独占のように国家

規制にたよるものとは違って、もっぱら私的資本としてのその経済力によって支配をはかる近代的な独占にほかならないものであった。

このような産業独占体は1873年恐慌以後、次第に拡がって、発生・改組・崩壊・再組織をくりかえしながら、より強力なものへとすすんでゆき、19世紀末には資本主義経済の基礎にしっかりと根をおろすようになってくる。

他方、銀行などの金融業にも少数の巨大資本があらわれて、生産・運輸・商業・信用などあらゆる経済部面にわたってその中軸部分をにぎり、産業独占体とも結びつき、金融的支配の網の目を張りめぐらせてコンツェルンを形成するようになり、経済のみならず政治機構にたいしても支配力をかためて、体制的な支配力をもつ金融資本が生まれることになる。

このようにして形成された産業独占体と金融資本は、巨額の独占利潤をめざして、生産の調整や価格の協定などによる独占価格のつり上げ、あるいは、株式の操作や投機、さらには詐欺的行為などをもおこない、また、対外的にも、独占的保護関税、ダンピング、資本輸出などとともに、国際カルテルの形成によって、世界市場における支配領域の拡大と分割をはかろうとする。

ところで、鉄道と汽船による交通手段の発達、電信・電話による通信網の拡大と、1869年のスエズ運河の開通は、資本主義諸国における海外進出への刺激をあたえ、1870年代から20世紀初頭にかけての「新しい植民地拡張の時代」をひきおこしたが、それは経済基盤の構造的変化におうじた新たな意義をもつものであった。

この時期にもっとも烈しく略奪されたのはアフリカで、1876年には10.8％しかなかった植民地面積が、1900年には90.4％となっている。南アフリカの金鉱とダイヤモンド鉱の確保のために、20万人の死者を出しながら強行されたイギリスによる南ア戦争（ボーア戦争、1899～1902年）は、その代表的な事例である。

このようにして、20世紀のはじめまでには、地球上のほとんどが資本主義列強によって分割しつくされ、もはやこれ以上の支配権の拡大は、他の帝国主義国の領土を力ずくで奪い取るという再分割しかありえなくなり、帝国主義戦争の時代の幕あきとなる。

ホブソンが『近代資本主義の進化』(1894年)のなかでトラストなどの独占を取りあげ,南ア戦争を直接見聞して『帝国主義論』(1902年)を書いたのは,まさにこの時期のことである。

1) この「時代状況」については,主として,大河内一男 [1949-51], F. メーリング [1968-69], 安世舟 [1973] に拠っている。

## 第 8 章　国民経済における結合形態
### ——シェフレ——

　マルクスが『資本論』第 1 巻を出版した1867年の 3 年後，歴史学派に近い立場にたちながら近代的労働者問題と社会主義にたいして積極的な関心をもったシェフレが，『資本主義と社会主義』(1870年) を出版し，そのなかで「資本主義」という用語をくりかえし使用し，書名にまで「資本主義」という用語を組みこんでいる。

　シェフレは，その『資本主義と社会主義』において，近代社会の経済構造の基本的内容を「資本主義」という用語によって表現しながら，その内容を経営組織や諸個人の「社会的な結合形態」としてとらえている。

　近代社会の経済システムや社会体制をそのようなかたちでとらえる「資本主義」という用語の使用をおこなったシェフレとその著書『資本主義と社会主義』における「資本主義」用語の使用状況が，ここで問題になってくる。

### I　人物と社会的活動

　シェフレ (Albert Eberhard Friedrich Schäffle, 1831-1903) は，1831年 2 月24日，南ドイツのシュツットガルト近くのニュルティンゲンに生まれた。1848年，テュービンゲン大学にはいり，当初は神学を学んだが，1850年から1855年まで『シュヴァービッシェン・メルクール』(*Schwäbischen Merkur*) 誌の編集部に入り，ジャーナリストとしての業務のかたわら同大学で国家学を学びなおし，1856年に博士号を得て研究協力者となり，1860年，テュービンゲン大学の国家学講座の担当者となる。

　1861～65年にはヴュルテンベルク (Baden-Württemberg 州の東部地域) 州議会の大ドイツ議員となり，1868年には関税議会の議員となる。

1868年，ウィーン大学に教授として就任。1871年2月にオーストリアのホーエンヴァルト内閣に商業大臣として入閣したが，同年10月，内閣の瓦解とともに辞任。1872年以後は，生地に近いシュツットガルトにおいて，在野の学者，ジャーナリスト，『総国家学雑誌』(*Zeitschrift für die gesamte Staatswissenschaft,* 1892-1903) の編集者として過ごした。1903年12月25日，シュツットガルトにて死亡。

　シェフレは，社会学の分野では，社会有機体説の立場をとり，生物有機体との比喩を用いて社会現象を解明し，主著『社会体の構造と生活』( 4 巻，1875~78年) において自然科学と社会科学との総合的体系を描き，19世紀末のドイツ社会学に持続的な影響をおよぼした，とのことである。

　財政学の分野では，シェフレはドイツ財政学の創始者の一人としてシュタイン，ワーグナーと並んで19世紀後半期における 3 大巨人として評価されており [島恭彦, 1949, 38ページ。木村元一, 1951, 255ページ。斉藤悟郎, 1969, 234ページ]，『租税政策の原理』(1880年) や『租税』(1895年) などの著書で知られている。彼は，公共的財政は，年次的にではなくて，景気循環の経過においてバランスをとるべきであるとした。経済学の分野では歴史学派に近く，改良資本主義を理想とした。

　また，彼は，社会主義について理論的に論じた最初の国民経済学者の一人であって，『社会主義の精髄』(1874年) は1919年までに16版を重ねている。

　なお，遺稿として，『わが生涯』( 2 巻，1905年) および『社会学概要』(1906年) が出版されている。

**主な著作**[1]

(1) *Die Nationalökonomie oder allgemeine Wirtschaftslehre. Für Gebildete aller Stände, insbesondere für den Kaufmann, sowie zum Gebrauch in Akademien, Handels- und Realschulen gemeinfaßlich dargestellt,* Leipzig, 1861. 『国民経済学あるいは一般経済理論』

(2) *Das gesellschaftliche System der menschlichen Wirtschaft. Ein Lehr- und Handbuch der Nationalökonomie für höhere Unterrichtsanstalten und Gebildete*

*jeder Standes*, Tübingen, 1867.『人間経済の社会的システム』
(3) *Die nationalökonomische Theorie der ausschließenden Absatzverhältnisse, insbesondere des literarisch-artistischen Urheberrechtes, des Patent-, Muster- und Firmenschutzes, nebst Beiträgen zur Grundrentenlehre*, Tübingen, 1867.『排他的販売——とくに文学的・芸術的著作権——の経済理論』
(4) *Kapitalismus und Socialismus mit besonderer Rücksicht auf Geschäfts- und Vermögensformen: Vorträge zur Versöhnung der Gegensätze von Lohnarbeit und Kapital*, Tübingen, 1870.『資本主義と社会主義，とくに営業的および資産的形態に顧慮して：賃労働と資本との対立の宥和のための講義』
(5) *Die Quintessenz des Socialismus*, Gotha, 1874.『社会主義の精髄』
(6) *Bau und Leben des socialen Körpers*; 4 Bde., Tübingen, 1875–78.『社会体の構造と生活』
(7) *Die Grundsätze der Steuerpolitik und die schwebenden Finanzfragen Deutschlands und Österreichs*, Tübingen, 1880.『租税政策の原理および懸案のドイツとオーストリアの財政問題』
(8) *Die Inkorporation des Hypothekarkredits*, Tübingen, 1883.『抵当権信用の併合』
(9) *Die Aussichtslosigkeit der Socialdemokratie: drei Briefe an einen Staatsmann zur Ergänzung der „Quintessenz des Socialismus"*, Tübingen, 1885.『見込みなき社会民主主義』
(10) *Deutsche Kern- und Zeitfragen*, Berlin, 1894.『ドイツの中心問題と時事問題』
(11) *Die Steuern*, Leipzig, 1895.『租税』
(12) *Ein Votum gegen den neuesten Zolltarif*, Tübingen, 1901.『新関税率への反対意見』
(13) *Aus meinem Leben*; 2 Bde., Berlin, 1905.『わが生涯』
(14) *Abriss der Soziologie; herausgegeben mit einem Vorwort von Karl Bücher. — H. Laupp'schen Buchhandlung*, Tübingen, 1906.『社会学概要』

〔初版など古い時期においては，Socialismus や social など z ではなく c を使ったスペルになっている。〕

## II 『資本主義と社会主義』について

シェフレの『資本主義と社会主義』は，その書名からイメージされるような資本主義的経済体制と社会主義的経済体制との制度的な比較検討をおこなった著作ではない。

その基本的内容は，いわば資本主義経済の基礎理論とそれにたいする社会主義者による批判的見解についての検討であり，そのような視角からの資本主義的経済構造についての理論とでもいうべきものである。

近代社会の経済構造についての理論的解明という『資本主義と社会主義』の基本的内容は，3 年前の1867年に出版された『人間経済の社会的システム』で明らかにした内容にもとづき，社会主義者による近代社会の経済システムにたいする批判の検討をつうじて，さらにそれをより発展させるという新たな取り組みをおこなった著作，と見ることができるものである。

そのことを，シェフレは，『資本主義と社会主義』の「序文」において，「わたしの以前の著作に精通している人は，この本のなかに，わたしの，より古い基本的見解を再発見するであろう」[Schäffle, 1870, S. vi] と指摘し，また，遺稿としての自叙伝『わが生涯』においても，『資本主義と社会主義』は「1867年に出版された国民経済の第 2 版，それは『人間経済の社会的システム』という特別の書名がつけられているが，それを基盤として，より一層科学的におしすすめられた」[Schäffle, 1905, Bd. 1, S. 166] ものである，と述べているところである。

なお，この『人間経済の社会的システム』は，1861年に出版した『国民経済学あるいは一般経済理論』を全面的に増補改訂したものであって，この『人間経済の社会的システム』の扉にわざわざ「まったく新しく手を加えられ著しく増補された第 2 版」と記しているものである。

大河内一男氏は，シェフレの『資本主義と社会主義』について次のように指摘されている。

「アルベルト・シェフレ Albert Schäffle（1831-1903）の通俗的解説書『資本主義と社会主義』は，労資協調思想の伝播に大きな役割をつとめ，また後にブレンターノ的改良主義の立場に改宗した哲学史家ランゲ F. A. Lange（1828-1875）は，その初期の労働者問題論においてきわめて急進的な理論を展開し，かつ J. S. ミルの批判をおこなっていた。しかしながら，以上の諸論述は，いずれも「独逸マンチェスター派」との直接の論争の対象となることなくして終った。」［大河内一男, 1949, 上巻, 172ページ］

すなわち，大河内一男氏は，シェフレの『資本主義と社会主義』を，「労資協調思想の伝播に大きな役割」を果たした「通俗的解説書」とみなしながらも，近代的労働問題への取り組みということそれ自体は，時代的課題にたいして先駆的なものである，とされているのである。

その点について，シェフレ自身も，『資本主義と社会主義』のなかで取り組んでいる社会問題，すなわち，資本主義の発展のなかで不可避的に生みだされてくる近代的労働者問題と，それと関連して展開される社会主義の理論と運動について，当時すでに「"プロレタリアート"はウィーンにおいてもかなり積極的に活動をはじめていた」が，しかし「いわゆる知識階級の大部分は，"労働運動"の意義についても，また共産主義，社会主義および社会民主主義におけるそのプログラム的定式についての理解もまったくもっていなかった」［Schäffle, 1905, Bd.1, S. 159］と述べているところである。

そのような時代状況のなかで『資本主義と社会主義』を出版するにあたって，シェフレが提示した見解の内容にたいする社会的反応について，シェフレ自身，その「序文」のなかで，次のように予測していたところである。

「わたしは，まともに得られた財産については一銭も問題にしなかったし，近代の自由な権利のいかなる後退もおこなわないことを勧めたけれども，急進的で国家的な危険人物の一人と見られるであろう。というのは，わたしは社会主義の理論家にたいする道義的憤慨をほんの少しも爆発させないで，現存社会の疾患については遠慮なく語っているからである。だが，他

方では，わたしは十分すぎるほどに保守的なものとして通用するであろう。というのは，わたしは現存の経済的社会組織の全面的で急激な粉砕については救いをまったく認めることができないし，また，現実の社会主義的急進主義に反対して新たな研究の成果としての新しい根拠を対置しているからである。」[Schäffle, 1870, Vorrede, S. vi]

だが，『資本主義と社会主義』の出版がひきおこした実際の反響は，30年ものちに書いた自叙伝『わが生涯』において述べているように，時代の波にゆさぶられたものであった。

「『資本主義と社会主義』は1870年に出版された。……〔だが，〕1870年の〔普仏〕戦争が，公衆の注目を確実にのみこんでしまった。しかし，1871年2月にホーエンヴァルト〔内閣〕の省〔の大臣〕に任命されたとき，本書は最大の注目をひき，大資本と大土地所有の階層に部分的ながら恐怖をひきおこした。この恐怖は，教養ある有産階級の多くが当時の社会主義的な時代思潮の内容と性質についてなんらの考えももっていなかったということによってのみ，確実に説明されうるところである。……燃えたぎった社会政策と社会革命的な潮流の約30年後の現在では，本書の諸々の事態については大部分が承認されている。しかしながら，当時においては，それは驚天動地のことと見えたのである。」[Schäffle, 1905, Bd.1, S. 166-167]

そのように，シェフレの『資本主義と社会主義』の出版時の評判は，出版された1870年にはじまったプロイセン・フランス戦争にのみこまれてたいして問題にならなかったようであるが，同書の内容は当時としては時代に先んじたものであった。

やがて，1870年につづく1871年にはプロイセンの勝利とドイツ帝国の成立，そして敗北したフランスにおけるパリ・コミューンの成立と壊滅がもたらされた。『資本主義と社会主義』が世に出たのは，まさしくそのような政治的激動の時期であり，パリ・コミューンという社会主義運動にとっての激烈な

爆発的展開とそしてその恐怖が全ヨーロッパの有産階級のあいだに拡がったときであった。

## III シェフレとマルクス

### 1 シェフレのマルクス評価

シェフレは，『資本主義と社会主義』のなかで，社会主義者の見解についての世上一般の無知あるいは過小評価について，「人は，マルロ，マルクス，ラサール，プルードンを——それらをほとんど読んでいない——過小評価している」[Schäffle, 1870, S. 126] と指摘している。

そして，シェフレは，『資本主義と社会主義』の序論的導入部分たる第1講において，まず，現存社会にたいする社会主義者の批判と要求はなんであるかという基本的論点を問題にしながら，「所有とは盗みである」という衝撃的な警句でもって世を震撼させたプルードンと，ドイツ労働者の"予言者"であり恐怖と嫌悪の的としての悪魔とされているラサールの「現代の所有は異国状態にある」といった指摘に触れたうえで，マルクスについて取りあげ，「持続的に"他人労働の剰余価値を吸収する"ところの——スポンジとしての資本については，ドイツの社会主義者のなかでは才知にたけ，博学でもあるカール・マルクスがもっとも徹底的な見解を示している」[*Ibid.*, S. 4] と指摘している。

当時のドイツにおいては，労働者階級の組織者としても，社会主義者としても，ラサール（1864年に死亡）の名声がきわだって高く，マルクスについてはドイツ国内ではその著書や理論はほとんど知られていない状況であったが，そのなかで，シェフレは，ラサールとマルクスとを比較しながら，次のようにマルクスに高い評価をあたえている。

「古い"社会"思想から生き生きとした大衆運動への転換のためには，ドイツにおいては，二人の人物が，すなわち，精神，勇気，および，並外れた重要性をもった広い教養が見いだされるところの，カール・マルクスと

フェルディナンド・ラサールが貢献している。後者（ラサール）は，はるかによく知られた名前であるけれども，わたしは彼よりも先にカール・マルクスの名前を挙げる。ラサール自身は，用語法にいたるまで大部分について批判的思想をマルクスから借用しているのである。」[*Ibid.*, S. 308-309]

シェフレは，ラサールについては，『資本主義と社会主義』以前においても，1863年に「シュルツェ・デーリッチュとラサール」（"Schulze=Delitzsch und Lasalle"）という論文を書いているし，また1867年に公刊した『人間経済の社会的システム』のなかでもわずかながらラサールへの言及がなされている。しかし，マルクスについては取りあげていない。

それが，『資本主義と社会主義』にいたって，突如，マルクスについての言及が大量におこなわれているのである。

おそらく，シェフレは，1867年の『人間経済の社会的システム』の出版後の3年のあいだに，1867年に出版されたマルクスの『資本論』第1巻を読み，その内容にたいして批判的ながらも大きな感銘を受けて，マルクスの諸著書に急遽取り組んだものと思われる。

シェフレは，「カール・マルクスの私生活と性格についてはわたしは知らない。だが，その著作は，真面目な研究であるのみならず，自主的でかつ不屈の原則があることを証明している」[*Ibid.*, S. 10-11]と述べながら，「カール・マルクスは，その著書『資本論』において，それは現在までのところ第1部のみが出ただけであるが，とくにイギリスの経済学的文献についての類まれな知識をもっており，才気があり，多面的な歴史的・哲学的および古典的教養のある人物であることを証明している」[*Ibid.*, S. 9]と高く評価しているのである。

そして，マルクスは「長期にわたってイギリスに住み，そこでの労働運動と労働者の状態を熟知しており，イギリスの経済学文献，そこでの工場立法とそして労働者状態についてのイギリスの調査の結果をくわしく知っているので，カール・マルクスは，おそらく他のドイツの経済学者の誰よりも，ドイツの労働者大衆に社会民主主義意識を植えつけるのにとくに適している」

[*Ibid.*, S. 309] と紹介している。
　さらに，マルクスの著書等については次のように述べている。

　「マルクスによるもっとも重要な著作は『資本論。経済学批判』という書名でもって出版されている。"資本の生産過程"が取り扱われている第 1 部のみがこれまでに出版されている。"資本の流通過程"および"総過程の諸姿態"は第 2 部に，経済学の歴史は第 3 部であたえられるであろう。マルクスの以前の著作としては，プルードンの貧困の哲学に反対して書かれた『哲学の貧困』，および，『経済学批判，1859』がある。この後のほうの著作は，内容的には資本についての主著でくりかえされている。……マルクスによるパンフレットとアジテーション・プログラムについては，まったく手に入れることができなかった。」[*Ibid.*, S. 309]

　なお，シェフレは，ラサールとの対比だけでなく，さらにプルードンとも比較しながら，「マルクスは，プルードンがそこ〔『貧困の哲学』〕でヘーゲルについて言及する以上に，さらに熟達したかたちでヘーゲルの弁証法と方法を取り扱っている」[*Ibid.*, S. 309] としている。
　そして，『資本主義と社会主義』の第11講では，そのほとんどをマルクスの見解の検討にあてている。
　ところで，シェフレがそのように『資本主義と社会主義』のなかでマルクスの『資本論』を大きく取りあげた1870年時点のドイツでは，マルクスの理論はほとんど知られていなかったようである。
　マルクス主義理論家の中心人物としてのちにドイツ社会民主党の党首となるベーベル（August Bebel, 1840-1913）が自叙伝のなかで述べているところによると，「マルクスの『共産党宣言』およびその他の著作は60年代の終わりから70年代の初め頃，ようやく党に知られるようになった」[安世舟, 1973, 42-43ページ] ものであって，マルクスの理論は60年代までドイツ国内ではほとんど遮断されていて，海外の亡命者のなかで息づいている程度にすぎなかった，といわれている。

ベーベル自身，1873年3月に投獄されて1875年4月に釈放されるまでの2年間を獄中で過ごすなかで，初めてマルクスの『資本論』第1巻やエンゲルスの『イギリスにおける労働者階級の状態』などを読み，社会主義運動の指導者としての理論的素養を身につけることができたとのことである。

## 2　マルクスのシェフレ評価

ロンドンに在住していたマルクスは，1870年9月10日付でエンゲルス（在マンチェスター）宛に出した手紙の〈追伸部分〉に，「ついでだが！　テュービンゲンのシェフレ教授が僕に反対してばかげた厚い本（値段は12シリング半！）を著した」と書いている。

『資本主義と社会主義』の「序文」は「1870年6月」の日付がつけられているので，その出版の直後のことである。

この1870年9月10日という時点は，普仏戦争の真っ最中であって，このマルクスの手紙のなかでも，マルクスが書いた「普仏戦争についての国際労働者協会総評議会の第2の呼びかけ」や，エンゲルスの「戦況時評」〈16〉〈17〉における「パリの要塞工事とシュトラスブルクの砲撃とについての論説」などが問題にされている。

その手紙にたいして，エンゲルスは，2日後の9月12日に，さっそくマルクスへの返事を書いている。

その返事のなかで，エンゲルスは，予測されるパリ・コミューンの決起についての危惧を述べていて，「彼ら〔パリの労働者たち〕はふたたび外国からの圧力のもとにうかつにも心を奪われて，パリへの襲撃の前夜に社会的共和国を宣言するのではないだろうか？　もしドイツ軍が最後の戦闘行動としてパリの労働者たちにたいするバリケード戦をたたかい抜かなければならないというようなことになれば，それは恐ろしいことだろう。それはわれわれを50年以前に投げかえすことになるだろう」と書いている。

ところで，その返事のなかで，エンゲルスは，シェフレの本の書名についてマルクスに聞きかえしている。

「シェフレの本の題名はなんというのか，たぶん君は知らせてくれることができるだろう。そこには君のほんとうの敵があるのだ。この男は関税議会のなかにいた。そして一個のまったく平凡な俗流経済学者で，すでにより多くファウハー*なのだが，しかしシュヴァーベン人**なのだ。その本では君は喜びを味わうことだろう。……」

  *〔Faucher, 唸りまくる人？〕  **〔ライン方言で「分別のないもの」という意もある〕

 それにたいしてマルクスは，さらに2日後の9月14日付のエンゲルス宛の手紙の〈追伸〉において，「シェフレの本の題名は，『資本主義と社会主義うんぬん』というのだ」と書きしるしている。
 ところで，そのあとのマルクスとエンゲルスとの往復書簡のなかにはシェフレの『資本主義と社会主義』についての言及はまったく見られない。それどころか，両者のあいだの手紙のひんぱんなやり取りそのものがなくなってしまっている。
 というのは，その1870年の9月18日頃に，エンゲルスはマンチェスターからロンドンに引っ越してきて，マルクスの家から10分ほどのところ（リージェント・パーク・ロード122番地）に住まいを構え，マルクスとはほとんど毎日会って意見を交わすようになる。そのため，二人のあいだに手紙のやり取りの必要はなくなるのである。
 しかもこの時期，マルクスは国際労働者協会（第一インターナショナル）の仕事に没頭しており，それも普仏戦争にたいする第一インターの対応や，それにつづくパリ・コミューンにたいする行動に取り組んでいて，多忙をきわめていたようである。その後も，1872年の第一インターのハーグ大会におけるマルクス主義者とバクーニンの無政府主義者との対立の激化による第一インター総評議会のニューヨークへの移転と解散，加えて，『資本論』第1巻の大幅な手直しによる第2版の出版への取り組み，フランス語版の校閲，『資本論』第2巻のための資料の検討，等々と，まったく暇のない日々を過ごしている。
 マルクスによるシェフレの『資本主義と社会主義』についての言及は，そ

の後 8 年ほどのちに書かれた「アードルフ・ワーグナー著『経済学教科書』への傍注」においてやっと見いだされる。

この「傍注」は，マルクスが1879年後半から1880年11月までに抜粋ノートに書いたもので，『経済学教科書』の第 1 巻として刊行されたアードルフ・ワーグナーの著書『一般的または理論的経済学，第 1 部，原論』改訂増補第 2 版（1879年）にたいするものである。そのなかでマルクスは，『資本論』で展開された価値論にたいするワーグナーによる歪曲を批判して，自分の経済理論の基本命題を重ねて説明するなかで，シェフレに言及している。

マルクスは次のように述べている。

「私はたとえば労働力の価値の規定にあたっては，その価値が現実に支払われるということから出発しているが，これは実際にはそうではないのだ。シェフレ氏は『資本主義』うんぬんのなかで，この点をとらえて「気前がいい」とかそれに類することをいっている。彼がここであてこすっているのは，科学的に必要な手続きにすぎないのだ。」[MEW-19, S. 360]

マルクスは，『資本論』第 2 巻のなかでも，ほぼ同様なことを述べている。

どうやらマルクスとエンゲルスとは，シェフレの諸著作については，まともに理論的に取りあげる必要のない杜撰な内容のものと判断したようである。

そのことは，1881年 2 月 1 日付のエンゲルスからカール・カウツキー宛の次のような手紙が示している。

「たとえばシェフレ一人で何冊ものあの分厚い著書にまとめている，恐るべきたわごとにいちいち反論するだけでも，まったく時間の浪費だと私は考えます。これらの諸公が括弧づきで引用している『資本論』からのまちがった引用文のすべてを訂正しようとするだけでも，すでにかなり大きな一冊の本になるでしょう。彼らは，人に彼らの質問に答えてほしいと要求する前に，まず読んだり書き写したりすることを習うべきなのです。」[MEW-35, S. 150]

そして，シェフレが『社会主義の真髄』のなかで，自分は何年間も費やして『資本論』第1巻を理解しようとしたと述べているのを取りあげて，エンゲルスは「私はシェフレ氏の窮余のためいき——自分はもう10年間も『資本論』を研究したが，いまだに理解しきれない，といったためいきのことをおもしろがっているマルクスの姿がまだ目に見えます」[MEW-36, S. 289] と，からかい半分の冷やかしの意見を述べているのである。

## IV　シェフレの過渡的先駆性

### 1　人物評価

ところで，シェフレの人物とその学問的業績については，いかなる評価をしたらよいものだろうか。

シェフレにたいするマルクスやエンゲルスの評価は，きわめて手厳しい。1881年3月12日付のベルンシュタイン宛の手紙のなかで，エンゲルスは次のようにいっている。

「ビスマルクのような，理論的にはこのように不条理で，実践的にはこのようにむら気なやつのするなにごとかから，現代社会の破産宣告を読みとることなど，二度とふたたびやってはいけません。……シェフレ流の「考える人たち」のたわごとからもそうです。この連中の「考えていること」（彼らが「考えている」ことといえば，おそらくそれにつきる）は，現代社会に破産を宣告することではけっしてない。それどころか，彼らは，まさに現代社会を再度しかるべくつぎはぎしようとすることだけで暮らしをたてているのです。」[MEW-35, S. 170]

ドイツ社会民主党の理論家フランツ・メーリング（Franz Mehring, 1846-1919）は，『ドイツ社会民主主義史』のなかで，シェフレの人物像について次のように述べている。

「シェフレは,政治的に,はなはだはっきりしない人物で,かつてはシュバーベンの地方分権主義的民主派のプロイセン嫌いであり,ついでオーストリアの封建的内閣で商業大臣をつとめ,最後にビスマルクの慈善社会主義の助言者となったが,ランゲがよく理解していた労働運動の歴史的正当性をまったく理解しなかった。彼は科学的共産主義を,資本家的価値観念にもとづいて生産手段の社会化を行なおうとするユートピアの体系と考え,多くの話にならない誤解におちいっていた。」[メーリング,1969,下巻,343ページ]

それにたいして,大河内一男氏は,シェフレの経済思想の特徴について,講壇社会主義者の右派の代表者ワーグナーと比較しながら,「シェフレはワーグナーに比してはるかに自由主義的かつ妥協的であった。ワーグナーが強制的「協同経済」を希望したのにたいしシェフレは自由な「協同経済」,協同組合経済をいっそう希望したということができる」[大河内一男,1949,上巻,287ページ]と指摘されている。

## 2 過渡的先駆性

シェフレについての評価は,マルクスやエンゲルスによる評価も,メーリングによる評価も,大河内一男氏による評価も,概して低いようであり,その評価にあたって指摘されている事実や特徴も指摘のかぎりではそのとおりである。

しかしながら,1870年という大きな転換的局面でのドイツにあって,シェフレの『資本主義と社会主義』は,過渡的時代の先駆的理論家としての意味においてはそれなりに評価してよい存在ではないかと思われる。

すなわち,ドイツ・マンチェスター派の自由放任政策的な理論が支配的であった1860年代のドイツの経済学界において,シェフレの『資本主義と社会主義』は,近代的経済的発展そのものが不可避的に貧困や社会的反抗や社会主義的運動を生みだすものとして,近代的労働者問題・社会問題のもつ重要な意義をいち早く認めたきわめて少数の例外的な存在であった。

しかもそれは，たんに近代経済における労働者問題のもつ重要性を強調するにとどまらず，さらに，社会主義の主張についてそれなりに真正面から理論的に取り組んだものである。

さらに，その当時においては，労働運動の指導者および社会主義の理論家としてはラサールがずぬけた存在とされていて，マルクスの理論はほとんど知られていない状況であったなかで，『資本論』第1巻出版の直後の時点において『資本論』に取り組み，理論的にはマルクスを高く評価しながら，それにたいする批判をおこなっているのである。

そのような，①近代的労働者についての社会問題への取り組み，②社会主義への理論的取り組み，③マルクスの評価と取り組み，といった3点を考慮するならば，シェフレの『資本主義と社会主義』は，1870年というドイツの大きな社会的・思想的・理論的転換期にあって，現実的にも学問的にも過渡的状況にあるなかでの理論的業績として，理論的水準はともかく，時代状況にたいして一定の過渡的先駆性をもつものとして評価してよいのではないかと思われるものである。

## V 『資本主義と社会主義』の内容構成

シェフレの『資本主義と社会主義』の書名は，より正確には，『資本主義と社会主義，とくに営業的および資産的形態に顧慮して：賃労働と資本との対立の宥和のための講義』（1870年，テュービンゲン）である。

この著作は，シェフレが1870年のはじめにオーストリア産業博物館でおこなった5回の公開講義にもとづく732ページもの大部の書物である。

シェフレは，本書の冒頭に，目次をかねた「内容一覧」を掲げており，さらに，その本文中の15の各講の冒頭にも講の内容についての主要項目を掲げているので，それらを参考にしながら本書の構成と内容項目を示すならば，それは次のごとくである。

序言

第1講 当面のオリエンテーション，社会主義的攻撃とその意義，その代表者たち

I 科学的基礎概念の発展

第2講 財貨，資本，生産および景気，経済の基本法則

第3講 価値，景気

第4講 財産と所有，私的財産と共同的財産，家族経済，国民財産

第5講 国民経済，個別的生産力の社会的結合：家父長制的，神政的，封建的および資本家的国民経済，資本主義（Kapitalismus）の本質と経過，資本主義と自由主義，純粋な経済的動機による国民経済の初めての自立的組織たる資本主義，資本主義と社会主義とについての誤った概念

II 社会主義の歴史批判とその科学的代表者たち

第6講 社会主義的歴史観の意義，古代の経済体制，中世の封建経済と共同体経済についてのラサールの素描

第7講 現代の法意識，自由主義と共産主義，連邦主義

(1)自由主義的個人主義の流れ，重商主義，ケネーと重農学派；スミス，リカード，マルサス

第8講 (2)純粋な平等主義あるいは共産主義のシステム，トーマス・モア，カンパネラ，フィヒテ，バブーフ，カベ，オーエン

第9講 (3)経済的連邦主義，(A)それへの過渡，第1：ユートピア的無政府的連邦主義，ルイ・ブラン，ワイトリング，サン・シモン，フーリエ

第2：半自由主義的提案

第10講 (B)現実的連邦主義，マルロ（Marlo），ドイツにおける最初の徹底した科学的連邦主義者，著作『世界経済システム』

第11講 マルクスによる不払い剰余労働としての資本利潤，(1)絶対的剰余価値，標準労働日，(2)相対的剰余価値，労働価値と労働賃金との混同への反対，相対的過剰人口，ラサール，プルードン

III 社会主義の主要概念の評価。経済的結合形態の比較。資本主義の位置

第12講 社会主義の一致した概念

第13講 社会における諸個人の資本家的，公共的，および献身的結合関係，社会的結合の強制的形態および自由な形態，自然的および芸術的形態，連邦的形態，連邦的社会形態の資本家的営業形態，(A)社会における開放性と自由

な献身，(B)公共的経済管理，経済としての地方自治体と国家，公企業の歴史的制限

第14講　(C)資本家的事業形態，財産形態および所得形態，(1)さまざまな資本家的事業形態，私的，共同的，合資会社的，株式会社的および協同組合的企業，(2)資本家的所得形態：賃金，利子，収益，年金，地代，(3)資本家的財産形態

第15講　社会政策の原理，国家の任務

主要結論および結語

## VI　シェフレにおける「資本主義」語

### 1　「資本主義」用語の使用

シェフレの『資本主義と社会主義』は，その目次項目からもうかがえるように，基本的内容としては，いわば資本主義経済の基礎理論とそれにたいする社会主義者の批判的見解についての検討である。

この『資本主義と社会主義』のなかで，シェフレは，「資本主義」用語として，「資本家的生産様式」という用語と「資本主義」という用語とをかなりの頻度で使っている。

ところで，「序言」ではまず，この本で取りあげている主題，すなわち，1870年時点において大きく問題になってきている現実社会における労働問題とそれにたいする社会主義の理論，そして，協同組合運動や組合的企業形態等について，「資本主義」用語を使うことなしに指摘している。

つづいて，第1講において，資本と賃労働とのあいだの対立が新しい時代の最大の問題となっているとしながら，変革を要求する社会主義の理論家について，カール・マルロ[2]，プルードン，ラサール，カール・マルクスの名前を挙げている。

そして，この第1講の終わり近くで，シェフレは，「幸運にも，現在，多くの人びとは，社会主義はおそらく十分に考慮された改革によって克服されるであろうという意見をもっている。わたしは，少なくとも偏見のない人間

的な見方をする人びとを資本家のなかに見いだし，現在，資本と賃労働とのあいだの対立は接近しているという偏見のない科学的な評価をしているたくさんの教養ある所有者階級が見いだされる，ということを知っている。わたしの講義は，これらの人たちのために書かれたものである。……／わたしの講義は，社会改良によって，社会革命の阻止のために正義と和解のためになすべきこと，ただそのことにのみ役立つものである」[Schäffle, 1870, S. 13-14]と，社会主義に反対する社会改良主義者としての自己の立場を打ちだしている。

ところで，この文章のなかの省略部分に，「現代の資本家的生産様式（kapitalistische Produktionsweise）の挑発的な弊害」といったかたちで「資本家的生産様式」という用語を初めて使った叙述がおこなわれている。

ついで，第2講では，資本，経済，価値，財産，国民経済等々の基礎概念を取りあげ，そのうえで，第3講では，価値，費用価値と使用価値，交換価値などが取りあげられているが，そこにおいて，「"資本家的"生産様式（"kapitalistische" Produktionsweise），マルクスによるその定式は G—W—G′ である」と指摘している。

そのように，この著書のなかでシェフレが最初に使っている「資本主義」用語は「資本家的生産様式」である。

「資本主義 Kapitalismus」という用語は，第3講のなかで，「社会主義（Socialismus）が資本主義（Kapitalismus）を包囲攻撃するという科学的ジャンプ台」といったかたちで初めて使われ，この後，第4講においては，「資本主義」という用語が家族の解体との関連において4回ほど使われている。

そして，第5講にいたって，「資本主義」という用語は，近代的な国民経済を特徴づける用語として頻出するようになり，目次の内容項目においてさえも，"資本主義の本質と経過"，"資本主義と自由主義"，"純粋な経済的動機による国民経済の初めての自立的組織たる資本主義"，"資本主義と社会主義とについての誤った概念"といったかたちで使われている。

さらにその後においては，最後の第15講と「主要結論および結語」にいたるまで，「資本主義」という用語はくりかえし使われている。

「資本主義」用語の使用頻度についてみると次のごとくである。
　「資本家的生産様式 kapitalistische Produktionsweise」　14回
　「資本家的生産 kapitalistische Produktion」　2回
　「資本主義 Kapitalismus」　112回
　この使用頻度数から見ても，シェフレにとっての基本的な「資本主義」用語は「資本家的生産様式」や「資本家的生産」ではなくて「資本主義」であることがわかる。

## 2　「資本家的生産様式」の使用

　とはいえ，使用順序についてみると，先に使われているのは「資本家的生産様式」のほうである。
　しかも，この「資本家的生産様式」という用語がマルクスから引きだしてきたものであることは，「資本家的生産様式の定式は，マルクスによると G－W－G′ である」といった指摘が2度もくりかえされているところからも明らかである [Ibid., S. 50, 114]。
　たしかに，「資本家的生産様式」という用語はマルクスの用語である。しかし，それはマルクスにおいても1860年以降になってやっと使われるようになった言葉である。
　シェフレは，マルクスについて読んだ文献として『資本論』第1巻，『経済学批判』，『哲学の貧困』の3冊をを挙げているのであるが [Ibid., S. 309]，その3冊のなかで使われている「資本主義」用語は，『哲学の貧困』ではフランス語での「ブルジョア的生産諸関係 les rapports de la production bourgeoise」であり，『経済学批判』ではドイツ語での「市民的生産様式 bürgerliche Produktionsweise」であって，シェフレが『資本主義と社会主義』で使っている「資本家的生産様式 kapitalistische Produktionsweise」という用語は，その3冊のなかでは『資本論』第1巻においてのみ使われているものである。
　したがって，シェフレが『資本主義と社会主義』のなかで使っている「資本家的生産様式」という用語は，『資本論』第1巻で使われているマルクス

の用語を継承したものであることは明らかである。

　もちろん，用語として「資本家的生産様式」という言葉を『資本論』から引きだして使用したとしても，そのことはマルクスの規定的意味内容をそのまま受け継いだことを意味しない。シェフレの使っている「資本家的生産様式」という用語の規定的概念内容には，シェフレの理論的混乱が含まれており，さらにシェフレ特有の資本主義概念に引きつけた変容がおこなわれているからである。

　シェフレは，「資本家的生産様式」について次のように述べている。

「収益の可能性なしには，おこりうる危険を冒すものは誰もいない。……資本家は，その貨幣（G）を継続的に具体的財貨形態（商品，W）に投じ，販売において貨幣での剰余価値（G′あるいはG+ΔG）を得るために，経済的貢献のないまったくの吸血鬼としてではなくて，非常に活動的な方法で，ただ最小の費用価値をきわだっておしすすめるだけでなくて，さらにまた，とくに資本家は，賃金労働者をまったく煩わさないために，使用価値を，それとともに現実的需要の満足を，おしすすめるのである。社会主義によって烈しく攻撃されている"資本家的"生産様式（"kapitalistische" Produk-tionsweise）――マルクスによるその定式はG－W－G′であるが――は，費用の最小限と使用価値の最大限とを保証するのである……。」[*Ibid.*, S. 49–50]

　このように，シェフレの「資本家的生産様式」概念の内容は，資本家の貨幣（G）が投資されて，資本家の経営努力によってもっとも安価な個別的費用と高い需要に役立てられる最高の使用価値をもった商品（W）として生産されて販売され，剰余価値をもつ貨幣（G′あるいはG+ΔG）が獲得されることになるのであって，したがって，そのような資本の運動範式はG―W―G′というかたちで表現されることになる，というものである。

　かくして，シェフレは，「一定の投機商品（W）は，"利益"すなわち剰余貨幣（G）を得られるべきときに，選択されて，個別的費用関係にしたがっ

てもっとも安価に生産され，もっとも高い需要に役立てられねばならないのである。資本家的生産様式は，財貨についての具体的に必要な種類と質についての全社会の扶養の目的のために，あらゆる個別的費用価値関係と使用価値関係とを経済的様式において調整するのである」[*Ibid.*, S. 115] と，「資本家的生産様式」による社会的「調整」メカニズムをとらえているのである。

ところで，そのようなシェフレの「資本家的生産様式」概念は，たしかに生産活動をおこなう資本の運動を取りあげてはいるものの，理論的に大きな問題点がある。

それは，まず第1に，最小限の〈費用価値〉と最大限の〈使用価値〉とをもった商品の生産によって価値差額としての剰余価値が獲得されるとしており，そこには価値と使用価値との区別と連関を無視した価値論上の混乱がある。

マルクスにおいては資本家的生産様式で生産される剰余価値を含んだ新生産物は，W＝C＋V＋M という価値構成をもった新生産物にほかならぬものであって，商品（W）の価値総額から費用価格（C＋V）を控除した価値額が剰余価値（M）となるのであって，シェフレのいうように使用価値と費用価格との差額が剰余価値となるものではない。

さらに，第2に，シェフレの「資本家的生産様式」理解には，基本的に，「資本家的生産様式」にとっての規定的過程たる直接的生産過程についての内容把握の欠如という致命的な欠陥が存在する。

労働過程と価値増殖過程との統一としての資本家的生産過程を規定的基礎としたマルクスの「資本家的生産様式」概念は，その運動範式としては $G\genfrac{\langle}{}{0pt}{}{Pm}{A}\cdots P\cdots W'—G'\ (G+\Delta g)$ というかたちで示されることになるものであって，直接的生産過程における生産にとっての二つの基本的な要因としての「賃労働の形態にある労働」と「資本の形態にある生産手段」との結合による剰余価値の獲得をめざす生産活動であることを規定的内容としているものである。

すなわち，それは「ただ，賃労働の形態にある労働と，資本の形態にある生産手段とが前提されているということによってのみ，——つまりただこの

二つの本質的な生産要因がこの独自な社会的な姿をとっていることの結果としてのみ——，価値（生産物）の一部分は剰余価値としてあらわれ，またこの剰余価値は利潤（地代）として，資本家の利得として，資本家に属する追加の処分可能な富として，あらわれる」[MEW-25, S. 888-889] というものである。

そのようなマルクスの「資本家的生産様式」においては，投下資本（G）によって購入される商品は，たんなる商品（W）ではなくて，商品として購入される生産手段（Pm）と労働力（A）とであって，それは直接的生産過程へとつづくものである。そして，その二つの生産要素が合体しておこなわれる生産過程（…P…）における新たな使用価値をもった新生産物の生産は，同時に，不変資本（C）としての生産手段を消費しながらの価値移転と，可変資本（V）としての労働力の消費による新価値創造によって，剰余価値（M）をも含む価値をもった新生産物の生産でもあるのである。そして，そのような生産物の商品としての販売が資本にとっての利潤の獲得となる，というものである。

ところが，シェフレの理解している「資本家的生産様式」の運動範式は，$G-W-G'$ であって，マルクスの資本主義範疇の規定的過程たる生産活動そのものとしての生産過程における生産資本としての $W {<}^{Pm}_{A} \cdots P \cdots W'$ という運動が欠落した資本の価値増殖運動となっていて，いってみれば生産過程における「資本家的生産」を捨象した資本の価値増殖運動としての把握にほかならないものである。

そのように，シェフレの「資本家的生産様式」の規定的内容は，マルクスにおけるように生産活動そのものにおける近代社会特有の「生産様式」の歴史的形態規定性を示すものとなっていない。シェフレの「資本家的生産様式」は全社会的な競争関係をつうじての財貨の費用価値と使用価値との調整をおこなう「経済的様式」にほかならぬものである。

### 3 シェフレの「資本主義」概念

ところで，シェフレは「資本家的生産様式」という用語だけではなくて，

むしろ，それ以上に，「資本主義」という用語を積極的に使っている。

それでは，シェフレが，『資本主義と社会主義』のなかで，「資本主義」という用語でもって表現しているのはいかなる規定的内容をもった事物であるのか。

シェフレは，『資本主義と社会主義』の「序言」において，それ以前までに取り組んできた「わたしの仕事の第1は，国民経済理論の不可欠の概念を発展させた」ことであって，そこにおける「経済的結合の形態についてのわたしの研究は，国民経済的形態学の開始のきっかけを生みだした」[Schäffle, 1870, Vorrede, S. vi] と自負をこめて強調している。

この「国民経済」における「経済的結合の形態」の把握ということが，シェフレの近代社会把握にとっての基軸的内容をなすものであって，「資本主義」概念の把握においてもそのような内容が規定的な役割を果たしている。

このような問題意識と把握内容は，シェフレが『資本主義と社会主義』刊行の3年前に出版した『人間経済の社会的システム』における内容とかかわっている。その点について，シェフレは，自伝『わが生涯』のなかで，『資本主義と社会主義』は「『人間経済の社会的システム』という特別の書名が考えられた1867年に出版された国民経済の第2版にもとづいて，科学的により一層おしすすめたものである」[Schäffle, 1905, Bd., 1, S. 166] と述べているところである。

そして，シェフレは，そのような基本的視座にもとづきながら，「資本主義」について，「現代の国民経済の支配的組織形態としての資本主義（Kapitalismus）は，大きな共同体についての社会的生産過程を形成し，そこにおいてはあらゆる労働能力と資本能力との使用が大量に組みこまれている……」[Schäffle, 1870, S. 117] ととらえるのである。

そのような社会的生産過程を形成する現代の国民経済の支配的組織形態として，「資本主義は，純化され改良されたときには，自立的な個人の企業体の相互のすばらしい普遍的な動力のシステムとして，人びとの国民経済的に正しい普遍的運動の維持のために継続的に不可欠なものでありつづけ，自然的宇宙の秩序化された全体運動のための天文学的メカニズムとして不可欠な

ものである」[Ibid., S. 123-124] と，シェフレは，宇宙的に秩序化された全体運動のメカニズムに比しているのである．

> 「社会における資本家的組織——種々に形成された資本財産の基礎上での利得をめぐっての，自立的に個別化した営業体の競争——は，たんに公正であるのみならず，道徳心の新たな形態を，人びとの国民的および国際的な経済的共同体の範囲の拡張にともない実際的な独占にたいするより強力な障壁を維持する．それゆえ，文化史の進歩のなかで，資本主義のみが，社会の生産的な大量的運動を経済的に秩序づけて，充足する．それは，自立的な生産体の幾百万のあいだの収益＝吸引と損失＝反発のその基礎的な力でもって，宇宙の調和的な運動の多様で単一のシステムと同一化する．」[Ibid., S. 720]

国民経済全体の統一的編成としての「資本主義」と天文学的な「宇宙」の統一性との対比については，シェフレは，「わたしは，資本主義のこのすばらしい単一性およびこの単純なすばらしさを，天文学的な宇宙との社会経済的な比較によって，わかりやすく探求した」[Ibid., S. 501] と自負しているところである．

そのように，シェフレは，「資本主義」について，「国民経済的生産共同体」における「生産力の編成と結合」という近代社会の経済システムについてのとらえ方に目を向けながら，その基軸的な関係を，無数の営業組織や生産体の「結合様式」という社会的な結合の特殊的な形式においてとらえられるものとしているのである．

> 「資本主義は，……われわれにとって，なにはさておきあらゆる点において，純粋にもっぱら経済的な動機によってのみ支配されているところの，最初のそして唯一の可能な人びとの経済的結合形態として出会うものであるということのみ，わたしは想起する．／他方，その他の結合の組織力は——奴隷的関係においても，封建的隷属性においても，公共的な支配関

係においても，自由な一面的あるいは相互的な献身においても，──他の動機にもとづいており，そこではたんに第二義的な，しばしばまったく無意識的で意図しない，できるだけ経済的な欲求充足として，形成されるものである。」[Ibid., S. 506-507]

かくして，シェフレは，資本家的国民経済としての「資本主義」を，このような「国民経済」についての「個別的生産力の社会的結合」としての観点にもとづきながら，家父長制的・神政的・封建的な諸形態に対比されるものとして，把握しているのである。

## VII 「資本主義」の錯覚的確定

### 1 シェフレにとっての「資本主義」

ところで，問題は「資本主義」という用語のルーツである。

シェフレの「資本主義」という用語は，その出所がまったくわからないものである。

すでに見てきたように，マルクスには基本的に「資本主義 Kapitalismus」という用語は存在していない。

ところが，シェフレは，マルクスが使ってもいない「資本主義」という用語がマルクスにあると思いこみ，近代社会の経済システムを表現するマルクスの用語として「資本主義」を問題にし，マルクスの「資本主義」用語はシェフレ自身の「資本主義」用語よりも狭い内容の概念であるとみなしている。彼はそのことを次のように述べている。

> 「誤解を避けるために述べておくと，マルクスは資本において私的資本を理解し，資本家的生産様式において賃金労働者を支配して対立している特有の営業形態を理解している。……これによって，資本主義の概念は，わたしが従来までに確定していたこの言葉の概念よりも狭くなっている。」
> [Ibid., S. 310]

すなわち，シェフレは，マルクスの「資本」概念には私的資本しか含まれておらず，「資本家的生産様式」概念においては賃金労働者を支配している敵対的な私的営業形態のみが理解されているため，マルクスの「資本主義」概念はシェフレ自身がもっている「資本主義」概念よりも狭い概念になっている，としているのである。

そのことを，次のようにも述べている。

「マルクスは，……あらゆる資本に反対しているのではなくて，一方的な支配と非経済的な支配統制と結びついた特殊な営業形態に反対して，対応しているのである。"資本家的生産様式"は，資本財なき生産ではなくて，私的資本財産の支配のもとでの大生産，社会的な分業的生産である。彼は，資本主義について，われわれのこれまでの講義におけるよりもより狭く限定された組織形態——すなわち，特殊な（私的および営利経済的な）営業形態の資本主義を，理解しているのである。」[*Ibid.*, S. 340]

そのように，シェフレは，マルクスの「資本主義」概念は「わたしが従来までに確定していたこの言葉の概念よりも狭くなっているのである」と指摘しており，このことはシェフレがマルクスに取り組む以前に「資本主義」概念を確定していたことを意味する。

だが，『資本主義と社会主義』出版の3年前の1867年に公刊した『人間経済の社会的システム』において，「資本主義」という用語を使った形跡はない。

そして，『人間経済の社会的システム』における11ページにもわたる詳細な《索引》のなかにも，「社会主義」や「共産主義」の項目はあるけれども，また「封建制度 Feudalismus」や「奴隷制 Sklaverei」の項目はあるけれども，「資本主義」という項目は存在していない。しかも，「資本」という項目は存在し，さらに「資本種類」「資本形成」等々の「資本」関連項目は載っているにもかかわらず，「資本主義」という項目は存在していないのである。

ついでながら，その《索引》には，「ラサール」の項目はあるけれども，

「マルクス」の項目は存在していない。

## 2　「資本主義」の錯覚的確定

では，実際には存在していないマルクスの「資本主義」という用語と概念が存在していたとみなし，しかも，そのマルクスの「資本主義」概念はそれ以前にシェフレが確定していた「資本主義」概念よりもより狭い意味内容のものであるという，まったく不可解なシェフレの指摘は，何を意味しているのか。

存在していないマルクスの「資本主義」という用語と概念が存在していたとみなすということは，なによりもシェフレによるマルクスの『資本論』の読み方の杜撰さを意味する。ここにおいて，さきに見たエンゲルスによる「シェフレ一人で何冊ものあの分厚い著書にまとめている，恐るべきたわごと」といったシニックな批評と，さらに「括弧づきで引用している『資本論』からのまちがった引用文のすべてを訂正しようとするだけでも，すでにかなり大きな一冊の本になるでしょう」という指摘を思い浮かべざるをえないところである。

それにしても，シェフレはマルクスに取り組む前に「資本主義」という用語と概念を確定していて，実際には存在していないマルクスの「資本主義」用語と比較したと，どうして思いこんだのであろうか。

率直にいって，正確な事実は不明である。それについては，確実な証言も，資料も，存在しない。状況証拠による推論的判断によらざるをえないところである。

そのようなありうるはずのないシェフレの「資本主義」という用語についての不可解な事態を理解するためには，①シェフレにおける近代社会の経済システムの特徴的内容についての把握とマルクスの把握との相違についての理解と，そして，②それについての「資本主義」という用語による表現とを，区別しながら解読してみると，その謎を解くことができるように思われる。

すなわち，まず，さしあたり「資本主義」という用語を取り外しておいて，シェフレによる近代社会の経済システムについての把握と，マルクスによる

把握とみなしているものの内容との相違を見てみるならば，シェフレの指摘はそれなりに理解可能となる。

シェフレは，マルクスの『資本論』に取り組む前に，すでに『人間経済の社会的システム』（1867年）において，近代社会の経済システムについての理論的把握をシェフレなりの「国民経済」における「経済的結合」というかたちで確定している。

シェフレの『人間経済の社会的システム』について，木村元一氏は，「シェフレは，1867年の『人間経済の社会的システム』で，共同経済と市場経済を対照し，非常に鋭い議論を展開したが，その後の版および他の著書では，たんなる有機体主義に転落してしまった。シェフレは，通常の見解，すなわち，私経済の自由交換原理によって結合せる資本主義組織を，国民経済の全体と考える見解に反対し，私的資本主義を補完する共同経済組織の存在を強調した上に，国家経済でも経済原理が妥当するということを正しく認識した……」［木村元一，1951, 22ページ］とされている。

たしかに，シェフレは，『資本主義と社会主義』においては近代社会の経済的システムの基軸的内容を「資本主義」という用語でもって社会的「結合様式」に論点を絞ってとらえようとしているが，しかしさきに示した本書の内容項目に見られるように，「共同経済組織」の存在については無視してはいない。

シェフレは，1867年から1870年までのあいだにマルクスの『資本論』に取り組んで，そこにおける近代社会の経済システムのマルクスによる構造的把握をシェフレなりにとらえる。そして，そこで，『資本論』におけるマルクスの近代社会の経済システムの構造的把握はシェフレのそれよりも狭い内容のものである，ということを見いだす。

このことが，シェフレの指摘している「〔マルクスの〕資本主義の概念は，わたしが従来までに確定していたこの言葉の概念よりも狭くなっている」ということの実際的な意味内容であろうと思われるところである。

そして，そのような事実内容を，「資本主義」という用語でもって説明したところから，シェフレの説明の不可解さが生みだされてきたものと思わ

れる。

　ところで，そのような近代社会の経済システムを表現する用語として，「資本主義」という用語がいかにして使われるようになったのかということが，ここで問題になる。

　そのため，『資本主義と社会主義』におけるシェフレによる「資本主義」用語の使用にいたる経過をフォローしてみると，次のごとくである。

　シェフレは，『資本主義と社会主義』の「序言」においては，「資本家的生産様式」という用語も「資本主義」という用語もまったく使っていない。

　ところが，予備的オリエンテーションたる第1講において，『資本主義と社会主義』での主題たる近代社会における賃労働と資本との対立について指摘し，近代社会にたいして体制批判をおこなっている社会主義者について概観しながら，マルクスならびに『資本論』について述べたうえで，社会主義者による批判にさらされている近代社会の私的所有と関連させながら，次のようなかたちで「資本家的生産様式」という用語を使っている。

　「私的所有の擁護，それをわたしは社会主義のきわめて強力な攻撃の到来のもとで遂行することを考えているのであるが，しかしそれが，たんなる相手方にたいする悪意を前提として出発するときや，現代の資本家的生産様式（kapitalistische Produktionsweise）の挑発的な弊害の救済のために，部分的には十分に根拠のある真面目で科学的な社会主義的批判にたいして表面的にとりつくろう弁護でもって反対するようなときには，わたしはそれに取り組むことはできない。」[*Ibid.*, S. 14]

　ここにおいては，シェフレは，「社会主義」者が批判的攻撃をしている現代の経済システムを，「資本家的生産様式」というマルクスの用語でもって表現している。

　シェフレは，マルクスによる現実的事態の内容の把握を検討しながら，『資本論』から，社会主義者による近代社会の経済構造についての規定的要因を示す概念として「資本家的生産様式」という用語を引きだしているので

ある。

つづく第2講《科学的基礎概念》では、シェフレは、マルクスたち「社会主義」者のとらえる近代社会の経済組織の構造と特徴について次のように指摘する。

> 「社会主義は、私的資本の指導あるいは"指揮"のもとに成立する現在の国民経済的生産共同体が、分業によって、分業に照応した現実的資本財のあらゆる企業への累積によって、生産的あるいは経営的に、以前には奴隷制および封建的支配が生産力の編成と結合を媒介していたであろうようななんらかのものとして成り立っていることを、承認する。」[*Ibid.*, S. 28]

ここでは、シェフレは、「資本家的生産様式」という用語も「資本主義」という用語も使うことなしに、「社会主義」者のとらえる近代社会の経済システムを、「国民経済的生産共同体〔のとる〕生産力の編成と結合」というシェフレ特有の視点から問題にし、「社会主義」者の把握では、現代の社会においては「私的資本の指導あるいは"指揮"のもとで……生産的あるいは経営的〔活動による〕生産力の編成と結合」がおこなわれているということになっていると、それが「私的資本の……経営」という限定的な狭い内容であることを指摘しているのである。

ついで、主として価値論を取り扱った第3講において、「"資本家的生産様式"、マルクスによるその定式は $G-W-G'$ である」と、近代社会の経済システムをとらえる概念としての「資本家的生産様式」という用語と概念がマルクスから引きだしてきたものであることを明示的に指摘したあとで、「資本主義」という用語を、次のように打ちだしている。

> 「社会主義(Socialismus)が資本主義(Kapitalismus)を包囲攻撃するという科学的ジャンプ台は、われわれにとってはいささかの不安を注ぐものでもない。」[*Ibid.*, S. 51]

第8章 国民経済における結合形態　193

　ここにおいて，シェフレは，初めて「資本主義」という用語を打ちだしているのであるが，それは「社会主義」用語にたいする対比的な概念として使われているのである。
　この後，第4講《科学的基礎概念（つづき）》において，「資本主義」という用語を家族の解体との関連において4回ほど使い，つづいて第5講《科学的基礎概念（結び）》にはいると，シェフレは，「資本家的生産秩序」という用語や「資本家的生産様式」という用語をしばらく使ったうえで，「資本主義」という用語を，近代的な国民経済を特徴づける用語としてその規定的内容を示しながら30回近くも使っている。
　しかも，そこでは，「資本主義」という用語にもとづいて近代社会の規定的特徴や本質的内容がさまざまなかたちで指摘されており，さらに，目次項目においてさえも"資本主義の本質と経過"等々といったかたちで，「資本主義」という用語が使われているのである。
　これまで見てきたことから，シェフレの「資本主義」用語の出所と使用の仕方については，次のようにとらえることができるものと思われる。
　シェフレは，社会主義者による近代的経済システムにたいする批判的見解の検討をおこなうなかで，まず，『資本論』から引きだしてきた近代社会の経済構造を把握するカテゴリーとして「資本家的生産様式」というマルクスの用語と概念を取りだして，それを自分なりに理解する。
　そして，そのうえで，シェフレ自身やマルクスが解明しようとしている近代社会の経済システムの構造的特徴を表現するより概括的な把握をおこなう用語として，「社会主義」と対比しながら「資本主義」という用語を使っているのである。
　そこにおいてシェフレによって使われるようになっている「資本主義 Kapitalismus」という用語は，『資本論』から引きだしてきたマルクスの「資本家的生産様式 kapitalistische Produktionsweise」という用語と概念に触発されながら，「社会主義 Sozialismus」という用語に対比的に対応するものとして，近代社会の経済システムを把握する，より概括的な体制把握をおこなう用語として，使われることになっているのである。

そこにおける「資本主義」という用語は，次のような三つの構成モメントにもとづいている用語である。

まず第1に，それは，マルクスによる「資本家的生産様式」という用語による近代的経済システムの把握と関連しながら，そこから，近代的な経済システムにとっての規定的要因としての「資本家的 kapitalistisch」という表現における「資本 Kapital」や「資本家 Kapitalist」とかかわらせた用語である。

第2に，「社会主義 Sozialismus」との対比において近代社会の経済システムを示すものであり，しかも用語としては「社会主義」と同じように「……主義 -ismus」という抽象名詞として概括的な表現形式をとった用語にほかならぬものである。

第3に，マルクスにおける「資本家的生産様式」という用語における「生産様式」の歴史的限定性という生産にかかわる規定的要因には拘束されない，「国民経済」における「経済的結合の形態」というシェフレの把握する近代社会の経済システムにとっての規定的内容をとらえるにふさわしい，生産的規定因を取り外した抽象名詞として，「資本主義 Kapitalismus」は，より概括的な概念内容を表現する用語である。

ここにおいて，シェフレが使うようになっている「資本主義」という用語は，シェフレにとっては，シェフレがもともと確定していた国民経済における社会的な「結合様式」というかたちでの，近代社会の経済システムの把握を表現するのにふさわしい用語である。

シェフレは，そのようなかたちで「資本主義」という用語を使いながら，その「資本主義」という用語はシェフレが確定していた近代社会の経済システムの構造的特徴を表現するものであるとしているのである。

それとともに，さらに，マルクスの近代社会の経済システム把握について，マルクス自身もそれを「資本主義」と表現しているものと錯覚して理解する。

そして，そのような理解のうえに，近代社会の経済構造のシステムの基本構造の把握におけるマルクスとシェフレ自身との相違を，「資本主義」という用語と概念における相違とみなすことになったものと思われる。

これが，シェフレにおける「資本主義」用語についての成り立ちと，シェ

フレとマルクスとの「資本主義」概念の相違についての指摘という奇妙な事態にかんする，考えうる一つの推論である。

## 3 資本主義概念の継承と変容

これまで見てきたところから明らかなように，シェフレの「資本主義」は，近代社会の経済的な社会システムの特徴を示す用語である。

そのような近代社会の経済構造の把握をおこなおうとするシェフレの「資本主義」概念は，「資本主義」用語の使いはじめの時期におけるピエール・ルルーや，ルイ・ブランや，サッカレーや，ブランキなどのような，たんなる「資本」あるいは「資本家」そのものと同義の一般的用語や，あるいはその特定のあり方を示す用語とは，規定的内容そのものが異なっている。

したがって，シェフレの「資本主義」用語は，同じ「資本主義」という言葉でありながらも，ピエール・ルルーらの先行「資本主義」用語を継承したものとはいえない。

近代社会の社会体制における経済システムをとらえる用語としてのシェフレの「資本主義」概念は，そのかぎりにおいては，マルクスの「資本家的生産様式」概念と共通性をもつものである。

だが，マルクスの「資本家的生産様式」とシェフレの「資本主義」との継承関係は，いささか錯綜しており，しかも不透明である。

というのは，シェフレは，マルクスの著作に取り組む前に，マルクスとは無関係に，近代社会における社会的な「経済的結合の形態」についての理論的把握をおこなっていて，そのため，マルクスに取り組む以前に「資本主義」という用語で表現される近代社会の経済システムの把握を確定していたと思いこんでいるからである。

たしかに，シェフレのとらえている近代社会の経済システムの内容にかんするかぎりは，マルクスから引き継いだものではなくて，マルクスに取り組む以前にシェフレなりに確定していたものである。

しかし，用語としての「資本主義」はそうではない。

シェフレの「資本主義」という用語は，マルクスの『資本論』への取り組

みと『資本主義と社会主義』の構想と叙述をつうじて使うようになったと思われるものである。

したがって、シェフレの「資本主義」は、その用語法にかんするかぎりは、マルクスの「資本家的生産様式」用語に触発されて近代社会の経済システムを示すものとして使われるようになった用語として、マルクスからの継承性をもったものと見ることができるものである。

だが、そうでありながらも、シェフレの「資本主義」は、概念内容においても、用語法的にも、マルクスの資本主義カテゴリーとは相違するものである。

もともと、シェフレの「資本主義」の内容そのものは、生産体あるいは経営組織の特殊な「結合様式」としての「現代の国民経済の支配的組織形態」としてシェフレ自身によって打ちたてられたものである。

そのように、シェフレが「資本主義」という用語でもって表現しようとしているものは、近代社会の経済構造における経営組織や諸個人の社会的な結合形態にほかならないものである。近代社会の経済システムの基軸的内容をそのようなものとしてとらえているシェフレにとっては、マルクスの「資本家的生産様式」という用語は自分なりに理解している近代社会の経済システムを表現するには不都合である。

そこから、シェフレは、マルクスとは規定的内容の異なるシェフレ自身の近代社会の経済システムを表現する用語として、マルクスの使っていない「資本主義」という抽象名詞としての用語を使うことになったものと思われるのである。

抽象名詞形としての「資本主義」という用語は、「資本」あるいは「資本家」がかかわる規定的要因については無限定であるため、マルクスと違って「生産」に直接にかかわらない基軸的内容についてのシェフレの近代社会の経済システムの把握にとっては都合のよい用語にほかならない。

かくして、「資本主義」用語の歴史としては、シェフレの「資本主義」はマルクスの資本主義についての概念と用語からの変容をひきおこしているものである。

第 8 章　国民経済における結合形態　197

　このような用語法の相違は，生産的基礎において資本主義の規定的要因を把握するマルクスと，生産体あるいは営業体の社会的な結合様式というところに資本主義の規定的内容を把握しようとするシェフレとの，資本主義範疇の規定的内容の把握の相違に関連しているといわざるをえないものである。

1） シェフレの主な著作については，主として A. Scäffle [1905, Bd. 2, S. 244-247] に拠っている。
2） カール・マルロ（Karl Marlo, 1810-65）。シェフレが傾倒していた連邦主義的社会主義思想家。本名カール・ゲオルク・ヴィンケルブレッヒ（Karl Georg Winkelblech）。ドイツの経済学者で，復古的法学的社会思想家。バーデンに生まれ，ギーセンで化学と物理学を学び，1835～37年にマールブルクで化学の私講師・助教授を務め，39年にカッセルの高等工業学校の教授になった。43年にノルウェーを旅行中，工業労働者の貧困の問題に強く心を痛め，社会問題を研究するようになった。48年にはクールヘッセンの国会議員になり，労働者や手工業職人の労働運動を援助した。社会・経済問題の著述ではカール・マルロのペンネームをもちいた。〔主著〕*Untersuchung über die Organisation der Arbeit, oder die Weltökonomie*, 3 Bde., Kassel, 1850-59.『労働の組織または世界経済の制度にかんする研究』。*Über Maßsysteme und Geld*, Kassel, 1855.『度量制度と貨幣』[A. メンガー, 1971, 61, 232ページ]。

# 第9章 機械制産業

―――ホブソン―――

## I 人物と社会的活動

　ホブソン (John Atkinson Hobson, 1858-1940) は，1858年に，イングランド中部に位置する商工業と地方行政の中心地であり，イギリス絹織物工業発祥の地，また製陶業でも有名なダービーにおいて，自由主義的な新聞経営者の家に生まれた。

　1880年から1887年までオクスフォードのリンカーン・カレッジで，とくにその最初の4年間には主としてラテン・ギリシャの文芸・哲学といった古典人文学を学んだが，のち経済学の研究をはじめた。

　1889年にマメリーとの共著として『産業の生理学』を公刊し，パブリック・スクールの教師を辞めてロンドンの大学公開講座の経済学と文学の講師の仕事にすすもうとしたが，反正統派経済学的見解がたたって講座の提供は拒否され，やむなくオクスフォードの公開講座の地方での講師を務めたのち，独立の文筆業者となって，経済学のほかに政治学，社会学から倫理学にもおよぶ旺盛で活発な社会批判，文明批評的な文筆活動をおこなった。

　彼の反正統派的な過小消費説的見解の基本的内容は，資本主義のもとでの均衡原理に疑問を投げかけ，分配の不平等のため消費が過小になって過剰貯蓄と過度の投資をもたらし，そのため生産過剰になるというものである。ホブソンのこの見解は，当時のイギリスの経済学の学界と大学アカデミーに受け入れられず，みずからも異端の経済学者としてその生涯を在野の存在として過ごすことになった。

　彼は，1894年に『近代資本主義の進化』を出版して，資本主義の発展をなによりも機械制生産の展開の過程としてとらえ，さらに資本主義の発端から

トラストなどの独占の形成にいたるまでの産業や企業や市場の構造における変化の様相をあとづけながら、そのような変化が労働者におよぼす影響について追求した。また、1899年には『マンチェスター・ガーディアン』紙の特派員として南アフリカにおもむき、南ア戦争直前と開戦当時の状況を直接見聞するなどの体験に刺激されて、1902年に名著『帝国主義論』を執筆出版して、みずからの過小消費説にもとづいて帝国主義の経済的根底を明らかにした。

彼のそのような帝国主義批判はフェビアン社会主義の立場にたつものであった。彼は、19世紀から20世紀への転換期の時期には自由党の指導的理論家の一人として福祉国家の基礎づくりに貢献し、両大戦間期には独立労働党の産業・経済政策ブレーンとして活躍した。それとともに、『ネーション』や『マンチェスター・ガーディアン』など二十数紙誌の編集者、常連執筆者として、半世紀にわたってイギリス急進主義の論調に大きな影響力をもったジャーナリストでもあった。

ホブソンは、1938年、80歳のときに、自己の生涯の知的遍歴をふりかえりながらプライベートな側面ぬきに自己の思想と社会的活動に重点をおいた自叙伝『異端の経済学者の告白』を出版しているが、その2年後の1940年に死亡している。

彼の主たる著作は次のごとくである[1]。

**主な著作**[2]

(1) (with A. F. Mummery) *The Physiology of Industry; Being an Exposure of Certain Fallacies in Existing Theories of Economics*, London, 1889.（マメリーと共著）『産業の生理学；経済学の現存理論における一定の謬論の露見において』

(2) *Problems of Poverty; An Inquiry into the Industrial Condition of the Poor*, London, 1891.『貧困問題；貧民の産業的条件への探求』

(3) *The Evolution of Modern Capitalism. A Study of Machine Production*, London, 1894. 松沢兼人・住谷悦治・坂本勝訳『近代資本主義発達史論』弘文堂, 1928年（改造文庫, 1932年）。

(4) *The Problem of the Unemployed: An Inquiry and an Economic Policy*, London, 1896. 遊佐俊彦訳『失業者問題の研究及経済政策』南郊社, 1922年。
(5) *John Ruskin, Social Reformer*, London, 1898. 『ジョン・ラスキン——社会改革者』
(6) *The War in South Africa: Its Causes and Effects*, London, 1900. 『南アにおける戦争：その原因と結果』
(7) *The Psychology of Jingoism*, London, 1901. 『狂信的愛国主義の心理学』
(8) *Imperialism; A Study*, London, 1902. 石澤新二訳『帝国主義論』改造文庫, 1930年。矢内原忠雄訳『帝国主義論』(上・下) 岩波文庫, 1951, 1952年。
(9) *Richard Cobden: The International Man*, London, 1918. 『リチャード・コブデン：国際人』
(10) *The Economics of Unemployment*, London, 1922. 今村源三郎訳『失業経済』大日本文明協会, 1925年。内垣謙三訳『失業経済学』同人社, 1930年。
(11) *Rationalisation and Unemployment; an Economic Dilemma*, London, 1930. 内垣謙三訳『合理化と失業問題』同人社, 1931年。
(12) *Poverty in Plenty: The Ethics of Income*, London, 1931. 中島徹三訳『世界経済の統一, なぜ豊年の飢饉か？』千倉書房, 1931年。
(13) *From Capitalism to Socialism*, London, 1932. 岩田百合治訳『現代経済恐慌と資本主義の将来』(抄訳) 章華社, 1932年。
(14) *Democracy and Changing Civilisation*, London, 1934. 宮西夏樹訳『民主政治と文化の変遷』三一書房（世界文化叢書), 1946年。
(15) *Veblen*, London, 1936. 佐々木専三郎訳『ヴェブレン』文眞堂, 1980年。
(16) *Confessions of an Economic Heretic*, London, 1938. 高橋哲雄訳『異端の経済学者の告白——ホブスン自伝』新評論, 1983年。

## II 『近代資本主義の進化』初版

### 1 基本的内容

ホブソンの『近代資本主義の進化』の書名は, より詳しくは『近代資本主義の進化——機械制生産の研究』(*The Evolution of Modern Capitalism, A Study of Machine Production*, 1894) である。

ホブソンは，その初版の「序文」において，「近代産業における構造的変化のいくつかの法則を述べて説明するために，わたしは，社会的進化についての論文の広範な哲学的サーベイとそして近代的機械制産業の特殊的研究——バベジ（Babbage）のマニュファクチュアの経済学およびユア（Ure）のマニュファクチュアの哲学，あるいはより最近においてはシュルツェ-ゲヴァーニッツ（Schulze-Gävernitz）教授の木綿工業の綿密な研究のような諸著作に含まれている——とのあいだの研究に，焦点を絞った」［Hobson, 1894, p. v］と述べている。

「近代資本主義の進化」というメインタイトルをもった本書のなかでホブソンが明らかにしようとしている内容は，「近代産業における構造的変化」であり，もっと絞っていえば「近代的機械制産業」の「社会的進化」である。すなわち，本書は，機械の使用を基軸とした機械制産業の構造的発展と変化，そして，それに対応した企業形態，経済活動，社会的影響等について解明しようとしたものである。

このことは，自叙伝『異端の経済学者の告白』のなかで，ホブソン自身が述べているところからも明らかである。

「［18］90年代はじめの私の最初の充実した経済学的著作でありイギリス型産業革命のもとに包摂された産業変化を客観的に示した『近代資本主義の進化』〔という〕……書物の主要部分は，近代的な機械・動力が，産業の生産性を引き上げ，労働の節約や市場支配における資本を使用し組織し所有する人たちの重要性を増すにあたって演じた役割の叙述にさかれた。たいていの作業の性質・条件および作業への支払いは，すべて機械化された産業では使用者によって決定され，そして同様に労働以外の生産要素はすべて個人的コントロールから外され，賃金稼得者大衆への人間的配慮のない複雑な協同作業的生産工程に貢献するある単一で狭い行動の遂行に専念する新しいプロレタリアートが出現したのである。」［ホブスン, 1983, pp. 32-33］

ところで，ホブソンは，その初版「序文」のなかで，『近代資本主義の進化――機械制生産の研究』という本書の書名において使用され，本書の内容を特徴づける用語について，次のような説明をおこなっている。

「"進化 evolution" という用語を使うことによって，わたしは主題の一つとして有機的変化の過程における研究をきわだたせることをもくろみ，そして，そこであらゆる自然的成長を特徴づけるこれらの大きな運動のいくつかを追跡しようと努めた。／機械制生産の研究というサブタイトルは，探究のよりいっそうの限定化を示している。近代的機械と原動力の作用に特別の注意を向けることによって，わたしは，以前のあらゆる産業的諸時期からこの1世紀半を区分する産業的変化のより実態的な局面について強調して，有機的統一性のよりはっきりした認識を強めることに努めた。」
[Hobson, 1894, p. v]

そのように，ホブソンは，『近代資本主義の進化――機械制生産の研究』の内容を特徴づける用語として，「進化 evolution」と「機械制生産の研究 a study of machine production」の二つの用語を取りあげて説明している。

ホブソンは，まず，メインタイトル「近代資本主義の進化 evolution of modern capitalism」に関連して，「"進化 evolution" という用語を使うことによって，わたしは主題の一つとして有機的変化の過程における研究をきわだたせることをもくろみ，そして，そこであらゆる自然的成長を特徴づけるこれらの大きな運動のいくつかを追跡しようと努めた」としている。

ホブソンが，「近代資本主義」の運動の把握において，development（発達，発展）でも progress（進歩）でもなく，growth（成長）でも expansion（拡大）でもなくて，evolution という用語をもちいたのは，一定の明確な問題意識によるものであって，近代的な機械の発達と機械を使用する生産活動が有機的関連をもった統一体として発展し変化している事態を示そうとしているのである。

evolution という用語は，the theory of evolution（進化論）やあるいは evolutionist（進化論者）などといった特有の使われ方をしている言葉であって，たんなる量的増大や拡張を示すものではなく，有機的統一体の進化を，すなわち有機的統一体の質的な構造変化をともなう発展としての進化という特有のあり方を問題にしようとしているのである。だからして，邦訳においても，「近代資本主義」のたんなる「発展」ではなくて，「進化」という訳語があたえられるべきものであろう。

　その点，ホブソンの自叙伝『異端の経済学者の告白』の訳者，高橋哲雄氏も，「訳者あとがき」のなかで，「ホブスンの著書の題名については，既存の訳書のそれを必ずしも踏襲しなかった。たとえば，*Evolution of Modern Capitalism* を，従来の訳題のように「近代資本主義発展史論〔ママ〕」とか「近代資本制発達史」とせず，「近代資本主義の進化」としたのは，訳語として生硬で奇をてらってみえるかもしれないが，この本はもともと社会有機体論を土台とする進化論のシェーマで書かれたもので，Evolution という題名にはそういう意味が込められていたのだから，当然「進化」とすべきだと考えたのである」［高橋哲雄, 1983, 213ページ］と指摘されているところである。

　ついで，ホブソンは，サブタイトル「機械制生産の研究 a study of machine production」について，「機械制生産の研究というサブタイトルは，探究のよりいっそうの限定化を示している。近代的機械と原動力の作用に特別の注意を向けることによって，わたしは，以前のあらゆる産業的諸時期からこの1世紀半を区分する産業的変化のより実態的な局面について強調した」と述べている。

　ホブソンは，第1章「序説」において，「われわれが主として注意を向けるのは産業におよぼす機械の発達と影響についてである」として，研究をおこなう諸項目を指摘している。その内容を要約的に整理すると，次のごとくである。

　はじめに，新しい近代的産業が活動する以前の産業有機体の構造の理解。

　次に，典型的な機械制産業について，新しい機械と原動力（モーター）とが適用される順序と速度。

　さらに，産業有機体について，産業の規模と構造的特徴に生じた主要な変

化と，企業に包含される資本および労働の単位の関係など。

そこにおける機械と工場生産についての次のようなより詳細なる研究。

(1) 資本単位の規模，競争の強さと限界，トラストその他の経済的独占形態の自然的形成。

(2) 労働，雇用の量と規則性，作業の性質と報酬にあたえる機械の影響。産業における女性の地位。

(3) 産業階級におよぼす消費力の影響，大工業都市の発達が社会の肉体的・知的・道徳的生活におよぼす影響。

最後に，近代資本家的生産が他の社会的進歩の諸勢力との関係におよぼす影響と社会の福祉にたいする関係。

以上のような内容をもつものとして書かれた『近代資本主義の進化』の初版は，次のような目次構成をとっている。


序文
第1章　序説
第2章　機械制以前の産業構造
第3章　機械産業の発達順序
第4章　近代産業の構造
第5章　資本における独占の形成
第6章　トラストの経済力
第7章　機械と産業不況
　　補論1　消費者の所有のもとにある財貨は資本であるか？
　　補論2　不況の原因とみなされる"過剰消費"
第8章　機械と労働需要
第9章　機械と労働の質
第10章　高賃金の経済学
第11章　近代産業が消費者としての労働者に及ぼす若干の影響
第12章　近代産業における女性
第13章　機械と近代都市
第14章　文明と産業的発達

このように，本書の初版における内容は，まさしく機械制生産の規定的内容，有機的統一体としての産業構造，機械制産業が社会的諸関係におよぼす影響といったものである。

## 2　初版における「資本主義」語

ところで，初版「序文」において，『近代資本主義の進化——機械制生産の研究』という本書の書名に使われている用語の説明にさいして，奇妙なことに，ホブソンは，書名で使われている用語のなかの基本的要因である「資本主義 capitalism」あるいは「近代資本主義 modern capitalism」については取りあげていない。

「近代資本主義の進化」というメインタイトルにとって基本的要因である「資本主義」という用語を，ホブソンはどうして問題にしなかったのであろうか。そもそも，ホブソンにとって，「資本主義」という用語は，いかなる意義あるいは重要性をもった用語だったのか。あるいは，重要性をもたない用語だったのだろうか。

「資本主義」という用語の使用状況について見ると，ホブソンは，本書の初版では，「資本主義」という用語をほとんど使っていない。383ページもある「初版」の本文のなかで，「資本主義」という用語はたったの7回[3]しか使っていないのである。

しかも，「資本主義」という用語が使われている7回のうちの6回は，第1章「序説」と，第2章「機械制以前の産業構造」においてであって，近代的な機械制産業を取り扱った本論部分たる第3章「機械産業の発達順序」から第13章「機械と近代都市」までの11の章のなかではまったく使っておらず，最終章の第14章「文明と産業的発達」において1回使っているのみである。

そのような「資本主義」という用語の使用の少なさと偏りは，何を意味するのか。

ホブソンは，第1章「序説」のなかで「資本主義」という用語を本書で初めて使うにあたって，「資本主義」用語の意味内容について次のように指摘している。

「ここで採用された方法は，われわれの知的な目的にとって，全体としての産業構造の人間社会の進化にたいする関係のより明確な認識と理解を得るために，その発展と活動の法則を学び，そして，それと産業における他の主要な諸要因とのあいだに存在する関係やあるいは産業における諸力を観察することによって，近代的産業運動における一つの重要な要因を取りあげるというものである。この中軸的要因は，近代的産業にたいして特別に使用される描写的名称(descriptive title)たる資本主義によって示される。」
[Hobson, 1894, p. 4]

すなわち，ホブソンにとっての「資本主義」という用語は，「近代的産業運動における一つの重要な要因」を示すものであって，「近代的産業にたいして特別に使用される描写的名称（descriptive title）」であるというものである。

端的にいえば，「資本主義」という用語は，近代的産業を「描写」するときに使われる「名称 title」にすぎない，とホブソンはみなしているのである。

『近代資本主義の進化』の初版のなかで，ホブソンが，「資本主義」用語の意味内容について述べている唯一の個所での説明がこれである。

そして，ホブソンは，そのような近代的産業にとっての「描写的名称」たる「資本主義」にとっての基軸的な主要要因について，「資本主義の進化における主要な物質的要因は機械である。製造業と輸送機関の目的のためとして採取産業とに応用される機械の分量と複雑さの増大は，近代産業の拡大の物語における大きな特別の事実である」[*Ibid.*, pp. 5-6] と，生産活動や運輸や採取活動において使用されている機械こそが「資本主義」の主要な物質的要因であると指摘しているのである。

このように，「近代的産業にたいする描写的名称」としてのホブソンの「資本主義」の基礎たる物質的要因は機械であり，「資本主義」概念の実態的内容は「機械制産業」である。

そのように，ホブソンの「資本主義」概念にあっては，生産活動における機械の使用という産業技術的特質が規定的内容をなすものとされていて，人

と人との社会関係としての生産関係のとる特有の社会的特徴や価値的側面における利潤追求的性格は規定的な要因とはみなされていない。

なお，ホブソンは，近代的産業活動としての「資本主義」における貨幣的側面については，次のように述べている。

「近代的コミュニティにおけるあらゆる産業的行動はその貨幣的対応物をもっていて，その重要性はふつうには貨幣の項目で評価されるため，資本主義の成長はその貨幣的側面においてきわめて有効に研究されるに違いない。メカニカルな機械のもとでの生産方法の変化に対応して，われわれは複雑な貨幣的システムの急速な増大を見いだすであろうが，それは，その国際的および国内的性格において，近代的な生産的および分配的産業において見いだすところの主要な特徴を，信用のその洗練された構造において反映しているものである。しかしながら，……／われわれは，この研究においては，近代的交換のとくに市場の拡張と複雑さにおける精巧な貨幣的システムの産業的秩序への直接的影響のいくつかをたんに示すにとどめて，われわれの関心を資本主義の具体的側面に限定することにする。」
[*Ibid.*, p. 7]

すなわち，ホブソンは，資本主義の貨幣的側面については，たんに具体的な産業的行動にたいする貨幣的対応的側面とみなしていて，「産業的秩序への直接的影響のいくつかをたんに示すにとどめて，われわれの関心を資本主義の具体的側面に限定することにする」としているのである。

そのように，ホブソンは，「資本主義」用語の理解にあたって，機械を使用しておこなわれる労働過程的側面における概括的な表現用語とみなし，そこから，『近代資本主義の進化』の初版における「資本主義」用語は，基本的には，機械制産業と同義の「描写的名称」であるとしているのである。

そこに見られるホブソンの「資本主義」用語は，近代社会における産業論的あるいは産業構造論的な視角から見た概括的事態について表現する用語であって，生産活動をおこなう産業についての表現用語として使っているので

ある。

　そのようなホブソンの「資本主義」概念の基本的内容においては，機械制生産という一定の生産力水準をもった生産活動に焦点があてられている。

　そこにおいては，そのような機械制生産という物的な生産活動が，同時に，機械を含む生産手段が資本としての形態規定性をとり，生産手段を動かす人間労働が賃労働としての形態規定性をとって，資本＝賃労働関係のもとでの生産活動として利潤追求をめざす価値増殖過程がおこなわれるものであるという，近代社会特有の資本家的生産過程としての特徴的本質をもつものとしての把握はおこなわれていない。

　すなわち，ホブソンの「資本主義」概念においては，機械を使って物的生産をおこなう労働活動が利潤追求という価値増殖活動をおこなう生産活動としておこなわれるものであるという，労働過程と価値増殖過程との統一としての資本家的生産過程としての規定的内容がとらえられていない。

　そこでは，「資本主義」について，近代的産業における機械を使用しておこなわれる生産ということのみが規定的事態とされ，「資本主義」は，機械を主要要因とした「近代的産業にたいする描写的名称」とみなされることになっているのである。

　なお，ホブソンの「資本主義」把握には揺れがあって，彼は，「資本主義」という用語を，ときとして，前期的な商人資本やあるいは株式会社形態についての用語としても使っている。

　たとえば，「前世紀の半ばにおいては，大資本が使われ，あるいは，資本が労働にたいして近代的な割合となっているような製造業的企業はきわめて稀であった。18世紀における資本主義のもっともすすんだ形態を表現しているのは，実際には製造業者ではなくて商人であった」[*Ibid*., p. 40]といった指摘や，あるいは，「南海会社（South Sea Company）の破産において最高頂に達した株式企業の異常な破裂は，あきらかに健全な資本家的協同（capitalist co-operation）にとっての狭い限界を示した。……／産業革命の開始の時期における協同的な資本主義（co-operative capitalism）の限界は，アダム・スミスのきわめて重要な意義ある文章によって示されている」[*Ibid*., p. 42]といった

かたちで物的な機械制生産とはかかわりのない前期的な大商人や株式会社のなかに「資本主義」を見いだしたりもしている。

　だが，最終章の第14章「文明と産業的発達」において使われている「資本主義」語は，「典型的形態における機械制産業および資本主義のもとに……」［*Ibid*., p. 360］といったかたちで，「機械制産業」と同義的なものとして使われている。

　そのような「資本主義」という用語と概念は，ホブソンがこの『近代資本主義の進化』初版のなかで解明しようとしている基本的事態や，あるいはその規定的内容の把握にあたって，かならずしも必要な用語や概念ではなかったようである。

　この初版におけるホブソンの「資本主義」という用語と概念は，機械制産業を示す「描写的名称」にほかならないものであって，それ自身の特有の規定的内容をもつものではない。

　そのため，そのような「資本主義」という用語は，近代的な機械制産業そのものを取り扱う第3章以降においてはまったく使用する必要がなく，実際に最終章での1回を除くとまったく使われていないのである。「資本主義」という用語の使用回数の少なさと使用個所の偏りはそのことを示している。

　ところで，「資本主義」という用語は，すでにこの時点において，イギリスでは，一般読者が目にしたことのない珍しい言葉ではなくて，すでに一般的な通用性をもった言葉となっていたようである。

　ホブソンが，「資本主義」という用語を書名に組み入れ，「索引」においても「資本主義 capitalism」項目をたてて2個所の該当ページを挙げるといったかたちで「資本主義」という用語を使用しながらも，『近代資本主義の進化——機械制生産の研究』という書名を特徴づけるものとして使用された用語の説明にあたって，「資本主義」という用語の説明をおこなわないでいたということは，この時点においては，「資本主義」という言葉は，すでにイギリスにおいては，いまさらあらためて説明しなくても通用する言葉であるとホブソンは考えていたことを示すものである。

　それはともかく，この『近代資本主義の進化』という本の実質的内容から

第9章　機械制産業　211

見るならば，本書の内容は近代的機械制産業の進化についての解明であって，したがって，そのような内容を示す書名としては，サブタイトルにつけた『機械制生産の研究』か，あるいはメインタイトルで強調した「進化」という用語を組み入れるとすると『近代的機械制生産の進化』といった書名こそがふさわしいものである。

だが，それにもかかわらず，どうしてホブソンは，ホブソン自身が近代の機械制産業の「描写的名称」にすぎないものとしている「資本主義」という用語をもちいて，『近代資本主義の進化』としたのであろうか。

その点については，ホブソンはまったく明らかにしていない。

だが，『近代資本主義の進化』という書名には，本書における近代社会の経済的諸関係についての実証的把握におけるホブソンの現実感覚の鋭さとみずみずしさが感じられるところである。

読みこみすぎかもしれないが，近代的な機械制産業の進化的展開にとどまらないで，「資本」によって動かされ発展と変化をとげている近代社会の経済システムについての嗅覚が，ホブソン自身かならずしもそのような概念規定をおこなっていない「資本主義」という用語を使って『近代資本主義の進化』という書名を付けることにさせたのではないか，と感じられるところである。

そのことは，ゾンバルトの『近代資本主義』(1902年) に接してのちの，本書の増補改訂版 (1906年) でおこなった「資本主義」概念の再定義と「資本主義」用語の大幅な使用が示しているように思われるところである。

## III　ホブソンのマルクス評価

ところで，ホブソンとマルクスとの関連はいかなるものであったのだろうか。

ホブソンのこの『近代資本主義の進化』におけるマルクスとのかかわりについて見ると，本書の初版のなかではマルクスへの言及は5回あるが，それは，「そのもっとも発達した形態における近代的機械は，カール・マルクス

が指摘しているように，メカニカルに結びついている動力機構，伝導機構，そして道具あるいは作業機との，本質的に異なっている三つの部分から成り立っている」[*Ibid.*, p. 45] といった機械にかんして言及したものである。

ホブソンは，『近代資本主義の進化』の執筆時点において，すでに『資本論』を読んでおり，その内容については十分に承知のうえで，近代社会の経済構造についてのマルクスの資本主義把握にたいしては基本的に無視したようである。ホブソンは自伝『異端の経済学者の告白』のなかで次のように述べている。

「……1890年代はじめの私の最初の充実した経済学的著作でありイギリス型産業革命のもとに包摂された産業変化を客観的に示した『近代資本主義の進化』……。私はマルクスの『資本論』の第1巻の英訳をその数年前に読んではいたが，彼の革命的攻撃の価値を評価しようとは試みなかった。私がためらったのは，一つには，あらゆる生産費を，現実の産業では通用しない共通尺度である労働時間の単位で表現しようという彼の誤った——と私にはいまでも思える——試みによるのであり，また一つには，空虚な知的逆説を使ってごくわかりやすい歴史過程に神秘主義的雰囲気を添えるヘーゲル流の弁証法によるのであった。私の『近代資本主義の進化』は，私が研究した現実の過程のなかに自己を表現しないような理論はすべて無視したのである。その主な意義は科学的な研究だという自負にある。」[ホブスン, 1983, 32ページ]

ここでの指摘を見ると，ホブソンのマルクス無視は，『資本論』における近代社会の経済構造についての理論的解明にたいする内容的な批判によるというよりも，むしろ，マルクスの『資本論』の晦渋な文体とヘーゲル的な論理にはなじめなかったためのようである。それは，理論的批判というよりも，むしろ心理的，感覚的あるいは生理的反発を感じて拒否反応をもったことによるもののようである。

そのため，マルクスの「資本家的生産」を基礎要因とした「資本家的生産

様式」という用語に示される近代社会の社会経済システムとしての経済諸関係の把握とそこにおける歴史的形態規定性についての理解は，まったく受けとめられていない。

そして，近代社会の経済諸関係の基本的把握についても，その規定的要因の「資本主義」用語についても，マルクスの見解は基本的には無視されていて，用語的な継承関係もなかったようである。

そのため，ホブソンは，その『近代資本主義の進化』においては，マルクスの基軸的用語である「資本家的生産様式 mode of capitalist production」という用語は取り入れていない。

それと似たような用語表現として，「近代資本家的生産方法 methods of modern capitalist production」と「生産の近代資本家的方法 modern capitalist methods of production」という用語が1回ずつ使われたりもしているが，それは一般的な用語法として使われているものであって，マルクスの資本主義範疇としての「生産様式 mode of production」の近代社会における「資本家的 capitalist」形態という用語との繋がりをもった用法とは思われない。

また，それ以外にも，マルクスの資本主義的用語と同じ言葉としての「資本家的生産 capitalist production」という表現用語が4回，「資本家的体制 capitalist system」が2回，「資本家的所有 capitalist ownership」「資本家的経済 capitalist economies」「資本家的企業 capitalist farm」がそれぞれ1回ずつ使われているが，しかし，これらの用語も，マルクスの場合のように近代社会の歴史的形態規定性をもったものとしての「資本家的生産様式」にかかわる諸要因・諸形態とされているものではない。

そのように，ホブソンにおいては内容的にも用語法的にもマルクスとの結びつきは見いだせない。

だが，ホブソンの経験論的な実証主義的分析方法による現実分析の内容は，『近代資本主義の進化』に見られるような近代的経済の発展のなかでのカルテルなどの独占体の把握や，あるいは，『帝国主義論』における把握といったきわめて現実感覚のある実証的把握がおこなわれているものである。

## IV 増補改訂版と「資本主義」語

### 1 増補改訂版

1902年，ゾンバルトの大著『近代資本主義』（*Der moderne Kapitalismus*）の初版が出版された。

それを読んだホブソンは，自己の『近代資本主義の進化』における「資本主義」用語の修正と展開を含む大幅な書き換えをともなう増補改訂版を出すことを決意する。

ホブソンの『近代資本主義の進化』は，1894年に初版が出版されたのち，1901年，1906年，1917年，1919年，1926年と版を重ねたが，内容的に増補改訂されたのは，1906年版と1917年版と1926年版との3回である。

本書では，増補改訂版としては1926年版について見ていくことにするが，それに先だって，最初の改訂版である1906年版における変更点について，1926年版に載っている「〔1906年の〕改訂版への序文」によりながら瞥見しておきたい。

ホブソンは，ゾンバルト『近代資本主義』出版後の改訂版たる1906年版について，「この『近代資本主義の進化』の新増補版は，実際には新しい著書を構成するほどの大きな増補と変更を含んでいる」［Hobson, 1926, p. v. 邦訳, 1932, 上巻, 9ページ］と述べている。

すなわち，この1906年版においては，「初版における初期の歴史にかんする諸章の事実の大部分は保留されながら，多くの訂正と追加がおこなわれ，「近代資本主義の起源」についての序論的な章が，主としてゾンバルト教授の大著『近代資本主義』（1902年）における研究にもとづいて，挿入された」［*Ibid.*, 同上］としており，さらに，「近代産業における集中力，産業的コンビネーション，トラスト，カルテル等々の発達を取り扱う諸章は完全に書き換えられ」，そのうえ，第10章「金融業者」が新設されて「近代産業における金融業者によって占められる地位の分析が，南アフリカおよびアメリカにおける最近の発達からの例証でもって示されている」と指摘している。

このような1906年版における大幅な改訂内容は，基本的に1926年版にも引き継がれている。
　それでは，最終改訂版たる1926年版を1894年の初版と比べて見ると，章編成については次のような相違が見られる。
　1926年版においては，まず，初版にはなかった第1章「近代資本主義の起源」が挿入されて，ゾンバルトに依拠しながら「資本主義」の定義づけやその歴史的起源についての叙述がおこなわれている。そして，初版の第1章「序説」は，大幅な削除と変更がおこなわれ「資本主義の要具」という変更された見出しが付けられて，第2章とされている。
　さらに，第5章「近代企業の規模と構造」，第10章「金融業者」，第16章「国民の職業」が新しく組み入れられている。また，初版の第5章「資本における独占の形成」はまったく書き換えられて，1926年版では第7章「資本の結合」と第8章「カルテルとトラスト」とされている。
　そして，初版にあった章のうち，第12章「近代産業における女性」と第13章「機械と近代都市」との二つの章が取り除かれている。
　さらに，初版の第7章に付けられていた「補論1」と「補論2」はなくなっているが，1926年版には，それとは異なる「20世紀における産業」と題された長い「補論」が，第1部と第2部とにわけて第17章のあとに追加的に付加されている。
　その結果，初版では14章構成となっていたものが，1926年版では17章構成となって，ページ数（本文のみ）も初版の383ページから493ページへと大幅に増えるにいたっている。
　ところで，『近代資本主義の進化』の1926年版においては，「資本主義」という用語の使用回数が，初版に比べて飛躍的に増えている。「資本主義」という用語は，初版においては本文のなかではわずか7回しか使われていなかったのが，1926年版においては94回も使われている。
　だが，そのように増加した「資本主義」という用語は，そのほとんどが新しくたてられて挿入された章か，大幅に書き換えられた章において使われているのであって，初版から引き継いだ章ではほとんど使われないままとなっ

ている。

　1926年版においては，新設されている章での「資本主義」用語の使用数は，第 1 章「近代資本主義の起源」32回，第 5 章「近代企業の規模と構造」15回，第10章「金融業者」11回，第16章「国民の職業」3 回，補論「20世紀における産業」11回となっている。そして，叙述が大幅にあるいは全面的に書き換えられた章についてみると，第 2 章「資本主義の要具」7 回，第 7 章「資本の結合」3 回，第 8 章「カルテルとトラスト」7 回となっている。

　それにたいして，初版の章を引き継いだ章においては，第 3 章「資本制以前の産業構造」では初版の 2 回が 3 回に，第14章「文明と産業的発達」では初版の 1 回が 2 回に増えているだけで，それ以外の章では「資本主義」という用語はまったく使われないままとなっている。

　さらに，《索引》について見ると，「資本主義」という索引項目は，初版の場合は，「資本主義」項目に 2 個所の掲載ページが挙げられていて，それに「成長における諸要因」という小項目が一つたてられていただけだったものが，1926年版の《索引》における「資本主義」項目には，10個の小項目──「定義」「第一次的条件」「貨幣的基礎」「初期の蓄積」「発達におけるイギリスの優越性」「要具」「各時代」「国家的進歩の条件」「集中」「合同」──がたてられていて，それぞれの掲載ページが挙げられている。

　このように，《索引》においても，改訂版における「資本主義」用語についての増加状況が示されている。

　ところで，そのように1926年版では「資本主義」という用語の使用数が大幅に増えただけではなくて，「資本主義」概念の内容そのものについても変更がおこなわれているのである。

## 2　増補改訂版における「資本主義」語

　ホブソンは，1926年版において新たに挿入した第 1 章「資本主義の起源」の叙述を，次のように「資本主義」という用語の定義づけからはじめている。

　「資本主義は，利潤を構成するであろう富の増加量を生産するために，原

料と道具を獲得し労働を雇用するところの富の蓄積されたストックを所有する雇主または雇主の会社による大規模の企業の組織であると，とりあえず定義されうる。歴史の過程において，一定の基本的な経済力と道徳的な力との結合があらわれているところでは，どこでも，なんらかの形態と規模における資本家的産業が存在する。」[Hobsin, 1926, pp. 1-2. 邦訳, 1932, 上巻, 22ページ]

そして，ホブソンは，そのような「資本主義」存立の基本的条件として，次の5点を列挙している。
　第1に，所有者の日常的な欲望の満足に必要でなくて，貯蔵され蓄積される富の生産。
　第2に，自己の生産的労働力をもって独立の生計をもたらす手段を奪われた，プロレタリアートあるいは労働階級の存在。
　第3に，道具やあるいは機械を使用する組織された集団労働にたいして儲かる雇用をあたえる生産の間接的方法を可能にするような産業的技術の発展。
　第4に，資本家的生産の生産物を消費することを欲し，経済的にも可能な人口をもった，大きくかつ接近可能な市場の存在。
　第5に，資本家的精神，あるいは蓄積された富を産業的企業の組織により利潤獲得のために充当する欲望と能力。[*Ibid.*, p. 2. 邦訳, 22-23ページ]

　ホブソンは，そのように改訂版における「資本主義」の新しい定義を示すとともに，かつて初版においておこなっていた「近代的産業にたいして特別に使用される描写的名称たる資本主義」という「資本主義」の定義づけ部分を削除している。
　そのように，ホブソンは，「資本主義」という用語の概念内容を，初版においては近代的な「機械制産業」についての「描写的名称」としていたのにたいして，改訂版においては，「資本主義」とは，①蓄積，②プロレタリアートの存在，③産業的技術，④市場，⑤資本家的精神の5点を本質的条件とした「資本家的産業」であり，そのような一定の内容をもった「企業組織」

である，と定義づけているのである。

　すなわち，初版における「資本主義」の定義が，近代的な「機械制産業」という労働手段を基軸とした技術的な側面に視点をおいた産業形態としての定義づけであったのにたいして，改訂版における「資本主義」の定義は，社会経済的な諸関係における広がりをもった「資本家的産業」ないしは「企業組織」とされていて，産業的技術は五つの条件のなかの一つにすぎないものとなっている。

　しかも，その「産業的技術」についても，初版における労働手段としての機械の使用という工学的な技術的特徴に視点をおいた把握から大きく転換して，改訂版においては，「道具やあるいは機械を使用する組織された集団労働にたいして儲かる雇用をあたえる生産の間接的方法を可能にするような産業的技術の発展」といったかたちで，「儲かる雇用」を可能にする産業的技術として利潤獲得という特徴づけをもったものとしているのである。

　そのこともあってか，初版において7個所で使われていた「資本主義」という用語のうち，初版での「資本主義」の定義づけをおこなっている叙述部分が削除されているだけでなく，第14章「文明と産業的発達」における「機械制産業および資本主義のもとに」という機械制産業と資本主義とを同列においた初版での叙述が，改訂版では「資本主義」という言葉は削除されて，たんに「機械的経済のもとに」という表現となっている。

　だが，それ以外の5個所の「資本主義」用語はそのまま残っていて，初版第1章にあった「資本主義の進化における主要な物質的要因は機械である」という叙述は，そのまま改訂版においても存続している [*Ibid*., p. 27. 邦訳, 62ページ]。

　そのように，増補改訂版における「資本主義」という用語の概念内容は，初版における「機械制産業」という技術的要因を規定的内容とした産業論的事態にかかわる把握と，改訂版において新たに打ちだされてきた社会経済的な要因を規定的内容とした把握との，二つの把握が存在しながら，ホブソンは重層的なかたちで「資本主義」用語の内容的拡充をおしすすめようとしている。

第9章　機械制産業　219

　すなわち，ホブソンは，「近代的産業資本主義の具体的基礎は，生産過程の促進において労働を援助する工場，機械そして大量の高価な用具の，『固定的』要素の大きく複雑な構造である」[*Ibid.*, p. 19. 邦訳, 50ページ] と，近代産業資本主義の基礎は生産過程における工業，機械，生産用具といった「固定」資本部分であるとみなしながら，「資本家的ビジネス」の構造と機能の進化について，市場構造や企業経営の変化，雇主・資本家・労働者の関係の変動，金融的あるいは会計的側面等にいたる事態を問題にするのである [*Ibid.*, pp. 25-26. 邦訳, 58-59ページ]。

　そのような社会経済的把握の広がりにおける「資本主義」概念は，1926年の増補改訂版において新たにたてられている章や大幅に変更されている章において見られるところである。

　1926年版において新しくたてられている章においては，カルテル，トラストといった産業独占体について追加的な具体的事実を解明している章以外には，近代的金融，株式会社企業，金融業者，株式投機，大金融資本等々に取り組んだ第10章「金融業者」，あるいは，職業分布とその変遷について取りあげた第16章「国民の職業」，さらに，「20世紀の最初の四半世紀における特徴的な商業と産業との主要な運動」が取り扱われている補論「20世紀における産業」といった，近代社会の経済的諸関係のより大きな広がりにおいて「資本主義」が取りあげられている。

　1926年版のなかで，ホブソンは，近代における経済的発展のなかでの就業者の職業分布の変動を取りあげながら，「これらの移動〔職業移動〕は，部分的には，改善された機械の経済および付随的な労働組織をつうじての資本主義の進化の表現であることは，明らかである」[*Ibid.*, p. 394. 邦訳, 下巻, 279ページ] としながら，「近代資本主義の時代をつうじておこっている一国民にとっての職業の正常な発展は，次のようなものであろう」[*Ibid.*, p. 397. 邦訳, 284ページ] として，農業，工業，運輸，商業，金融，サービス業，専門職などにおける職業分布の変動状況を取りあげており，そこにおいては「資本主義」という用語は国民経済的な視点からの用語として使われている。

　そして，ホブソンは，19世紀末，次第に経済活動の基礎に根を強固にはる

ようになってくるカルテル，トラストなどの産業独占体や巨大金融機関によって支配体制を強化する金融資本をもとらえ，さらに，国際的企業連合や国際カルテルを取りあげながら，「国際的資本主義」について，「価格設定力をもった国際的企業連合の発達は，遅かれ早かれ，諸国政府のあいだの協定による保護的方策を呼びおこすに違いない。国際連盟およびその関係機関たる国際労働局の仕事のなかにすでに認められている経済的国際政策の端緒は，より明確な意図をもって，国際的資本主義によって支配されている物品とサービスの価格と分配を，公正な条件で調整する仕事に取り組むに違いない」[*Ibid.*, p. 449. 邦訳，358ページ] としている。

そして，最終章たる補論第2部においては，将来的展望における資本主義の倒壊と社会主義への代替について述べるというかたちで，「資本主義」という用語は，「社会主義」と対比されながら，歴史的性格をもった近代社会についての社会体制としての意味におけるものとして使われているのである。

「イギリスでは，アメリカを除く他のすべての先進産業諸国におけるように，一つの有力な政党が正式に社会主義を奉じているが，その態度はそれほどきちんとした説明のできるものではない。それは，私的資本主義を倒壊して，一般的社会主義，国家社会主義あるいはギルド社会主義その他のものへの代替を求めるものとははるかに遠いものである。それは，多分に日和見主義的，試験的，経験主義的，そして妥協的なものである。しかし，それは国家の行動をビジネス世界に多種多様なかたちではいり込ませる。中央集権的専制主義とそして深く根ざしているその制度の欠陥への嫌悪のため，おそらくいかなる西欧諸国も全面的規模での産業の公的所有や運営に頼ることはありえないであろう。しかしながら，一定のきわめて重要な産業およびサービスにおいて，おそらく急速ではないであろうが，私的所有の公的所有への置き換えに向かう着実な運動がおこるであろう。」[*Ibid.*, pp. 485-486. 邦訳, 411-412ページ]

ここにおいては，ホブソンは，「資本主義」という用語を，近代社会につ

いての社会体制を示す用語として使っているのである。

　だが，そのような近代社会の社会体制としての「資本主義」と，ホブソンが本来もっていた「機械制生産」による産業という「資本主義」の基礎的要因との関連はどうなるのか，「資本主義」の倒壊は「機械制産業」の廃棄をともなうことになるのかどうか，さらに，新たに展望される「社会主義」の生産的基礎は「機械制産業」とは違ったものになるのか，といった問題が出てくるところである。ホブソンの「資本主義」用語の規定的内容については，概念的に吟味される必要のある論点が数多く存在している。

　ともあれ，そのようにホブソンにおける「資本主義」という用語は，初版においては基本的に生産的基礎における機械制産業に限定されていたものが，改訂版においては，商業，金融における事態にまで，そして，社会における職業分布といった国民経済全体にとっての事態や，国際経済関係にまでもの拡充した概念内容をもったものとなっており，さらに，社会主義との対比における近代社会の経済システムとしての歴史的な社会体制を示す用語にまでいたっているのである。

1）ホブソンの旺盛な執筆活動については，ホブスン［1983］の邦訳者，高橋哲雄氏の「訳者あとがき――ホブスン再評価のために」にきわめて詳細な「執筆目録」が掲載されている。それによると，ホブソンの編・著書，パンフレットは77点（高橋氏の目録によるもの73点，アラン・J・リーにより追加されるもの4点），論文については165点（リーによる論文，新聞投書，報告，講演は658点とされている）と指摘されている。

2）この主要著作についても，高橋哲雄「訳者あとがき」［ホブスン，1983］に挙げられた著作目録に拠っている。

3）Capitalism という用語が使われているのは，p. 4, 5, 7（2個所），40, 42, 360の7個所である。

# 第10章　資本家的精神による経済体制
―― ゾンバルト ――

## I　人物と社会的活動

　ゾンバルト（Werner Sombart, 1863-1941）[1]は，1863年に，ライプチヒ西方の小都市エルムスレーベンにおいて，アントン・ルートヴィッヒ・ゾンバルトの末子として生まれた。父アントンは，貧しい土地測量士から農場主ならびに甜菜糖工場の企業主となった勤勉な人物で，1861年にはプロイセンの国会議員に，1871年，ドイツ第二帝制成立後には帝国議会の議員にもなっている。

　1875年，ゾンバルト12歳のとき，議会の仕事に専念することになった父とともにベルリンに移ってギムナジウムにはいり，1882年，ベルリン大学に入学し，歴史学派の総帥にしてカール・メンガーとの方法論争をもおこなったシュモラーと，歴史学派右派の国家社会主義の立場をとるワーグナーとに学んで大きな知的刺激を吸収している。また当時，ベルリン大学に赴任していたディルタイから科学方法論について影響を受けている。

　1885年，ベルリン大学卒業ののち，1888年までイタリアのピサ大学に留学。イタリアの貧しい農村問題に関心をもち，学位論文『ローマのカンパーニャ』を書き，1888年，ベルリン大学から学位を授与される。そのあと，1888年から1890年にかけてブレーメン商工会議所の法律顧問となっている。

　この時期，ゾンバルトは，ベルリンでは教職を見いだすことができず，1890年に，正式の教授資格をもたない員外教授としてブレスラウ（現在のポーランド領ブロツラフ）大学の国家学と統計学のセミナーの共同指導者としてプロイセン文化省によって任命され，彼はそこで16年にわたる"無言の影響の時代"を過ごすことになる。

ゾンバルトは，ブレスラウにおいて社会民主党のハインリヒ・ブラウンと親交を結び，1891～92年にマルクスの理論への研究を集中的におこなったようである [Lenger, 1995, S. 78-79]。

　ゾンバルトは，30歳代の半ば頃まではマルクス主義の影響を強く受けており，『19世紀における社会主義と社会運動』(1896年) はその代表的著作とされている。この時期には，ゾンバルトは，社会主義とりわけマルクス主義に同情的な「赤い教授」として知られていたが，本書の第4版 (1901年) ないしは第5版 (1905年) 以後，マルクス主義の修正と批判を顕在化させて批判的立場を強めた，といわれている。

　1902年，ゾンバルトは代表的著作『近代資本主義』全2巻を出版する。実はブレスラウ大学在任中に，フライブルク，カールスルーエ，ハイデルベルクの各大学からの招致の動きがあり，そのうちフライブルクとハイデルベルクの二つはマックス・ウェーバーの後継者として推薦されたものであったが，ゾンバルトがマルクス学者として盛名をはせていて急進的な思想の持ち主と見られていたため，帝国政府の容認するところとならず，大公の拒否権によって挫折している。

　しかし，ゾンバルトは，1904年以来，ウェーバーらと『社会科学と社会政策のためのアルヒーフ』(*Archiv für Sozialwissennschaft und Sozialpolitik*) の編集にあたり，社会政策における倫理的立場を重視する新歴史学派に対抗して社会政策の科学性の確立の必要を強調している。

　1906年になって，ゾンバルトは，新設のベルリン商科大学に移ったが，この大学は学位授与資格をもっておらず，しかもここでもまたゾンバルトは員外教授であった。

　ゾンバルトは，『ユダヤ人と経済生活』(1911年)，『贅沢と資本主義』(1913年)，『戦争と資本主義』(1913年)，『ブルジョア：近代経済人の精神史』(1913年) などにおいて，プロテスタンティズムの宗教思想と資本主義的発展との関連についてのウェーバーの見解に対峙するかたちで，資本主義の形成にとって寄与した諸要因についての研究をおしすすめている。

　だが，第一次世界大戦勃発後の1915年，ゾンバルトは，『商人と英雄――

愛国的意識』を出版する。それは，イギリスの商人根性と対比してドイツの軍隊精神を謳歌し，ドイツ国民の士気高揚に一役買ったと評せられたもので，社会主義者ゾンバルトをイメージしていた世人を驚かせた。

しかし，その翌年の1916年には，『近代資本主義』の全面的な改訂増補をおこなった2巻全4冊からなる再版を出し，その後，さらに1927年に第3巻を出して，全3巻6冊本の膨大な著作として完成している。

1917年，ゾンバルトは，前年に死去した恩師アドルフ・ワーグナーの後任として，やっと正教授としてベルリン大学に職を得ることができた。

経済学者としてのゾンバルトの立場は，理論を軽視する歴史学派と，自然科学的方法に依拠する当時の理論経済学との，いずれにたいしても批判的であって，理解＝社会学的な方法によりながら，理論と歴史とを総合した経済社会の全体的把握をおこなおうとしたものである。その代表的な著作が『近代資本主義』であるが，その方法論を展開したものとして晩年の『三つの経済学』（1930年）がある。

なお，ゾンバルトは，1931年にベルリン大学を退職して名誉教授になったが，その後も，1940年までベルリン大学とベルリン商科大学とにおいて教えつづけている。

ゾンバルトは，とくに第一次世界大戦後には，マルクス主義にたいして敵対的な立場を徹底するようになり，『社会主義と社会運動』の改訂版としての『プロレタリア社会主義』（1924年）では民族に基礎をおく国家社会主義を主張するようになっていて，『ドイツ社会主義』（1934年）においてもその見解が展開されている。

また，ゾンバルトは，1932年のドレスデン大会において社会政策学会の第6代目の議長となったが，この大会が社会政策学会の最後の大会となった。ナチスの政権獲得後，社会政策学会の存在意義の喪失とナチス当局の干渉のなかで，1935年の会員総会において議長ゾンバルトは学会の解散提案を提出したが，それは否決された。そこでゾンバルトは議長を辞任したが，結局，1936年4月25日の会員総会において社会政策学会の解散が決定されている。

なお，ゾンバルトには，最晩年に，『人間について，精神科学的人類学

(1938年) というダーウィニズムとかかわらせた人間学的領域にかんする著書がある。ゾンバルトは，晩年にはこれらの問題に取り組んでおり，第二次世界大戦がはじまった翌々年の1941年にベルリンで死去している。79歳であった。

### 主な著作[2]

(1) *Die römische Campagna: eine sozialökonomische Studie*, Leipzig, 1888.『ローマのカンパーニャ』

(2) *Sozialismus und soziale Bewegung im 19. Jahrhundert*, Bern, 1896. 神戸正雄訳『19世紀に於ける社会主義及び社会的運動』(初版) 日本評論社，1903年。池田龍蔵訳『社会主義及社会運動』(第7版) 三田書房，1923年。林要訳『社会主義及び社会運動』(第8版) 同人社，1925年。

(3) *"Dennoch!" Aus Theorie und Geschichte der gewerkschaftlichen Arbeiterbewegung*, Jena, 1900. 森戸辰男訳『労働組合の理論と歴史』大原社会問題研究所出版部，1922年。

(4) *"Technik und Wirtschaft" Jahrbuch der Gehe-Stiftung zu Dresden*, Ⅶ, 1901. 山口修二郎訳『技術と経済』大学書林，1935年。阿閉吉男「技術と経済」『技術論』科学主義工業社，1941年，所収。

(5) *Der Moderne Kapitalismus*, Leipzig, 2 Bde., 1902; 3 Vol., 6 Bde., 1916-27. 岡崎次郎訳『近世資本主義』第1巻第1冊，第2冊 (1916-27年版の第1巻および第2巻の邦訳，第1巻の途中まで) 生活社，1942-43年。梶山力訳『高度資本主義Ⅰ』(1916-27年版の第3巻の邦訳，途中まで) 有斐閣，1940年。

(6) *Die deutsche Volkswirtschaft im 19. Jahrhundert*, Berlin, 1903.『19世紀におけるドイツの国民経済』

(7) *Die gewerbliche Arbeiterfrage*, Leipzig, 1904. 農商務省商工局訳編『工業労働者問題』農商務省商工局，1919年。鈴木豊訳『労働問題と労働政策』有斐閣，1919年。

(8) *Warum gibt es in den Vereinigten Staaten keinen Sozialismus?*, Tübingen, 1906. 河田嗣郎訳「何故亜米利加は社会主義なき乎」『社会問題及社会運動』岩波書店，1919年，所収。

(9) *Das Lebenswerk von Karl Marx*, Jena, 1909.『カール・マルクスのライフワー

ク』
(10) *Die Juden und das Wirtschaftsleben*, Leipzig, 1911. 金森誠也監修，安藤勉訳『ユダヤ人と経済生活』荒地出版社，1994年。
(11) *Luxus und Kapitalismus*, München, 1913. 田中九一訳『奢侈と資本主義』而立社，1925年。金森誠也訳『恋愛と贅沢と資本主義』至誠堂，1969年（論創社，1987年。講談社，2000年）。
(12) *Krieg und Kapitalismus*, München, 1913. 金森誠也訳『戦争と資本主義』論創社，1996年。
(13) *Der Bougeoise, Zur Geistesgeschichte des modernen Wirtschaftsmenschen*, München, 1913. 金森誠也訳『ブルジョア：近代経済人の精神史』中央公論社，1990年。
(14) *Händler und Helden: patriotische Besinnungen*, München, 1915.『商人と英雄——愛国的意識』
(15) *Soziologie, Eine Vorwort, in: dres. (Hg.), Sozioligie*, Berlin, 1923. 景山哲雄訳『社会学』而立社，1924年。
(16) *Der proletarische Sozialismus: ("Marxismus")*, 2 Bde., Jena, 1924. 田辺忠男訳『プロレタリア社会主義』日本評論社，1932年。
(17) *Die drei Nationalökonomien. Geschichte und System der Lehre von der Wirtschaft*, Berlin, 1930. 小島昌太郎訳『三つの経済学：経済の歴史と体系』雄風館書房，1933年。
(18) *Die Zukunft des Kapitalismus*, Berlin, 1932. 鈴木晃訳『資本主義の未来』（『世界大思想全集』第86巻，所収）春秋社，1933年。
(19) *Deutscher Sozialismus*, Berlin, 1934. 難波田春夫訳『ドイツ社会主義』三省堂，1936年（早稲田大学出版部，1982年）。
(20) *Vom Menschen : Versuch einer geistwissenschaftlichen Anthropologie*, 2 Auflage, Berlin, 1938.『人間について——精神科学的人間学』

## II 初期ゾンバルトにおける「資本主義」語

### 1 エンゲルスとゾンバルト

1894年12月，マルクスの遺稿にもとづいてエンゲルスが10年近くの歳月をかけて編集した『資本論』第3巻が，2冊本でハンブルクのマイスナー書店

から刊行された。

『ノイエ・ツァイト』の創刊者の一人であり『社会立法および統計アルヒーフ』(Aechiv für soziale Gesetzgebung und Statistik) の編集者であるドイツ社会民主党のハインリヒ・ブラウン (Heinrich Braun, 1854-1927) に要請されて，ゾンバルトは，さっそく『資本論』第3巻の内容と意義について論じた論文「カール・マルクスの経済学体系について」(Zur Kritik des ökonomischen Systems von Karl Marx) を書いて，『社会立法および統計アルヒーフ』の第7号に掲載している。そして，1895年2月14日付でもってそれをエンゲルス宛に送っている。

エンゲルスは，この論文の載ったアルヒーフをすでにブラウンから送り届けられて読んでいたようであるが，1895年2月26日付のポール・ラファルグ宛の手紙のなかで，「ベルリンの教授（*）で折衷論的マルクス主義者のヴェルナー・ゾンバルトが，〔『資本論』〕第3巻についてのよい論説を書きました」[MEW-39, S. 414]（*この時点でのゾンバルトはブレスラウ大学の教授であって，ベルリンというのはエンゲルスの勘違いであろう）と書いている。

さらに，エンゲルスは，コンラート・シュミット宛の手紙のなかでも，「第3巻についてのゾンバルトの論文は，ほかの点ではたいへんよいものだと思いますが，ただ一つ，価値論の力を弱めようとする例の傾向がやはりあります。彼もまた，なにか別の回答を期待していたことは明らかです」[MEW-39, S. 433] と書いているし，カウツキー宛にも「W. ゾンバルトの……これはよいものだ」[MEW-39, S. 435] と書き送っている。

エンゲルスは，ゾンバルトにたいしても，「先月14日付のお手紙，拝見しました。マルクスにかんする貴論文をご親切にもお送りくださったことにたいして，ご返事かたがた感謝いたします。貴論文はすでに，H. ブラウン博士から私に送り届けてくれた『アルヒーフ』でたいへん興味深く拝見して，ドイツの大学でもとうとう『資本論』がこのように理解されるようになったかと，うれしく思っておりました。もちろん，マルクスの論述をあなたなりの言葉に言い換えた表現のすべてに，私は同意見であるとは申せません。……」といった書き出しで，エンゲルスの意見をこめたかなり長文の手紙を

送っている。

　さらに，エンゲルスは，ゾンバルトのこの論文と，『社会政策的中央新聞』(*Sozialpolitischen Zentralblatt*) 第22号（1895年2月25日）に載ったコンラート・シュミットの論文を取りあげながら，「『資本論』第3巻への補遺と追加」第1号として，いわゆる『資本論』第1巻と第3巻との矛盾とされた価値法則と平均利潤率とにかんする「価値法則と利潤率」という論文を書いている。そして，その第2号としては，1865年以来著しく変化した取引所の役割について論じた「取引所。「資本論」第3巻への補注」を書く予定であったが，これについては七つの論点を含む草案が残されているだけで，論文としてはでき上がっていない。

　「価値法則と利潤率」論文のなかで，エンゲルスはまず，ゾンバルトの論文におけるマルクス理解について，「ブラウンの『社会立法および統計アルヒーフ』第7巻第4号に，ヴェルナー・ゾンバルトは，マルクス体系の大綱の全体としてはすぐれた叙述を載せている。ドイツの大学教授が，マルクスの著述のなかに，マルクスが実際に言ったことを全体として見ることに成功しているということ，またその大学教授が，マルクスの体系の批判は，それを反駁することではありえず——「そんなことは政治的野心家にやらせておけばよい」——，たださらにそれを発展させることでのみありうる，と言明しているということは，これが初めてである」［Engels, 1896, S. 10. MEW-25, S. 903］と述べたうえで，ゾンバルトの価値論の理解にたいして次のように指摘している。

　「彼〔ゾンバルト〕は，マルクスの体系のなかで価値はどんな意義をもっているか，という問題を研究して，次のような結論に達している。価値は資本家的に生産された諸商品の交換関係のなかでは現象にはあらわれない。価値は資本家的生産当事者たちの意識のなかには生きていない。価値は経験的な事実ではなく，思想的な事実，論理的な事実である。マルクスにあっては，物質的規定性における価値概念は，経済的存在の基礎としての労働の社会的生産力という事実をあらわす経済学的表現にほかならない。価

値法則は，資本家的経済秩序における経済的諸事象を究極的において支配しているのであって，この経済秩序にとってまったく一般的に次のような内容をもっている。すなわち，商品の価値は，究極においてすべての経済事象を支配する労働の生産力が規定的に自分を貫き通す独自に歴史的な形態である，というのがその内容である。——以上がゾンバルトの説である。資本家的生産形態にとっての価値法則の意義のこのような把握にたいしては，それが間違っているとはいえない。しかし，私には，この把握は広すぎ，もっと狭い，もっと精確な把握ができると思われる。私の考えるところでは，この把握は，けっして，価値法則によって支配される社会の経済的発展段階にとっての価値法則の全意義をつくしてはいないのである。」
［*Ibid.* MEW-25, S. 903-904］

ところで，エンゲルスは，これらの論文執筆後まもなく1895年8月5日に死亡している。74歳であった。

エンゲルスによって書かれた「価値法則と利潤率」は，エンゲルスの死後に，「エンゲルスの最後の論文：『資本論』第3部への補足と追加」という見出しのもとに，『ノイエ・ツァイト』第14年次，1895〜96年，第1巻，第1，2号に発表された。論文としてまとめられていない「取引所」の草案は発表されなかった。現在では，エンゲルスのこの最後の二つの論稿は，MEW版の『資本論』第3巻の末尾に，フリードリッヒ・エンゲルス「『資本論』第3部への補遺」として掲載されている。

このように，ゾンバルトの「カール・マルクスの経済学体系について」と題されたこの論文は，最晩年のエンゲルスによって若干の留保を付けられながらもきわめて高く評価されたものである。

## 2 「マルクスの経済学体系」論文

「カール・マルクスの経済学体系について」と題されたゾンバルトのこの論文は，印刷ページ40ページのものであるが，それは四つの節から構成されている。

その第Ⅰ節は『資本論』第3巻についてのエンゲルスによる仕上げの経緯と状況，第Ⅱ節は第3巻の内容の概観，第Ⅲ節はゾンバルトによる第3巻の問題点の指摘，第Ⅳ節はマルクス批判のための視点の提示，といった内容である。

『資本論』第3巻の刊行後のわずか数ヵ月しかたっていない時点でのそのような簡潔で手際のいい内容紹介と論評は，この時点におけるゾンバルトのマルクスの経済学の内容理解がかなり高い水準であることを示している。

ところで，第Ⅲ節において取りあげられている『資本論』第3巻の問題点とされている論点は，マルクスの経済学体系における価値論の意義についての問題であり，それは基本的には，いわゆる『資本論』第1巻と第3巻との矛盾の問題，すなわち第1巻でマルクスが提示した投下労働による価値規定と，第3巻における資本支出量に比例する平均利潤を含む生産価格との関連についての問題である。

すなわち，資本家的生産における商品の交換関係においてはけっして価値規定において明らかにされた投下労働量によって交換がおこなわれておらず，資本家的生産様式における市場価格の変動は生産価格（費用価格プラス平均利潤）を重点としているものである，ということとの関連をどう理解するかという問題である。

この問題にたいするゾンバルトの見解は，いわゆる純粋な"論理説"の見解にたっていて，エンゲルスに濃厚な，そして時としてマルクスにも見られる論理的展開過程は歴史的発展過程に照応するとみなす"論理・歴史説"的見解にたいして批判的である。

ところで，問題は，この論文で使われている「資本主義」用語である。

この論文全体における「資本主義」用語の使用回数（『資本論』からの引用文中の言葉をも含む）は，次のごとくである。

「資本家的生産 kapitalistische Produktion」　9回
「資本家的生産様式 kapitalistische Produktionsweise」　10回
「資本家的経済秩序 kapitalistische Wirtschaftsordnung」　6回
「資本主義 Kapitalismus」　6回

この「カール・マルクスの経済学体系について」論文は，基本的にはマルクスの『資本論』第3巻の解説的論文であるにもかかわらず，この論文のなかで，ゾンバルトは，マルクスの使っている「資本家的生産」や「資本家的生産様式」だけではなくて，「資本家的経済秩序」やさらには「資本主義」という用語を使っている。

　用語そのものに即していえば，ゾンバルトがここで使っている「資本家的経済秩序」という用語は，マルクスの「資本家的生産様式」と違って，近代社会の全体的な経済構造をとらえるにあたって，生産的基礎によって根拠づけられるという規定性をもたない「経済秩序」の構造において全体のありようをとらえようとする用語にほかならぬものである。

　さらにいえば，「資本主義」という抽象名詞としての用語は，「資本」にかかわることのみしか示さない規定的要因ぬきの用語である。

　そのようなゾンバルトにおける「資本家的経済秩序」や「資本主義」という用語の登場と使用は，近代的な経済構造の把握にあたって，ゾンバルトが，マルクス的な「生産様式」を規定的要因とした把握から一定の距離をおき，そのかわりに「経済秩序」という生産的規定要因ぬきの構造を示す用語や「資本主義」という規定的要因のない抽象名詞でもって把握しようとしていることを示している。

　そのこともあってであろう。ゾンバルトは，この「カール・マルクスの経済学体系について」論文の第Ⅳ節では，マルクスの資本主義分析の経済理論にたいする方法論的再検討の必要について，「マルクスの理解を，従来にもましてたんに「教義」についてのみでなく，方法論的にもすすめてゆかねばならないだろう」[Sombart, 1894, S. 591. 邦訳, 119ページ] と力説している。

　そして，マルクスの経済学体系の方法における客観主義的な基本的観点そのものの検討の必要を，次のように指摘している。

　「一言で総括するならば，マルクスの経済学体系を特色づけているのは，極端な客観主義である。……それは経済生活の客観主義的観察方法であって，（形式的には）その出発点を経済社会にとり，そしてそれに還帰する

というものであり，（実質的には）個別経済および経済的諸過程を究極的に規定する社会的連関を発見しようとするものである。／それに対立的なものとして，主観主義的方向がある。それは，経済生活の諸過程を究極的には経済的主体の精神から説明しようと試みるものであって，経済生活の合法則性を心理学的動機づけのなかに置こうとするものである。その自然的出発点は欲求あるいは交換する個人である。……／かかる対立の自覚のうえにのみ，実り豊かなマルクス批判は可能であろう。……マルクス的体系の評価と批判は次のような方法で試みなければならない，とわたしは考えている。国民経済学における客観主義的方向は，独占的に正当性をもったものであるか，あるいは補足的に正当なものであるか？　と。」[*Ibid.*, S. 591-593. 邦訳, 121-125ページ]

## 3 『社会主義および社会運動』

ゾンバルトは，1896年の夏に，《スイス倫理文化協会》からの委嘱によってチューリッヒで〈19世紀における社会主義と社会運動〉についての連続講演をおこなったが，それは小冊子のかたちで出版されて大評判になり，9版を重ねて世界の24ヵ国に翻訳され，世界的に大きな影響をあたえることになった。

その初版は本文125ページの小冊子であったが [Sombart, 1896][3)]，改訂をくりかえすなかで387ページの本にまでなり，その当初の書名『19世紀における社会主義および社会運動』は，第5版（1905年）からは「19世紀における」という表現が削られて『社会主義および社会運動』とされている。さらに，その第10版にあたる1924年の版は『プロレタリア社会主義』と改題され，上下2巻，1011ページの大著へと書きあらためられるにいたっている。

一般には，この本の初版の内容はマルクス主義に傾斜しているといわれているが，この初版においても，マルクス批判は積極的にはおこなわれていないものの，ゾンバルトの社会主義と社会運動についての見解はマルクスとはかなり相違したものである。

この『19世紀における社会主義および社会運動』の初版は，次のような8

つの章からなっている。

  第Ⅰ章　どこからどこへ？
  第Ⅱ章　ユートピア社会主義について
  第Ⅲ章　社会運動の前史
  第Ⅳ章　国民的特徴の展開
  第Ⅴ章　カール・マルクス
  第Ⅵ章　統一への傾向
  第Ⅶ章　現在の諸潮流
  第Ⅷ章　学説
  付録：社会運動の編年史

　ゾンバルトは，その冒頭で，マルクスは『共産党宣言』において「あらゆるこれまでの社会の歴史は階級闘争の歴史である」と述べているが，それは誤りではないが一面的である，全体としての現実の社会の歴史は，国民的対立と，社会内における対立との，二つの極をめぐって展開しているものであり，いまは国民間闘争の一時代ののちの社会内闘争の時代にはいっている，というのである。

　本書の内容は，第Ⅰ章では，近代社会における社会運動としての社会主義運動は，資本家的生産様式と結びついた二つの階級の一つとしてのプロレタリアートによるものであることが指摘され，第Ⅱ章は資本家的経済体制の存続を前提した改良主義的社会主義と，体制変革を主張する革命的なユートピア社会主義についての概説，第Ⅲ章はプロレタリアが関係しながら市民革命の運動であった1789年革命から1848年革命にいたる社会主義運動の前史，第Ⅳ章は労働者運動におけるイギリス，フランス，ドイツの国民的特徴，第Ⅴ章はマルクスの生涯と学説ならびに革命理論について，第Ⅵ章は労働運動・社会主義運動の国際的・国内的統一への傾向とそれに対立する分解傾向について，第Ⅶ章は，統一への反対傾向の考察として，革命主義に反対する社会進化の考えの重要性の強調と，社会運動にとっての宗教と国家主義のもつ意

義について，そして，最後の第Ⅷ章では，社会運動の必然性とその存在を承認することの必要性を述べたうえで，階級闘争が適法的であることの重要性と，それが破壊的でないことの必要性との強調でもって，本書を締めくくっている。

ここで，この『19世紀における社会主義および社会運動』初版において使われている資本主義的用語の種類とその使用回数について見るならば，次のごとくである。

「資本主義 Kapitalismus」　15回
「資本家的経済体制 kapitalistische Wirtschaftssystem」　16回
「資本家的生産様式 kapitalistische Produktionsweise」　7回
「資本家的生産 kapitalistische Produktion」　1回
「資本家的経済秩序 kapitalistische Wirtschaftsordnung」　1回
「資本家的経済 kapitalistische Wirtschaft」　1回
「資本家的社会秩序 kapitalistische Gesellschaftsordnung」　1回

この使用状況を，さきに見た「カール・マルクスの経済学体系について」論文の場合と比べてみると，次のような事態を見てとることができる。

まず，さきの「カール・マルクスの経済学体系について」論文においてはその後半部分で使われるようになった「資本主義」という用語が，この『19世紀における社会主義および社会運動』においては，その冒頭の章から積極的に使用されていて，その使用回数は15回とマルクス的用語たる「資本家的生産様式」の7回を大きく引き離している。

さらに，この著作においては，前論文において積極的に使われていた「資本家的経済秩序」という用語がわずか1回しか使われないで，それにかわって「資本家的経済体制」という用語が16回もの多数回使われている。

このように，前の論文において主として使われていた「資本家的経済秩序」という用語がほとんど使われなくなって，「資本家的経済体制」という用語が大量に使用されるようになったということは，ゾンバルトにおける資本主義的経済構造の把握における基軸的要因が「資本家的経済秩序」から「資本家的経済体制」へと変わったことを示すものであろう。

しかし，この時点におけるゾンバルトにとっての近代的な経済構造の総体の把握におけるもっとも基軸的な概念と用語は，「資本主義」という用語と概念である。

　この時点におけるゾンバルトの「資本主義」とはいかなるものであるのか，その規定的内容はかならずしも明確ではないが，それは「資本家的経済体制」を中心的な基軸的内容とした近代社会の経済的諸関係の総体についての概括的表現を示すものとしているようである。

　ところで，ゾンバルトは，本書においては，マルクスが近代社会の経済システムにとっての規定的要因としていた「資本家的生産様式」については，次のように「社会階級」と結びついた生産的要因であるとみなしている。

　「あらゆる社会階級は，一定の生産様式の表現であって，プロレタリアートは，われわれが資本家的なものとして通常特徴づけているそのような生産様式の表現である。……資本家的生産様式は，物的財貨の生産が二つの社会的に分離した階級，すなわち，一方では，生産手段と認められる有用な物的生産諸要素，機械，道具，工場，原料等々を所有している階級，すなわち資本家階級と，他方では，まさに自由な賃金労働者であるところの，たんなる労働力の所有者である人的な生産諸要素との，協働作業によっておこなわれるということにもとづくものである。すべて生産は人的および物的生産諸要素の結合にもとづくものであって，資本家的生産様式が他のものと区別されるのは，ほかならぬこの二つの生産諸要素が，二つの社会的に分離された諸階級によって代表されて，自由なる協定，"自由なる労働契約"をつうじて，生産過程に向かって必然的に出会うということが一般になしとげられるものであるということが，明確に示される。かかる性質の生産様式は，歴史そのものにおいて必然性としてあらわれてくるものである。」[Sombart, 1896, S. 4-5]

　このように，ゾンバルトは，生産手段を所有している資本家階級と労働力のみしか所有しない労働者階級という二つの社会階級が，労働契約にもとづ

いて結合することによって物質的財貨の生産がおこなわれる，というところに「資本家的生産様式」を見いだしているのであって，その実態的内容はほぼマルクスの概念内容を引き継いでいるものといえるようである。

だがしかし，ゾンバルトにとっては，この「資本家的生産様式」は，マルクスにおけるように近代社会の経済諸関係の総体を規定的に表現する要因としての意義をもつものではない。この時点でのゾンバルトにとっては，「資本家的生産様式」は，たんなる生産領域における要因の存在形態を示すものとして位置づけられているようである。

## III 『近代資本主義』初版

1902年，ゾンバルトの『近代資本主義』初版が出版された。本書は，全2巻で，669ページと646ページ，合わせて1315ページの膨大な著作である。

本書の全体の目次構成は次のごとくである。

   第1巻 資本主義の生成
序説 経済的労働の組織
第1部 手工業としての経済
第2部 近代資本主義の生成
  第1篇 〔タイトルなし〕
  第2篇 資本の成立
  第3篇 資本家的精神の生成
  第4篇 工業的資本主義の生成とその展開の妨害
  第5篇 初期資本家的時代の末期における工業と資本主義
  第6篇 現代における工業的資本主義の凱旋行進
  第7篇 現代における手工業と手工業者

   第2巻 資本家的発展の理論
第1部 経済生活の新たな基礎づけ
第2部 経済生活の新たな形成

第1篇　近代的農業の生成と古い土着の経済制度の解体
　　　第2篇　近代的都市の起源と本質
　　　第3篇　需要の新形成
　　　第4篇　財貨販売の新形成
　第3部　工業的競争の理論
　　　第1篇　〔タイトルなし〕
　　　第2篇　最善の実行のための闘い
　　　第3篇　価格闘争
　　　第4篇　障害


　このゾンバルト『近代資本主義』初版の内容と意義については，田村信一氏による詳細な研究［田村信一, 1996-97］がある。それによると，本書は，なぜ手工業は没落し資本主義は発展するのかということをモチーフとしたものであって，シュモラーなど歴史学派保守派の主張する中産階級保護政策にたいして資本主義的発展の不可避性を論定するために書かれたものである，とのことである。
　第1巻「資本主義の生成」は，第1部「手工業としての経済」と第2部「近代資本主義の生成」というかたちで「手工業」と「資本主義」との2部構成として編成されており，「手工業」と対比しながら「資本主義」における物的条件としての「資本」と主体的な要因としての「資本家的精神」の成立が発生史的に問題とされて，資本主義の勝利と資本への手工業の従属が明らかにされている。
　そして，第2巻「資本家的発展の理論」では，資本主義が手工業を解体し発展する理由を，資本主義に内在する諸条件の検討をつうじて解明しようとしている。
　第1巻において，ゾンバルトは，まず，序説「経済的労働の組織」のなかで，経済活動における「経済秩序」「経済主体」「経済原理」「経済体制」といった総括的な経済的諸概念について簡単に説明する。
　そして，本論にはいり，第1部「手工業としての経済」において，「手工

業」を次のように定義づけている。

　「手工業（狭い意味での）とは，生活費に見あう対価と引きかえに作業や生産物を供給するというやり方で，営業的使用対象物の仕上げや加工のために技芸と通常の手仕事とのあいだの中間の熟練を利用するところの，営業的労働者（gewerbliche Arbeiter）の努力から生じる経済組織のことである。」[Sombart, 1902, 1 Bd., S. 76-77]

　このように，ゾンバルトは，「手工業」を，技術的には簡単な道具を用い，主として手先の熟練によっておこなう小規模の企業における，手工業的労働者の生活のための「生計」の確保を目的とした営業活動をおこなう組織である，としているのである。
　そのように，ゾンバルトは，手工業について，欲求充足のための生業を目的とするという経済原理をもった経済形態であるととらえる。
　そのうえで，ゾンバルトは，第1巻第2部「近代資本主義の生成」にはいり，第1篇の「資本主義の概念と本質」という章において，「資本主義」の「概念」を次のように指摘する。

　「資本主義とは，その特有の経済形態が資本家的企業であるところの経済様式のことをいう。後者は，定義のためそしてその本質性において特徴づけるために必要である。これがこの発端の章の課題である。ところで，資本家的企業とは，取引契約総額による貨幣価値的業績および報酬を超える物的財産の価値増大をおこなうところの，すなわち値上げ（利潤）をともなって所有者のもとに再生産するということを目的としたところの，経済形態のことをいう。そのような方法で役立てられる物的財貨を資本という。」[*Ibid.*, S. 195]

　この『近代資本主義』初版のゾンバルトは，まさしく「手工業」概念との対比におけるものとして「資本主義」概念を特徴づけようとしている。

すなわち，ここに見られる「資本主義」概念においては，まず，「資本主義とは，その特有の経済形態が資本家的企業であるところの経済形態のことをいう」というかたちで，「資本主義」をなによりも「資本家的企業」という《企業》形態においてとらえられるものとしている。

そして，手工業労働者の欲求充足を目的とした〈生計〉のための「営業的労働者」の経済活動である「手工業」に対比される特徴をもつものとして，「資本主義」を，「資本家的企業」における「物的財産の価値増大」，すなわち「利潤」の獲得を「目的」とした「企業」としての「経済形態」であると，「資本主義」概念の特徴的内容をとらえるのである。

そのように，ゾンバルトは，「資本主義」の「概念の分析」において，「資本主義」を「資本家的企業」における利潤獲得を目的とした経済様式としてとらえたうえで，そのような「資本家的企業の前提と条件」の把握をおこなうために，まず，「資本家的企業」における活動目的としての「物的財産の価値増殖」のための前提となる「客体的条件」たる「資本」について指摘する。

「資本家的企業にあっては，物的財産の価値増殖が問題となるから，資本家的企業への第一歩が踏みだされる前に，相応の高さの物的財産が経済主体の処分権のなかに，明確に堆積されていなければならない。物的財産が"相応の高さ"に，それは非常にあいまいに表現されているが，しかし，それにもかかわらずこの回りくどい言い方で十分である。……理論的には，資本家的経済は一定の高さの物的財産の先行の蓄積なしには不可能であるということの一般的確認で十分である。これは簡単であるが重要である。基礎的知識は，なおそこへ，より精密に，資本家的組織の前提を形成する物的財産の特性をより正確に規定することが可能である。それは貨幣所有としての存在を必要とする。ここで，資本家的組織の存在にとって必要な客観的条件を先取りしていえば，そもそも資本主義が考えられる以前に，社会は，その価値観念を，一般的等価物すなわち貨幣——もっと正確にいえば金属貨幣（あるいはその代用品）——という抽象的形態において，す

でに対象化していなければならない。」[*Ibid.*, S. 206-207]

　このように,「資本家的企業」がまずその第一歩を踏みだす前に「資本家的組織の存在にとって必要な客観的条件」として,「相応の高さの物的財産が経済主体の処分権のなかに堆積」されること,すなわち,企業のもとへの「大量の貨幣蓄積」が必要である,と指摘する。
　ところで,そのような「大量の貨幣蓄積」は,そのまま自動的に資本としての価値増殖をおこなうものではない。蓄積された貨幣が資本に転化するためには,経済主体としての企業家の「資本家的精神」が必要である,とゾンバルトは次のように強調する。

　「しかし,巨大なる貨幣蓄積といえども,たんなる資本家的企業の意図にとってさえもまだ十分なる前提条件ではけっしてない。それのみか,蓄積された貨幣額を資本に転化せしめるために財産をもつ経済主体に付け加えなければならないのは,その所有者の特殊資本家的精神である。そこにおいて,資本家的企業家として固有のものとして知りうるあらゆるその心的気分を,すなわち,利潤志向・計算センス・経済的合理主義を,理解することができる。それで資本主義は可能となるであろう,まさにこの経済的合理主義が古典派経済学の経済人の姿において化身として必要であるのには,いささかの驚きもありえない。」[*Ibid.*, S. 207-208]

　かくして,「資本主義」が成立するために必要な規定的要因としては,客観的条件として,貨幣財産という形態での「物的財産」が企業のもとへ蓄積されることが必要であるが,さらに,そのような貨幣財産が資本としての価値増殖活動をおこなうための決定的な主体的前提として,企業家の精神的気分としての「資本家的精神」が不可欠のものとして必要である,とするのである。
　すなわち,資本家的《企業》における価値増大をめざす「営利」のための活動という企業家の「資本家的精神」の発揮によって,無限の営利がシステ

ム化された経済原理をもった「資本家的企業」としての経済形態となる、とするのである。

このように、「資本家的企業」における「企業家」の本質的属性としての「資本家的精神」について、企業家の「資本家的精神」の形成とその発動が「資本主義」の形成にとっての起動的要因をなすものであると、ゾンバルトは強調する。

そして、そこにおける経済主体の「資本家的精神」は、たんなる「利潤欲」だけではなくて、「計算センス」と「経済的合理主義」をももつところの合理性・計算性を基盤としたものである、とする。

『近代資本主義』初版におけるゾンバルトは、このような「資本家的精神」をもった「資本家的企業」のなかに「資本主義」を把握するのである。

このようなものとして、『近代資本主義』初版におけるこれら「資本主義」「資本家的企業」「資本家的精神」という用語のもつ重要な意義は、その使用状況について見ても明らかである。

「資本主義 Kapitalismus」という用語は、若干の遺漏があるかもしれないが、第1巻において139回、第2巻において101回、合計240回もの使用頻度において使われている。なお、Kapitalismus 以外にも、イタリア語での capitalismo が2回使われているので、それも合わせると「資本主義」という用語は総計242回も使われていることになる。

また、「資本家的企業 kapitalistische Unternehmung」という用語は、第1巻において84回、第2巻において69回、合わせて153回も使われており、それと並んで、「資本家的企業家 kapitalistische Unternehmer」という用語を、第1巻で42回、第2巻で39回、合わせて81回も使っている。

したがって、「資本家的企業」と「資本家的企業家」との両者を合わせると、第1巻において126回、第2巻において108回、合計234回と、まさに「資本主義」という用語の使用頻度に匹敵するだけの回数の使用をおこなっている。

「資本家的精神 kapitalistische Geist」という用語は、意外に少なくて27回しか使用していない。だが、「資本主義」にとって「資本家的精神」のもつ

重要性については，ゾンバルトは明示的に強調しているところである。

　これらの「資本主義」用語の重要性については，『近代資本主義』初版における《事項索引》の掲載項目にも示されている。《事項索引》に掲載されている「資本主義」用語について見ると，「資本主義 Kapitalismus」という用語はもちろんのことであるが，それとともに，「資本家的 kapitalistisch」という資本主義的なものとしての規定的限定詞をつけた用語としては，「資本家的企業 kapitalistische Unternehmung」と「資本家的精神 kapitalistische Geist」との二つが掲載されているのみである。このことは，この『近代資本主義』初版のゾンバルトにおける資本主義把握にとって「資本主義」という用語とともに「資本家的企業」と「資本家的精神」という用語と概念の重要性を示すものである。

　それと対照的に，『近代資本主義』初版においては，マルクスの「資本主義」概念にとっての基本的用語たる「資本家的生産様式 kapitalistische Produktionsweise」はほとんど登場してこない。

　まず，『近代資本主義』初版の第１巻においては，「資本家的生産様式」という用語はまったく使われていない。

　このことは，第１巻においておこなわれている「資本主義」の定義においても，さらには，「資本主義」なる「概念の分析」におけるその基軸的要因たる客観的条件としての「資本」と主体的前提としての「資本家的精神」との析出やその検討においても，「資本家的生産様式」という用語と概念はまったく必要とされていない，ということを意味する。

　『近代資本主義』初版では，「資本家的生産様式」という用語は第２巻においてのみ，それも14回使われているだけである。

　しかも，この『近代資本主義』初版の第２巻において使われている「資本家的生産様式」という用語は，たとえば，「少なくともすでに初期資本主義の時期に資本主義の手に完全に帰しているところの，以前には手工業に適した生産の分野（鉱山業，皮革工業，織物工業，製鉄業の個々の分野）については度外視しても，手工業に適した活動の他の領域において，資本家的生産様式がすでに採用されはじめ，手工業の状態はほとんど危険に瀕している」

[*Ibid.*, 2 Bd., S. 20]とか,「われわれは,資本家的生産様式の優越の説明に役立つ一連の重要な理由を瞥見する。それはより安価に生産する。というのは,それは多くの場合,より安価な労働力を使っているからである」[*Ibid.*, S. 503]といったかたちで,「資本主義」のたんなる生産領域における事態として使われているにすぎないものである。

ついでながら,「資本家的生産 kapitalistische Produktion」という用語も,第1巻において3回,第2巻で9回,合計しても12回しか使われていない。

マルクスの場合には,なによりもまず,近代社会特有の規定的要因をとらえるものとして,経済的諸関係にとっての基礎をなす《生産》に焦点を向けながら,生産様式の特殊歴史的な近代的形態をとらえて,それを「資本家的生産様式」という用語によって表現して近代社会の経済構造把握をおこなっているのであるが,それにたいして,『近代資本主義』初版におけるゾンバルトの「資本主義」概念においては,「手工業」企業との対比におけるものとして資本家的《企業》の特徴をとらえて「資本主義」の規定的内容としているのである。

ここに,ゾンバルトの『近代資本主義』における「資本主義」把握の原点を見ることができる。

このような『近代資本主義』初版におけるゾンバルトの「資本主義」概念には,二つの大きな特徴点がある。

その一つは,「資本主義」の基軸的要因を,近代社会特有の歴史的規定性をもつ生産形態としての資本＝賃労働関係においてではなくて,生産的基礎とかかわりなしに価値増殖を目的とした《企業》活動においてとらえられている,ということである。

もう一つは,この「資本主義」概念においては,「資本主義」は企業家の「資本家的精神」という精神の起動的規定性による創造物とされることになっている,ということである。

ゾンバルト自身,このような「資本主義」という用語の使用と,先導的創造性をもったものとしての「資本家的精神」については,ともにみずからの積極的提示によるものであると自負しているところである。

だが，そのような《生産》における資本＝賃労働関係をぬきにした「資本主義」用語の使用と，「資本家的精神」という人間精神による資本主義にたいする創造性とは，ゾンバルトの「資本主義」概念にとっての難点をなすものである。

ソンバルト自身，すでに1896年に『19世紀における社会主義と社会運動』において労働運動と社会主義について積極的に取り組んだにもかかわらず，『近代資本主義』初版における「資本主義」概念の定義においては，近代社会に特有の生産構造における資本＝賃労働関係に目を向けないで，もっぱら「資本家的企業家」の「資本家的精神」の発動によって形成される「資本家的企業」の活動に焦点をあてて，「資本主義」把握をおこなっているのである。

そして，そのような資本＝賃労働関係の看過ということは，「資本家的生産様式」という用語をほとんど使わなくなったこととも関連しているところである。

## IV 「資本主義」概念の転換

### 1 「資本家的企業家」論文

ゾンバルトは，1902年に『近代資本主義』の初版を出してのち，1911年には『ユダヤ人と経済生活』を，1913年には『奢侈と資本主義』『戦争と資本主義』『ブルジョア：近代経済人の精神史』といった大著を，次々に出している。

これらの著作は，いずれも「『近代資本主義』改訂のために試みた経済史研究の成果」であって，その点について『ユダヤ人と経済生活』の序文では次のように述べている。

「わたしは拙著『近代資本主義』を全面的に書き改めようとしていたとき，偶然ユダヤ人問題にめぐりあった。そのとき，重要だったのはなかでも「資本家的精神」の起源に通ずる思考の歩みを一層深めてゆくことであっ

た。ピューリタニズムと資本主義とのあいだの関連についてのマックス・ウェーバーの研究によって，わたしは当然のことながら，宗教の経済生活への影響を，これまで以上にくわしく探求せねばならなくなった。そしてそのさいわたしは，まずはじめに，ユダヤ人問題にめぐりあった。なぜならウェーバーの研究をくわしく調べたところわかったのだが，資本家的精神の形成にとって実際に意味があったように思われるピューリタンの教義の構成要素のすべてが，ユダヤ教の理念圏からの借り物であったからである。」[Sombart, 1911, S. v. 邦訳, 9ページ]

さらに，『贅沢と資本主義』においては次のように言う。「わたしが刊行しようとしている諸研究は，『近代資本主義』改訂のために試みた経済史研究の成果である。……わたしは先年出版した『ユダヤ人と経済生活』によって，これらの研究刊行の口火をきった。……ところで，いま刊行しようとするわたしの研究のいわば第二弾では，近代資本主義の形成にあたって，他の二柱の神が演じた役割を指摘したいと思う。／その第2の版は「戦争と資本主義」を扱ったものである。その第1の版は「贅沢と資本主義」を取りあげたものであるが，しかし，本書の内容をなすこの前半部分は，「恋愛と贅沢と資本主義」と題してしかるべきものである……」[Sombart, 1913a, S. v-vi. 邦訳, 2000, iv-vページ]と。

これらの著書をつうじて，ゾンバルトは，「近代資本主義の形成」にあたって大きな役割を演じた「ユダヤ人」「贅沢」「戦争」等について取りあげ，「ブルジョア」としての「近代経済人の精神」すなわち「資本家的精神」の生成を問題にしているのである。

ところで，そのような取り組みのなかで，ゾンバルトの「資本主義」概念に変化が生じている。

ゾンバルトは，『ユダヤ人と経済生活』において「資本主義」の新たな概念を提示するなかで，そこにおける「資本主義」という用語にわざわざ（注）をつけて，「ここでは抜粋のかたちでのみ取り扱ってきた対象の詳細な記述については，『社会科学と社会政策のためのアルヒーフ』第29巻に載せたわ

たしの論文「資本家的企業家」を参照してほしい」[Sombart, 1911, S. 462. 邦訳, 596ページ] と指示している。

さらにまた,『ブルジョア：近代経済人の精神史』においても，その第5章「企業精神の本質」という見出しにつけた（注）において,「この章で論じた問題を，わたしは最初に『社会科学と社会政策のためのアルヒーフ』第29巻（1909年）に載せたわたしの論文「資本家的企業家」で論述しておいた。そこで主張した見解を，わたしは現在いくつかの点で変えている」[Sombart, 1913c, S. 476-477. 邦訳, 482-483ページ] と指摘している。

このような指摘は，ゾンバルトの「資本主義」概念の歩みにとって，1909年の「資本家的企業家」と題されたこの論文が一つの画期をなすものであることを示している。

この「資本家的企業家 Der kapitalistische Unternehmer」と題された論文は，70ページほどのものであるが，Ⅰ「"資本主義"概念についての争論」，Ⅱ「"資本主義"概念の確定」，Ⅲ「資本家的動機づけとその客観化」，Ⅳ「営利理念の展開」，Ⅴ「経済の合理化」，Ⅵ「資本家的企業家の諸機能の相違」，Ⅶ「企業家と商人」，Ⅷ「企業家素質」，Ⅸ「"資本家的精神の分析と生成"」の九つの節からなっている。

そのⅡ「"資本主義"概念の確定」において，ゾンバルトは,「資本家的経済体制（この表現は資本主義と同義であるべきである）にとって特徴的なメルクマールは，次のごとくである」[Sombart, 1909, S. 693] として，次のような5点を挙げている。

1. 個別的あるいは私的経済的組織。経済生活の"重心"は，共同団体（民族，国民）が多くの点で包含するところの私的経済にある。……
2. 職業区分が個々の経済のあいだを支配している。個別経済は自己充足的ではないということ，すなわち，その全体的需要は空間的に個々の消費経済をカバーしていないということは，ある経済が消費するということは他の経済が生産するという方法で相互に向けられているということにほかならない。
3. 市場適合的（取引経済的）組織。……

4. 生産諸要因は一つの手のなかに結合していないで，いつでも社会のさまざまなグループによって体現されている。……その反対をなしているのは，手工業適合的な組織であって，そこにあっては，それぞれに市場のために労働する経済主体は，生産のあらゆる人的および物的必須物を装備している。
5. 人的生産要因たる"労働"もまた，人口の異なるグループを形成するところの，指導的（組織者的）労働と実行労働とが，もはや同一人物によってではなくて，いつでも異なる人物によって遂行されているというやり方で，分化されている。しかし，指導的（組織者的）労働は，必要な物的生産要因を我がものとしている人口グループの責務である。それゆえ，これが経済主体となる。彼らが経済運営のリスクを負い，彼らにとっての経済的動機をなすところのその利益は，生産の歩調や方向を決定する。[*Ibid.*, S. 693-695]

ここにおいて，ゾンバルトは，まず，「資本家的経済体制（この表現は資本主義と同義であるべきである）」と，「資本主義」は「資本家的経済体制」と同義であることを指摘する。

そして，そのような「資本主義」と同義の「資本家的経済体制」にとっての「特徴的なメルクマール」として，①私的経済，②個別経済の社会的相互連関，③市場経済関係，④生産諸要因の社会的分散（手工業との相違），⑤利益を動機とした指導的組織者的活動と実行労働との人的分離，の五つの点を挙げている。

ここで挙げられている五つのメルクマールは，『近代資本主義』初版において《企業》活動に焦点を絞った「資本家的企業」にもとづく「資本主義」概念と違って，「資本家的経済体制」なる「経済体制」のなかでの私的経済，社会的連関，市場経済，生産要因の社会的分散，企業家と労働者との人的分離といったかたちで，「資本主義」概念を社会的な体制における特徴的事態としてとらえるものとなっている。

そして，その最後のメルクマールにおいて，労働の二つの種類といったいささか未整理のかたちではあるが生産活動における資本＝賃労働関係が取り

あげられており，経済主体としての資本家的企業家の経済運営活動における利益追求動機もここに接合されている。

ここには，「資本家的経済体制」という社会的な概括概念における「資本主義」の特徴的メルクマールの確定へのステップが示されている。

ゾンバルトは，そのうえで，「資本主義」という用語について，それはいろいろな使い方をされてきたけれども，価値増殖をおこなう"資本"の優越性と支配力を表現するものとして，「われわれの経済体制」を表現するには適切な言葉であると，次のような積極的な評価と意義づけをおこなっている。

「資本主義という言葉は，それによって特徴が示されている経済体制の本質的特色を実際に上手に表現しているものであって，まったくうまく選び出されているものである。すなわち，資本の優越——というのは，われわれは，さしあたり大ざっぱに，経済的過程の開始と遂行のために必要な物的財産を，われわれの経済体制において"資本"として特徴づけたいと欲するからである。そこで，"支配する"とは，疑いもなく，その代理人（かならずしも所有者でなくて！）として，いつでもあらゆる場合に経済主体であるかぎりにおいてである。"資本"は，われわれにとって特徴づけられた組織結合の内部における全部の経済生活を，より深く，より広い意味において，全体の経済的挙動についての利益として指導的な立場をとり，それゆえ，大きく一般的な経済的目的について，支配するのである。資本の価値増殖努力を"資本家的"経済体制にとっての独特の推進力として，あらゆる経済的出来事について，その現実性からこの経済体制の特殊な特色を必然的な結果として導きだす，ということを語ることが認められる。その結果，さらに次のように言わなければならない。この経済体制の純粋な理念（Idee）は，推進力として作用するところの，生産が基盤のために役立つ物的財産すなわち資本の客観的な価値増殖努力を表現することになり，それゆえ，それはまったく正当に資本主義と呼ばれることになる。」[*Ibid.*, S. 696-697]

そして，そのうえで，ゾンバルトは，「資本家的企業」については，次の節Ⅲ「資本家的動機づけとその客観化」において，「資本家的経済体制の"細胞"は資本家的企業である。資本家的企業のなかに資本家的経済の活動のための推進力が届いているため，それからあらゆる生活が生じるのである」[*Ibid.*, S. 698]と，『近代資本主義』初版では「資本主義」そのものとしていた「資本家的企業」を，ここでは，そのものとしての「資本家的経済体制」ではなくて，「資本家的経済体制の"細胞"」であると「資本主義」の構成要因とみなしているのである。

このような1909年の「資本家的企業家」論文における「資本主義」概念についての取り組みののち，ゾンバルトは，1911年の『ユダヤ人と経済生活』のなかでは，「資本主義」についての新しい概念規定を次のようにあたえている。

「資本主義とは，規則的な二つの異なる人口グループ──一方は生産手段の所有者で同時に指導的な労働に取り組み，他方は財産のないたんなる労働者──が協働して仕事をするような交易的経済組織のことをいう。しかも，"資本"の代理人（経済過程の開始と実行のために必要な物的財貨の蓄えの代理人）が経済主体である，というのは，経済の種類と方向を決定し，その結果についての責任を負っているからである。」[Sombart, 1911, S. 186. 邦訳，243-244ページ]

ここで打ちだされている「資本主義」概念は，『近代資本主義』初版における「資本主義」概念とは大きく異なっている。

『近代資本主義』初版の「資本主義」概念においては，利潤追求を目的とした「資本家的企業」において「資本主義」の規定的内容をとらえていたのにたいして，この『ユダヤ人と経済生活』における「資本主義」概念においては，生産手段の所有者としての資本の代理人と無産のたんなる労働者という二つの異なる階級の存在とその結びつきという資本＝賃労働関係が「資本主義」概念にとっての主たる内容とされ，それに「資本」の代理人が経済主

体であるという指摘が付け加えられているのである。

　ところで、ゾンバルトは、そのように社会体制的内容における新しい「資本主義」概念を打ちだしながらも、その指摘につづいて述べている「資本家的経済組織」の説明においては、せっかく新たな「資本主義」の定義において打ちだした資本＝賃労働関係についてではなくて、『近代資本主義』初版におけると同じようなかたちで、「資本家的企業」にとっての特別の性質をなすものとしての「営利理念」を「資本家的経済組織」を支配する理念としているのである。

　「すべての経済的な出来事にたいする資本家的経済組織にとっての固有な起動力は、個々の資本家的企業家にたいして客観的に強制力として立ち向かい、彼らの行動をまったく決まった進路に強制するところの、資本の活用努力である。このことを次のようにも表現できる。資本家的経済体制を支配する理念は営利理念である、と。／資本家的経済のこの最高目的と、そして、それがおこなわれている外的な条件から、いまやおのずから資本家的企業の枠内で演じられるこの経営の特別のやり方が生じ、それゆえ資本家的企業の特別な性質が生じる。／経営のたえざる拡張に向けての動因をあたえるところの、組織的な収益達成へ向けられる経済管理から、たやすく、経済的な態度の最高に合理的な方法へのすべての商売の意識的な遂行が生じてくることになる。」[*Ibid.*, S. 186. 邦訳、243-244ページ]

　このように、ゾンバルトは、資本＝賃労働関係を中心的内容とした「資本主義」概念を新しく打ちだしながら、それを生かすことなしに、「資本家的経済組織にとっての固有な起動力」であり、「資本家的経済体制を支配する理念」は「営利理念」であると、「資本主義」の規定的内容を「資本家的企業の特別の性質」に絞りこんでいるのである。

　そして、そのような観点から、ゾンバルトは、この『ユダヤ人と経済生活』の全体において、「資本主義」の起動的要因としての企業家の「資本家的精神」とユダヤ人との関連を、さまざまなかたちで論究しているのである。

## 2　『近代資本主義』第2版

　ゾンバルトは，初版をほぼ全面的に書き変えた『近代資本主義』第2版として，2巻4冊，総ページ2140ページを超える大著[4]を，1916年に出している。

　ゾンバルトは，初版では，「資本主義」を「手工業」との対比という基本的観点から取りあげていたのにたいして，第2版においては，ヨーロッパの歴史的発展における「経済時代」ならびに社会構造的な「経済体制」という観点から，「資本主義」について取りあげている。

　そのことは，第2版において，『近代資本主義』の書名そのものに，「端初より現代にいたる全ヨーロッパ経済生活の歴史的体系的叙述」という副題が付けられているところにも，示されている。

　ゾンバルトは，「第2版への序」において第2版と初版との相違について述べるなかで，「素材的には新しい版はいちじるしく拡大された。初版は歴史的断片を含むにすぎなかったが，この新しい版はヨーロッパ諸国民の経済的発展全体の描写をあたえようとする。それゆえ，今度は，わたしは，カロリング王朝時代をもって叙述をおこし，初版ではほとんど顧みられなかった初期資本主義の時代，したがって，ことに16, 17および18世紀の時代をつうじて現在にいたるまでを，とくに詳細に取り扱う」[Sombart, 1916, S. XI-XII, 邦訳, 1942-43, 第2版への序, 2ページ] と指摘している。

　そのように，『近代資本主義』第2版の叙述の対象は，時期的には，ゲルマンの民族大移動が終わってのち，ヨーロッパ諸国民がみずからの経済生活の基礎を確定して新たな成長を開始する時期たる8世紀から，執筆時点たる20世紀にいたるまでで，1000年以上にわたるものである。

　しかも，そこにおいて，ゾンバルトは，「経済体制」とそれに対応する「経済時代」という基本概念によって把握していこうとする。

　ゾンバルトは，「国民経済学の中心概念は経済体制の概念である」として，「経済体制」把握をおこなう必要を強調する。

　「国民経済学の中心概念は経済体制の概念である。これをもってわたしの

意味するものは，一定に性質づけられた経済の仕方，すなわち，それのうちで一定の経済意志が支配し一定の技術が応用されるところの，経済生活の一定の組織である。経済体制の概念において，経済生活の歴史的に制約された特性は一つの概念的統一にまで総括されるのである。その他の国民経済学的諸概念はすべてこの上位概念または基礎概念にもとづいて整理されるべきである。」[*Ibid.*, S. 21-22. 邦訳, 26ページ]

そして，そのような「経済体制」概念に対応する「経済時代」把握を組み合わせて，包括的な歴史的社会的把握をおこなうべきである，とするのである。

「実証的経験的考察方法において経済体制の概念に対応する概念は経済時代の概念である。わたしのいう経済時代の意味は，それにおいて一定の経済体制が，またより正確にいえば一定の経済体制に適応せる経済の仕方が支配的だったところの，歴史上の一期間という意味である。」[*Ibid.*, S. 22. 邦訳, 27ページ]

そして，『近代資本主義』第2版においては，自給自足経済時代，手工業時代と呼ばれるべき「経済時代」とそれにつづく資本家的経済体制が支配的である資本主義時代があり，それらはそれぞれの「経済体制」に対応するものとされている。

だが，これらの経済時代と経済時代とのあいだには，いくつかの経済体制の交代が示されるところの過渡時代，いわば混合的な経済時代があることになる。これらの過渡的な混合時代にあっては，かつては支配的だった古い経済体制が次第に消滅していく一方，新たな経済体制が次第に姿をあらわして，その支配を拡大していくことになる。かかる過渡時代は，古い経済体制から見ればその末期であり，新しい経済体制から見ればその初期である。

そのようなものとして，初期資本主義時代は，「資本主義」がより古い経済体制と並んで歴史上にあらわれており，内包的な萌芽状態から完成姿態に

まで成熟し,外延的には,部門的にも地域的にも支配的となるまでに発展する時代である。初期資本主義時代の始期を決定する現実的指標は,すくなくともある程度の大量現象としての資本家的企業の出現であり,そして,その初期資本主義時代の終期として高度資本主義時代の始期を示すものは,資本主義に特有な諸相の完成的形態の大量出現である。

全ヨーロッパについて見ると,初期資本主義時代は,13世紀中葉から19世紀中葉にいたるまでの時期とされている。

そのようなものとして,『近代資本主義』第2版の第1巻において「資本主義の歴史的基礎」として叙述される歴史的諸現象は,主として初期資本主義時代における資本主義の発展を可能ならしめた前提条件と事態を示すものであり,そして,第2巻においては,「初期資本主義時代,とくに16, 17, 18世紀におけるヨーロッパの経済生活」が取りあげられる。

そして,近代資本主義がその完全な理念的展開によって支配的な経済体制となりはじめた1760年から,老衰の徴候を示しはじめる1914年までの,150年にわたる資本主義の時代は,第3巻における「高度資本主義」の考察において取りあげられることになる。

そのようなものとして,『近代資本主義』第2版の第1巻と第2巻との構成は次のごとくである。


   第1巻
序　説
第1部　前資本家的経済
  第1篇　〔タイトルなし〕
  第2篇　自給経済の時代
  第3篇　過渡時代
  第4篇　手工業経済の時代
第2部　近代資本主義の歴史的基礎
  第1篇　資本主義の本質と生成
  第2篇　国家

第3篇　技術
第4篇　貴金属生産
第5篇　市民的富の成立
第6篇　財貨需要の新形成
第7篇　労働力の調達
第8篇　企業家層の生成

　　第2巻　初期資本主義時代，とくに16, 17, 18世紀におけるヨーロッパ
　　　の経済生活
序　説　初期資本主義時代の概観
第1主篇　経済遂行の精神と形態
第2主篇　市場
第3主篇　交通制度
第4主篇　財貨の販売
第5主篇　財貨の生産
第6主篇　国民経済の総過程
結　論　資本家的発展の抑制

　このように，第2版の第1巻では，その第1部「前資本家的経済」において，「自給経済の時代」「過渡時代」「手工業経済の時代」という歴史的に変遷する「経済時代」が取り扱われたうえで，つづいて，第2部「近代資本主義の歴史的基礎」において，初期資本主義の時代における「資本主義」の生成が取りあげられているのである。
　ところで，この第2版においては，「資本主義」概念は次のようなものとされている。

　「われわれは資本主義を次のごとく特徴づけられた一定の経済体制と考える。それは，秩序的に，二つの異なる人口群が，すなわち生産手段の所有者であり同時に指揮権をも有している経済主体である人たちと，無所有のたんなる労働者（経済客体としての）とが，市場によって結合されて，協

働し（zusammenwirken），そして，営利原則と経済的合理主義とによって支配されているところの，一つの流通経済的組織である。」[*Ibid.*, S. 319. 邦訳, 466ページ]

このゾンバルトの『近代資本主義』第2版における「資本主義」概念は，さきに見た『ユダヤ人と経済生活』において打ちだされた新しい「資本主義」概念と基本的に同じものである。

すでに見た『ユダヤ人と経済生活』の「資本主義」概念においても述べたように，この「資本主義」概念は『近代資本主義』初版の「資本主義」概念とはかなり大きな違いをもつものである。

その違いを要約的に示すならば，次のごとくである。

初版の「資本主義」概念は，つぎのような特徴をもっていた。
(1) 「手工業」との対比における《企業》形態についての概念として確定。
(2) 価値増殖を目的とした「資本家的企業」を基軸とした把握。
(3) 営利原理にもとづく「資本家的精神」を先導的な規定因としての「資本主義」の形成。

それにたいして，第2版における「資本主義」概念の特徴はつぎのごとくである。
(1) 《企業》ではなくて《経済体制》における概念。
(2) 国民経済の総過程としての社会的関係における把握。
(3) 基本的内容としての資本＝賃労働関係。
(4) 営利主義と経済合理主義による支配。

そして，この『近代資本主義』第2版における資本主義の定義のなかでは，「資本家的企業」については言及されていない。しかし，そのあとで，定義とは別に，「資本家的経済体制の経済形態は資本家的企業である」と，「資本家的企業」は「資本家的経済体制の経済形態」として位置づけられているのである。

ところで，初版においては「資本主義」は「手工業」と対比的なものとされていたのにたいして，第2版においては，「手工業」と「資本主義」との

関係については，共通性と対比性とが重なりあうものとして，次のようなかたちでとらえられている。

「個別経済または私経済，個々の経済のあいだの職業分化および市場的結合がそれに属するところの流通経済的組織を，資本主義は手工業と共通にもつ。資本主義を手工業から形態的に区別するものは，指揮する労働者と実行する労働者という二つの構成部分への人的生産要因の社会的分化であり，そして同時にこの二つの部分は生産手段の所有者および技術的なたんなる労働者として対立するものであり，市場によって生産工程における必要な結合をなさしめられねばならないものである。／支配的経済原理は営利主義と経済的合理主義である。それは自給経済と手工業とに魂を吹き込んだ欲望充足の原理と伝統主義とに代わってあらわれる。／営利主義の特質は，その支配のもとでは経済することの直接目的はもはや生ける人間の欲望充足ではなく，もっぱら貨幣額の増殖である，ということに表明される。この目的措定は資本家的組織の理念に内在的なものである。したがって利潤の追求（すなわち経済活動による基本額の増殖）を資本家的経済の客観的目的ということができ，それとは（殊に発展した資本家的経済にあっては）個々の経済主体の主観的目的措定は必ずしも一致する必要はないのである。」[*Ibid.*, S. 319-320. 邦訳, 466-467ページ]

すなわち，この第2版においては，「手工業」と「資本主義」とは，個別の私経済としての企業が市場的な流通経済的組織に属するという点と，職業分化がある点では，共通性をもつものであるとする。

そして，「手工業」と「資本主義」とが区別される相違点としては，まず第1に，「資本主義」における指揮労働者と実行労働者との社会的分化と結合という資本＝賃労働関係を挙げ，そのうえで，さらに第2点として，「手工業」の欲望充足原理にたいして「資本主義」の支配的原理は営利主義であること，第3点として「手工業」の伝統主義にたいして「資本主義」では経済合理主義と計算ならびに計画性の支配という，初版で指摘していた違いを

挙げているのである。

　ここにおいては,『近代資本主義』初版における「手工業」との対比におけるものとしての「資本主義」概念の把握と違って, 第2版における新しい「資本主義」概念にもとづいた「手工業」との共通点と相違点を示す, という把握が示されている。

## V 「資本主義」概念をめぐる諸問題

### 1 「資本家的精神」の先行性

　経済体制の構想において, ゾンバルトは, なによりも精神の優位を主張する。それぞれ一定の時代を支配したところの精神こそが, その時代の経済生活を形成するものであるとし, 出発点となる精神を探求してその影響力を明らかにすることが, ゾンバルトの『近代資本主義』の目標となっている。

　そのことについて, ゾンバルトは,『近代資本主義』第2版においても, 次のように強調している。

　「わたしが熱心に努めたのは, すべての生きた経済を結合している「精神的紐帯」を, わたしの研究において破壊しないで, むしろその一切を総括する力においてこれを示したことである。それゆえに, なによりもまず第1にわたしが努力したのは, それぞれ一定の経済時代を支配したところの精神, この時代における経済生活がそれから出発して形成されたところの精神を探求し, その影響力を追求することであった。異なる時代にはそれぞれ異なる経済意志が支配したということ, そしてみずから自己にふさわしい形態をあたえ, これによって経済的組織を作りあげるものは精神であるということ, これが本書の基本思想である。この基本的視界は, すでに本書の初版において見いだされるものであるが, なおいっそう明瞭に示され, わたしのすべての叙述の指導的観念とされた。」[Sombart, 1916., S. 24-25. 邦訳, 1942-43, 30ページ]

「資本家的精神」は「資本主義」という新しい客観的な経済体制を作りだす先行的な創造的要因であるというゾンバルトの見解は，唯物史観に対抗して人間精神の自立性と創造性を強調しようとしたものである。

だが，そうだとすると，そのような「資本家的精神」という人間意識は，現実的事態における資本主義的経済諸関係が出現する以前に，「資本主義」とは別個の独立した存在として生みだされていなければならないことになる。

そこにおいては，「資本家的精神」と「資本主義」とは，それが別個の存在であることによって，はじめて創造・被創造の関係が成り立つことになるのである。

そのことを，ゾンバルトは，『ブルジョア：近代経済人の精神史』において，次のように問題にしている。

「資本家的精神」がもし「資本主義」の一部であるとすると，そのような一体的な事物の内部要因の場合は，たとえば「人間の魂は人間から発生したのか？ それとも後者は前者から発生したのか？」といった問題と同様に，原因・結果関係をとらえることはできない。

したがって，「資本家的精神」と「資本主義」とにおける原因・結果関係をとらえようとするこの問題は，「資本家的「精神」が作用する，あるいは作用を受ける自立する存在としてあらわれる，という形式のなかに持ちこまれなければならない」。そこで，一方では，「資本家的経済組織の要素」たる「すべての組織的なもの，外部の人間とのあいだのすべての関係，すべての客体化された秩序，すべての制度上の設備，たとえば工場施設，簿記制度，取引関係，金融組織，賃金関係など」を「資本家的企業家の魂の外部に存在しているもの」として自立させて，そのような自立的な「資本家的経済組織」を「資本主義」として理解し，他方では，「生きている人間のうちに存在するか，あるいは根を下ろしている資本家的「精神」を，時間的，空間的に分離されている現象と考えてこれを独立させ，現実に「資本主義」と対立させることができる」ものとする。そうすることによって，「このような方式で独立した資本家的精神は，（理論的には）他のもろもろの現象の総体にたいし，原因あるいは結果の関係に立つことができる」のである，とするのであ

る [Sombart, 1913c, S. 441-442, 邦訳, 453-454ページ]。

そして、そのような自立した「資本家的精神」と「資本主義」との関係をとらえてみるならば、次のことが明らかになる、という。

> 「資本家的精神は、資本家的組織（よく理解してもらいたいが、他の組織ではなく、この精神が住みついている組織のことである）の創造者なのか？ それとも資本家的精神は資本家的組織から発生したのか？ 疑問をこのように正確に出すことは、すでにこれが回答されていることを意味する。なんとしても組織は人間が作ったものである以上、組織を生みだした人間と人間の精神は、以前から存在していたことになる。作用されたものは、作用するものに先行できない。資本家的組織は、資本家的精神を生みだせない。なぜなら、もしこの仮説を受け入れるとすれば、ただちに、そもそも何が資本家的組織の誕生を促したのかという疑問を提出しなければならないからである。／……すくなくとも、資本家的原精神は、資本主義そのもの以外の源泉から流出したにちがいない。」[*Ibid.*, S. 443-444. 邦訳, 454-456ページ]

このようなかたちで、ゾンバルトは、自立的で創造的な要因としての「資本家的精神」と、それによって生みだされる現実的実在としての「資本主義」という関係が確定されることになる、とするのである。

だが、そうなると、そのようなゾンバルトのいう自立的な創造的要因としての「資本家的精神」と呼ばれる人間精神は、客観的な現実的事態としての「資本主義」が生みだされる前に、何によって形成されるものであるのか。このことが問題となってくる。

その場合、「資本家的精神」は、それ以前の客観的な非「資本主義」的経済組織によって生みだされることはありえない。だからして、「資本家的精神」は、「資本家的精神」生成以前に存在するなんらかの人間精神を源流として生みだされるものとならざるをえないことになる。

そのような「資本家的精神」を生みだす人間精神の源流を求めて、ゾンバ

ルトは探索と検証の旅へと彷徨せざるをえないことになる。

　しかも、ゾンバルトは、『ブルジョア：近代経済人の精神史』においては、「資本家的精神」そのものについて、「資本家的精神を支え発展させてきた個々の要素〔は〕……その一つが企業精神、もう一つが市民精神であるが、両者が合体してはじめて資本家的精神が作られるのだ。この二つの要素自体がそれぞれ複合した性質をもっている。企業精神は金銭欲、冒険欲、発明の精神その他もろもろの総合であり、他方、市民精神は、計算高いこと、熟考すること、理性的、経済的傾向をもつことなどからなっている。すなわち、資本家的精神の多彩な織物のなかで、市民精神は木綿の横糸を、そして企業精神は絹の縦糸を形づくっていることになる」[*Ibid.*, S. 24. 邦訳、33ページ] と、「資本家的精神」は「企業精神」と「市民精神」との合体によって作りだされた精神であるとしているのである。

　そこから、ゾンバルトは、「資本家的精神」をもたらした源泉について、「企業精神」における「金銭欲、冒険欲、発明の精神」を生みだしたものとして、海賊、封建領主、国家官僚、投機家、商人、手工業者を取りあげ、そして、「市民精神」を生みだしたものとして、「市民」の「聖なる経済性」と「実業道徳」および「計算能力」として「商人的な計算」と「簿記」を取りあげている。そして、さらに「宗教」としての「カトリック」「プロテスタント」「ユダヤ教」とについて、それぞれなりの「資本家的精神」との関連を検討している。

　このように雑多な「資本家的精神」発生原因の並列については、ゾンバルト自身、「みなさんが不満をつのらせるらしいのは、わたしが資本家的精神発生に責任ありとした原因があまりにも多様なことである」[*Ibid.*, S. 458. 邦訳、468ページ] と述べているほどである。

　ところで、このようなゾンバルトの「資本家的精神」による「資本主義」形成論についてみるとき、問題になるのは、形成される「資本主義」そのものの規定的内容が『近代資本主義』初版の場合と第2版とでは異なっているということである。

　すなわち、「資本家的精神」によっていかにして「資本主義」が形成され

るかという問題に取り組もうとすると、ゾンバルトの場合、『近代資本主義』の初版の場合と第2版の場合とで、形成される「資本主義」の内容が異なるものとなっているのである。

しかも、「資本家的精神」による「資本主義」の形成ということについては、初版の「資本主義」概念の場合でも、第2版の「資本主義」概念の場合においても、難点がある。

まず、初版の「資本主義」概念の場合について見てみよう。

ゾンバルトは、初版の「資本主義」概念においては、「資本主義とは、その特有の経済形態が資本家的企業であるところの経済様式のことをいう」としているのであって、「資本主義」というものの基本的要因は「資本家的企業」そのものとみなしている。そして、そこにおける「資本家的精神」とは、「企業」において利潤の獲得をめざすという「資本家的企業家」の意識のことである。

そうすると、初版の場合の「資本家的精神」と「資本主義」との関係とは、《企業》という一つの事物における「資本家的企業家」の意識と「資本家的企業」組織との関係にほかならないものである。

《資本家的企業》における「企業家意識」と「企業」組織とは、まったく一体の関係にあるものである。「企業」組織なしには「企業家」の「意識」はありえないし、逆に、「企業家」のいない「企業」組織もありえない。「資本家的企業家意識」も、「資本家的企業」組織も、別個に離れて自立して存在する要因ではないものである。

ゾンバルトは、「資本主義」を企業家の魂の外部に存在する資本家的経済組織という客体化された制度としてとらえ、「資本家的精神」を経済組織と分離した存在としての人間の精神としてとらえることによって、両者を分離された別個の要因とみなし、それによって、自立した「資本家的精神」が近代社会の経済体制としての「資本主義」を生みだす、としているのである。

だが、『近代資本主義』初版の「資本主義」概念の場合においては、「資本家的精神」としての「企業家」の精神と、「資本主義」の基本的要因たる「資本家的企業」組織とは、一体的な《資本家的企業》における存在であっ

て，制度と人間精神といったかたちで分離できる自立的な要因として存在するものではない。

　それはまさに，ゾンバルト自身が「原因・結果関係をとらえることができない」とみなした「人間の魂」と「人間」との関係のように，一体的な事物にとっての不可分な要因にほかならないものである。

　したがって，このような企業家の「資本家的精神」と「資本家的企業」との関係の場合においては，創造者と被創造物というかたちでのゾンバルトの問題提示そのものが誤っている，といわざるをえない。

　そこにおいては，「魂をもった人間」の生成の場合と同様に，いかなる現実的な歴史的事態のもとで，「資本家的精神」をもった企業家によって動かされる「資本家的企業」が，いかにして新しく形成されることになるのかというかたちで問題を提示して，その解明をおこなうことが必要なのである。

　もちろん，《企業》という一体のものにおける「資本家的企業家」意識と「資本家的企業」組織との関係について見るならば，「企業家」が「資本家的精神」によって「企業」組織は収益をめざす資本家的活動をおこなうことになるものであって，そのかぎりにおいては「資本家的企業家」の精神の主体的な積極的能動性は認められるところである。

　だが，それは別個の事物における先行と後続の関係ではなくて，一体的な事物としての《企業》における「企業家」の決意と意志による「企業」行動の展開としての「企業家」の「精神」の能動的役割である。

　そこにおいては，収益をめざすという経済活動をおこなう「資本家的企業」のなかにのみ，「資本家的精神」は発生し，そして，存在することができるものである。

　しかも，そこにおいて「企業家」が収益をめざすという「資本家的精神」と呼ばれる新しい「精神」をもつようになるのは，客観的な現実の事態とは無関係に，たんなる主観的な人間精神の源流からの合成によって生みだされる，というものではない。

　主体的な積極的能動性をもった「企業家」の「資本家的精神」もまた，一定の客観的な状況のもとで「企業家」という人間において形成されるもので

あって，それは「企業」の現実的な活動としての資本家的な活動のなかにおいてのみ成立するものである。

「精神」がいくら積極的能動性をもっていても，客観的現実状況が存在しないところでは，精神は新たな事物を現実的に創造することはできない。企業家が「資本家的精神」によって価値増殖をおこなう決意をして企業活動をしさえすれば，その企業は利潤の獲得ができる「資本家的企業」になる，というものではない。

現実的には，企業が価値増殖をおこなうことができる客観的な事態としての経済的な社会的条件の出現こそ，企業者の「資本家的精神」を生みだし，企業が「資本家的企業」として形成されることになる状況をひきおこす基盤にほかならないものであって，そのような経済的状況は，企業家の主観的意志とはかかわりのない客観的な現実的経済状況として生みだされるものである。

商品・貨幣関係の一定の発展という客観的基盤のうえに，貨幣価値差額としての収益獲得の条件が存在するようになるなかで，利潤獲得をめざす企業が可能になる。そして，そのような基盤のうえにはじめて，企業者の価値増殖をめざす「資本家的精神」が目覚め，それにもとづく「資本家的企業」が形成されるようになるのである。

ところで，ここには，さらに問題がある。というのは，初版的な「資本主義」概念の場合には，近代的な資本＝賃労働の生産形態の基盤なしにでも，利潤獲得をめざす企業が形成されるようになれば，古代であれ，中世であれ，そこには「資本主義」が見いだされるということになるのか，という問題である。

## 2 「資本主義」と資本＝賃労働関係

ゾンバルトの「資本主義」概念は，『近代資本主義』第2版においては，初版におけるものとは異なっている。

第2版の「資本主義」概念についてもすでに見てきたところであるが，あらためて示すならば，それは「われわれは資本主義を次のごとく特徴づけら

れた一定の経済体制と考える。それは，秩序的に，二つの異なる人口群が，すなわち生産手段の所有者であり同時に指揮権をも有している経済主体である人たちと，無所有のたんなる労働者（経済客体としての）とが，市場によって結合されて，協働し，そして，営利原則と経済的合理主義とによって支配されているところの，一つの流通経済的組織である」というものである。

このように，第2版の「資本主義」概念は，《経済体制》の一定のあり方を示すものとして，その基本的内容としては「生産手段の所有者であり同時に指揮権をも有している経済主体である人たちと，無所有のたんなる労働者」とによる資本＝賃労働関係としてとらえられ，それに「営利原則と経済的合理主義」による支配という特徴が付け加えられているのである。

ゾンバルトは，ここにおいては，初版の「資本主義」概念の基本的内容とされていた「資本家的企業」ではなくて，近代社会の社会問題をもたらしている資本＝賃労働関係をもって「資本主義」概念の基本的内容としているのである。

このような第2版の「資本主義」概念の場合には，「資本家的精神」による「資本主義」の生成というゾンバルトの見解はどうなるのか。

第2版の「資本主義」概念の場合には，「資本主義」の形成のためには，なによりもまず，経済活動をおこなう社会構成員が，生産手段の所有者と無所有の労働者との二つの階級に分断されて，そのうえに，資本＝賃労働の社会的階級構造が生みだされるという経済構造になることが必要である。

すなわち，「資本主義」が形成されるということは，この場合には，よりくわしくいえば，生産手段の所有の社会的分断構造が生みだされて，社会構成員の多くは生産手段を剥奪された無所有者となり，社会の一部の人たちだけが社会の生産手段を排他的に所有することになって，そこにおいて形成された無産の労働者が生産手段の所有者と市場において雇用契約関係を取り結んで，工場や事務所などの現場において「営利原則と経済合理主義」にもとづく生産手段所有者の指揮のもとに経済活動をおこなうことになる，というものである。

そうだとすると，「資本家的精神」が「資本主義」を生みだすということ

は，第2版の場合においては，「資本家的精神」を起動因として，いかにして社会構造において生産手段の所有・非所有による社会的分断構造がひきおこされるのか，そして，無産の労働者が生産手段所有者と市場で雇用契約を結ぶようになり，そのうえで，資本家の指揮のもとに労働者は労働するようになって，企業は利潤を獲得することになるのか，ということを明らかにすることが必要になってくる。

しかしながら，そのような資本＝賃労働関係を主軸的内容とした「資本主義」を「資本家的精神」がいかにして生みだすことになるのか，ゾンバルトは示していない。

『近代資本主義』第2版では，資本主義の生成については，第1巻第2部「近代資本主義の歴史的基礎」の第20章「資本主義の生成」において取りあげられている。

そこでは，「資本主義」がそこから出発しそのうえにみずからを築きあげる基礎的基盤ないしは諸条件が，次のように指摘されている。

まずはじめに，「資本主義への意思を新たな精神の一構成要素として前提するならば，国家，技術および貴金属生産は，いわば資本家的発展の基本的条件である」[Sombart, 1916, S. 332. 邦訳，1942-43, 482ページ]として，①国家と，②技術と，③貴金属の生産とが，資本主義生成にとっての基盤として取りあげられる。

そして，そのうえで，資本家的発展に促進的に作用するところの諸条件として，④市民的富の成立，⑤財貨需要の新形成，⑥労働力の調達，⑦企業家層の生成が，挙げられているのである。

そのように，ゾンバルトは，まず，国家，技術および貴金属生産の協働によって，資本主義の必然的予備条件としての「市民的富の発生が可能ならしめ」られて，資本の形成が容易にされ，支出基金が創出され，この支出基金は財貨需要の新形成において重要な役割を演じて，資本主義が必要とする大規模な販売の可能性があたえられることになる，とする。

そして，そのうえで，「労働力の調達が，技術の影響のもとに，大部分は直接または間接に国家の媒介によっておこなわれるようにな」り，さらに，

「企業者層において，すべての個々に分解された要素を資本主義経済の世界にまで組み立てる諸力が生きてくる」[Ibid., S. 332-333. 邦訳, 482-484ページ] とするのである。

そのように，ゾンバルトにとっては，近代的労働者の生成と資本家的企業によるその調達，ならびに，資本家的企業家層の形成は，「近代資本主義の歴史的基礎」にとっての最優先的事項としてではなくて，七つの項目のうちの6番目と7番目とにおいて取りあげられているにすぎないものである。

しかも，その順位が低いだけではない。ゾンバルトは，第7篇「労働力の調達」において，大衆的窮乏化による近代的労働者階級の形成と，資本家的企業家による雇用については，それを次のようなものとしてとらえている。

「適当な労働力が十分になくては，近代資本主義はありえない。それゆえ，"賃金労働者階級の成立"は資本家的経済の必須の条件を形成する。それはより詳しくは二つの種類の問題である。それは一面では，いつ，いかにして，なにゆえに，十分の量の無所有の人間（可能態としての賃金労働者）が成長してきたのかである。他面は，われわれが見るように，より重要な問題であって，いかにして企業家が，適性があって（geeignet）やる気のある（willig）労働力（現実態における賃金労働者）を調達したかである。この第2の問題は，重商主義段階における国家政策の一部をなすものである。」[Ibid., S. 785]

すなわち，ここにおいて，ゾンバルトは，「"賃金労働者階級の成立"は資本家的経済の必須の条件を形成する」とみなしながら，その内容として，①大衆的窮乏化による無産の労働者の形成と，②企業家による労働力の調達について取りあげているのであるが，それは次のようなものとしてである。

まず，近代的労働者の形成については，無所有の労働者階級の形成をひきおこす大衆の窮乏化の原因として，マルクスたちが指摘している，①囲い込み運動（エンクロージャー）と，②修道院の廃止について，それはイングランドにおいては一定程度妥当するが，それを過大評価してはならないとする。

そして，それ以外にも，③17世紀に相当の人口増加を示した過剰人口の形成，④独立的な農民や手工業者の漸次的な窮乏，⑤初期資本主義時代にしばしば発生し多数の手工業親方を破滅させた大規模な販路の停滞，⑥農奴の解放，⑦封建的家臣団の解体，⑧戦乱，⑨重税，等を考慮に入れなければならない，とするのである [Ibid., S. 792-798]。

このように，ゾンバルトは，無産のプロレタリアートを生みだして「資本主義」が必要とする労働者材料を準備したのは，さまざまな歴史的な諸要因に基因した大衆の窮乏化によるのであるとしているのであって，「資本家的精神」によって生みだされたものとはしていない。

すなわち，金銭欲，冒険欲，発明の精神等の「企業精神」と，計算高いこと，熟考すること，理性的，経済的傾向をもつものとしての「市民精神」とから成り立つ「資本家的精神」が，いかにして大衆の窮乏をひきおこし無産の労働者階級を生みだすかについては，まったく明らかにしていない。

しかも，さらに，企業による労働力の調達についても，ゾンバルトは，適性があってやる気のある労働者の企業家による調達は，絶対主義国家による重商主義的労働者政策が，「企業家の味方」として企業家に「豊富で勤勉で有用で低廉な」労働者層を供給することを政策の中心とし，法令による強制雇用や労働強制あるいは「救貧院」制度による労働力補給政策等によっておしすすめたものである，と指摘しているにすぎない。これまた「資本家的精神」によってひきおこされたものとはしていない。

このように，ゾンバルトは，近代社会における労働者の生産手段からの切り離しによる自由な労働者階級の形成についても，企業によるその雇用の歴史的形成についても，「利潤志向と経済合理主義」をめざす「資本家的精神」によるものとしてではなくて，さまざまな歴史的諸要因とそれぞれ異なるプロセスによって生みだされる事態である，としているのである。

さらに，ゾンバルトは，第1巻の終篇たる第8篇「資本家的企業家の生成」において取りあげている近代的な企業家層の形成についても，それを資本家的企業による賃金労働者の雇用による新しい生産形態の形成にかかわるものとしては取りあげていない。

そこにおいて，ゾンバルトは，近代的企業家層を次のような二つの部類に大きく区別している。
　すなわち，それは，一方では，政治権力にもとづいて企業活動をおこなった君主や官僚または領主たち，そして，他方では，政治権力をもつことなく市民仲間から出た企業者たちとである。そして，さらに，身分，階級，職業による区別とは別個に，その「特性」によるところの，異端者，異国人およびユダヤ人といった「資本家的精神」の源流をなすものとみなしているさまざまな諸要因・諸階層からも，資本家的企業者層の形成がおこなわれた，とみなしているのである。
　そこにおいては，無産の賃金労働者を雇用して新しい生産形態たる資本家的生産を組織し運営する近代的な資本家的企業家には焦点はあてられないで，利潤追求をめざしながら企業を計算高く組織する企業の形成にしか目が向けられていない。
　このように，ゾンバルトは，『近代資本主義』の第2版においても，「資本家的精神」によって生みだされる「資本主義」は，資本＝賃労働関係を基本的要因とした経済構造ではなくて，どうやら初版的な利潤追求をめざす「資本家的企業」における「企業家」の形成においてとらえているようである。
　そのことは，次のような「資本家的精神」による「資本主義」の出現についての指摘においても見られるところである。

　「人間はまず最初はその正常な経済活動の圏外で金や貨幣の獲得に努めるものであるがゆえに，この金および貨幣に対する貪欲が，さしあたりまず，そして長い時代をつうじて，経済生活のかたはらに根を下ろし，経済生活にはかかわりのない一連の諸現象を出現せしめる……。それはかの中世末および近世初頭の数世紀を特徴づける次の如きものの大量現象である。a 盗賊騎士，b 貨幣退蔵，c 錬金術，d 企画売り込み，e 高利貸し。／しかしやがてこの征服の精神は経済生活にも侵入し，それとともに資本主義が出現する。すなわち，驚くべき巧緻な方法で無限の追求のために，権力意志のために，企業精神のために，日常の生計配慮の領域においても，そし

てまさにこの領域においてこそ,特別に有効な活動舞台を提供するところの,あの経済体制が出現する。資本家的経済方法がかかる適性を有するのは,その支配のもとにあってはあらゆる目的定立の中心に立つものが,自己の自然的欲望をそなえた生きた人格ではなく,一つの抽象物,資本だからである。……／企業者精神が征服し利得せんとするものであれば,市民精神は秩序づけ保持せんとするものである。それは一連の徳性において表現され,すべてこれらの徳性は,よく整えられた資本家的家計を保証する行為が道徳的に善として妥当する,という点で一致する。したがって市民の誇りとなる諸徳性はなかんずく次の如きものである。曰く,勤勉,中庸,節約,採算,信義。企業精神と市民精神とからひとつの統一的全体にまで織りあわされた心意をかくてわれわれは資本家的精神と名づける。この精神が資本主義を創出したのである。」[*Ibid.*, Bd. 2, S. 328-329. 邦訳,第2巻,478-479ページ]

ゾンバルトは,『近代資本主義』第2版においては,初版とは異なる「資本主義」概念についての定義をあたえながら,それにともなって必要となる「資本主義」生成論については,初版で取り組んだ「資本家的精神」による「資本家的企業」生成論に固執しながら,「資本家的精神」の源流を求めて,国家,官僚,盗賊,冒険家,そして,市民,宗教,ユダヤ人,等々といった無差別で多様な人間精神の歴史的系譜をたどっているのである。

このような「資本家的精神」への固執は,ゾンバルトの基軸的主張である精神優位論にもとづくものであるが,それは,あるいは,研究仲間であり同時にライバルでもあったマックス・ウェーバーの『プロテスタンティズムの倫理と資本主義の精神』にたいする対抗意識ということもあったのかもしれない。

しかし,『近代資本主義』第2版で定義づけられた「資本主義」における近代社会の経済構造の基本的内容としての「資本主義」形成論を明らかにするためには,資本＝賃労働関係の形成がいかにしておこなわれるかを解明することが必要である。

だが，これがおこなわれたのは，マルクスによる本源的蓄積論においてである。

## 3　マルクスの資本主義形成論

ゾンバルトの『近代資本主義』初版における「資本家的精神」による「資本主義」の形成という見解は，すでに見てきたところからも明らかなように，基本的には，資本家的《企業家》のあり方に焦点をあてて「資本主義」の規定的内容をとらえたものである。

それにたいして，マルクスの場合は，近代社会特有の経済形態にとっての基礎的な規定的要因を《生産》のとる形態においてとらえ，それを基礎的要因として形成される「資本家的生産様式」のうえに，さまざまな意識の諸形態が生みだされることになる，とするものである。

マルクスは，1843年，近代社会の研究を開始するにあたって，「ヘーゲル国法論批判」などの初期3論文において，社会のあり方を規定するものは国家や人間精神などの意識的上部構造ではなくて現実生活における経済的基礎であるという唯物論的な社会構造論を確定し，さらに，『経済学・哲学草稿』における「疎外された労働」論や「労働」「利潤」「地代」の並記的検討による近代社会の3大階級分析をへたうえで，近代社会の社会的諸関係における特有の歴史的形態にとっての規定的要因の確定へと研究をすすめる。

そして，1845年，「フォイエルバッハにかんするテーゼ」において，「これまでのあらゆる唯物論（フォイエルバッハをも含めて）の主要欠陥は，対象，現実，感性がただ客体の，または観照の形式のもとでのみとらえられて，感性的人間的な活動，実践として主体的にとらえられないことである」[MEW-3, S. 5] と，実践（実験，政治的実践や産業活動など）における人間的活動の主体的な積極的能動性の把握の必要を強調する。

だが，それと同時に，「人間性は個人に内在する抽象物ではない。その現実性においてはそれは社会的諸関係の総体（アンサンブル）である」として，人間精神と現実生活とのあいだの規定関係については，意識が存在を規定するものではなくて，逆に存在が意識を規定するものであることを確認する。

そして，現実的な人間活動の把握にあたっての「社会的諸関係」「歴史的経過」「特定の社会形態」においてとらえることの重要性を明確にする。

そして，1845年から1846年にかけてエンゲルスとともに執筆した『ドイツ・イデオロギー』において，人間社会の歴史的発展過程と歴史的諸形態の把握のための社会観＝歴史観としての唯物史観を確立して，「生産様式」こそが社会的構造の基礎的規定要因であり，同時に，それこそが歴史的形態規定性をもったものとしての意義をもつものであるとしているのである。

「この歴史観は，……現実的な生産過程を，それも直接的な生（Leben）の物質的な生産から出発して，展開すること，そしてこの生産様式と連関しておりかつこれによって創出されるところの交通形態を，したがって，市民社会〔＝経済的下部構造〕を，それのさまざまな段階において，全歴史の基礎として把握し，そしてそれを国家としてのそれの営為においても叙述すること，また，意識のさまざまな理論的所産と形態のすべてを，つまり，宗教，哲学，道徳，等々を，それから説明し，そしてこれらのものの生成過程をそれからあとづけること，そうすれば，当然，そこではまた事象がその全体性において（そしてそれゆえにまた，これらさまざまな側面相互間の交互作用も）叙述されうる。」〔MEW-3, S. 37-38. 廣松渉編訳, 1974, 26ページ〕

そして，そのような社会総体にとっての規定的基礎をなすものとしての「生産様式」についての，近代社会に特有の特殊歴史的形態を，「資本家的生産様式 kapitalistische Produktionsweise」という用語でもって示したのである。

このような把握は，人類史の発展の大きな流れを，相異なる歴史的諸形態をとった「生産様式」の移り変わりにおいてとらえながら，そのなかでの近代社会特有の特殊的な歴史的形態を，「資本家的生産様式」においてとらえようとするものであって，これこそがマルクスの「資本家的生産様式」なる用語のもつ意義にほかならぬものである。

このようなマルクスの「資本家的《生産様式》」概念においては，その規定的内容は，「生産様式」の基礎的要因である「生産」の特有の形態において，すなわち，生産の基本的2要素である生産手段と人間労働とがとる近代社会における特有の形態において把握されることになる。

すなわち，「資本家的生産様式」においては，生産手段の所有者と非所有者との社会的分断構造を基礎にして，人格的に相異なる資本家と賃金労働者とが，労働市場において商品としての労働力の売買としての雇用契約によって結びつけられ，そのうえに，生産過程における資本の指揮命令による労働者の労働活動というかたちをとることになるのであって，このような資本＝賃労働の階級関係を不可分の内容として，生産手段は資本の形態をとり，人間労働は賃労働の形態をとるものとなるのである。

このようなマルクスの「資本家的生産様式」を規定的カテゴリーとする近代社会の経済諸関係の歴史的起源の把握においては，封建社会の経済的基礎をなしていた中世的な生産形態が支配しているなかで，社会的生産力の発展にもとづいて，いかにして新しい近代的な生産形態としての「資本家的生産」が生みだされることになるのか，そして，それに照応するものとして資本家的精神が生みだされることになるのかを，客観的で具体的な歴史的事実にもとづきながら解明していくことが必要となる。

「資本家的生産様式」を基軸的な規定的要因としたマルクスの資本主義把握においては，資本＝賃労働関係そのものの始源的形成は，いわゆる本源的蓄積過程として把握されることになるのであるが，その点についてマルクスは次のように指摘する。

「貨幣も商品もはじめから資本ではないのであって，それは生産手段や生活手段がはじめからそうではないのと同じである。それらのものは資本への転化を必要とする。しかし，この転化そのものは一定の事情のもとでしかおこなわれえないのであって，この事情は次のことに帰着する。すなわち，一方には，自分が所有している価値額を他人の労働力の購入によって増殖することが必要な，貨幣，生産手段，および生活手段の所有者と，他

方には,自分の労働力の売り手であり,それゆえ労働の売り手である自由な労働者という,二種類の非常に違った商品所有者が向かい合い接触しなければならない,という事情である。……商品市場のこのような両極分解とともに,資本家的生産の基本条件はあたえられる。資本関係は,労働者と労働実現手段の所有との分離を前提とする。……したがって,資本関係を作りだす過程は,労働者を自分の労働諸条件の所有から分離する過程,すなわち一方では社会の生活手段および生産手段を資本に転化し,他方では直接生産者を賃労働者に転化する過程以外のなにものでもありえない。したがって,いわゆる本源的蓄積は,生産者と生産手段との歴史的分離過程にほかならない。それが「本源的なもの」としてあらわれるのは,それが資本の,そしてまた資本に照応する生産様式の前史をなしているためである。」[MEW-23, S. 742]

このように,近代社会の経済的諸関係における基軸的要因としての資本=賃労働関係の歴史的形成にかんして,ゾンバルトにおける「資本家的精神」による「資本主義」の形成という自立的な人間精神の創造性にもとづくものとする"主観主義的"論理と,マルクスの本源的蓄積論における「資本家的生産様式」の歴史的形成についての"客観主義的"論理とは,あざやかな対照を示しているところである。

1) ゾンバルトの人物とその社会的活動ならびに研究については,Brocke [1998, S. 367-368],戸田武雄 [1939],岡崎次郎 [1948],木村元一 [1949],小原敬士 [1948],小笠原真 [1988],田村信一 [1996-97] 等を参考にした。
2) ゾンバルトの著作については,Lenger [1995] がもっとも詳しい。戸田武雄 [1939] にも,かなり詳細な「Werner Sombart 著作目録ならびに参考文献」が付け加えられている。なお,ゾンバルトの著作のうち邦訳されているものについてはできるだけ挙げておいたが,訳書については省略したものもある。
3) 本書には「社会運動年譜 (1750-1896)」が付いており,それを合わせると143ページとなる。なお,その翌年の1897年に出された本書の第2版は,内容的には初版と同じであるが,活字の組み方が変えられていて,わずか89ページのパンフレットとなっ

ている。
4) 『近代資本主義』第2版の邦訳は，岡崎次郎氏によって『近世資本主義』第1巻第1冊・第2冊として，生活社から1942，43年に出版されているが，それは原書の第1巻（8章62節）のうち第6章第39節までであって，第1巻の残りの23の節と第2巻の全部が残されたままとなっている。

ついでながら，ゾンバルトが1927年に出した『近代資本主義』第3巻，2冊の邦訳としては，梶山力氏によって『高度資本主義』I（有斐閣，1940年）が出版されたが，それは全体としての60の節のうちの15節までであって，第1冊の残り15の節（16〜30節）と第2冊（31〜60節）の全部が残されたまま，訳者死亡のため中断されたままとなっている。

その意味では，ゾンバルトの多くの著書は邦訳されているにもかかわらず，その主著たる『近代資本主義』は，初版はまったく，そして，第2版の第1巻と第2巻も，そしてその第3巻も，その大部分が邦訳されないままになっている。

だが，初版については，前掲した田村信一［1996-1997］によって，そして，第2版については，第1巻の19節から62節までは岡崎次郎［1948］によって，さらに，第2版の第1巻・第2巻と第3巻との全体については，木村元一［1949］によって，その概要を知ることができる。

# 終章 「資本主義」用語の変遷

　これまで見てきた「資本主義」という用語の発生とその移りゆきは，多岐にわたるさまざまな問題を浮かびあがらせる。
　だが，ここでは，本書の締めくくりとして，「資本主義」という用語の発生とその移りゆきについてのこれまでの追跡のなかで明らかになってきた問題点をあらためて総括的に整理し，そこから出てくる論点を指摘するにとどめる。

I

　まずはじめに，《「資本主義」語のはじまり》において明らかになったことは，1850年前後から1860年代にかけて使われはじめた「資本主義」という用語は，現在われわれが日常的に使っているような近代社会の社会体制や経済システムを表現するという意味内容をもっていなかった，ということである。
　「資本主義」という言葉は，1850年前後の時期に，ピエール・ルルーによって「資本家」と同義の用語として使われ，ルイ・ブランによって生産手段としての「資本の排他的専有」という意味内容で，そして，サッカレーにおいては「ブルジョア的気分」を表現するものとして使われている。さらにまた，ブランキは，1860年代末に書いた論文のなかで「資本」や「資本家」と同じ意味で使っている。
　このように，「資本主義」という用語は，その言葉を使いはじめた時期においては，「資本」や「資本家」やあるいはその特有のありようを示すものとして作られ，使われたものである。
　このことは，「資本 capital」という名詞に「……主義 -ism」という接尾語をつけて作られた「資本主義 capitalism」という抽象名詞は，言葉そのもの

のもつ意味内容において社会体制や経済システムを示すという規定的性格をストレートに有するものではない，ということである。

そのように，そのかぎりにおいては社会体制や経済システムについての直接的な規定性をもたない抽象名詞としての「資本主義」という言葉が，近代社会の体制やシステムを示す用語となるにあたっては，社会を把握する一定の理論にもとづくものとして使われることが必要である。

すなわち，「資本主義」という用語が近代社会の経済システムを示すものとしての規定的性格は，時代的変遷のなかで社会体制を把握する理論における規定的要因として組みこまれるという理論的屈折をくぐりぬけることによって，はじめてもたらされることになるのである。

## II

ここにおいて，《「資本主義」語なきマルクス》が登場してくる必要性が存在することになる。

ところで，マルクスは，「近代社会の経済的運動法則を解明」することを課題として研究をすすめるにあたって，すでに見てきたように，「資本主義」という用語も概念も使うことなしにその取り組みをおこない，その成果を『資本論』に結実させているのである。

マルクスの近代社会の経済システムを解明するための基軸的概念は，「資本主義」ではなくて「資本家的生産様式」である。

ところで，その「資本家的生産様式」という用語と概念は，抽象名詞としての「資本主義」とはちがって，社会体制の基礎としての経済構造を指し示す「生産様式」概念についての用語であり，それに近代社会特有の歴史的形態を示すものとしての「資本家的」という規定的形容詞を付けてつくられたものであって，この「資本家的生産様式」という用語それ自体が社会体制や経済構造を表現する言葉である。

このマルクスの「資本家的生産様式」という用語は，次のごとき特徴的内容をもつものである。

① 基礎的要因としての「生産」の形態
「資本家的生産様式」を構成する基礎的要因は「生産」の近代的な特有の歴史的形態としての「資本家的生産」である。
② 「資本家的生産」の基本的内容としての資本＝賃労働関係
「資本家的生産」の基本的要因は，生産の2要因としての生産手段と人間労働が「資本」と「賃労働」との形態をとり，生産活動が資本の価値増殖を目的としておこなわれる，という特徴をもつものである。
③ 社会体制の経済構造
たんなる個別的な生産にとどまらないで社会的な広がりをもち，流通関係や分配関係をも組みこんだ経済構造を示すものとして，「資本家的生産様式」は資本主義的な近代社会の基礎をなす。
④ 近代的な歴史的形態
「資本家的生産」を基礎的要因とすることによって，「資本家的生産様式」も近代社会の歴史的形態としての規定性をもち，「資本家的社会」の歴史的性格の基礎をなす。
⑤ 人類史の発展の一段階
人類史の歴史的発展における原始・古代・中世・近代の各時期における生産様式の諸形態の一つとしての近代的生産様式のとる形態としての「資本家的生産様式」。

このようなマルクスの『資本論』における近代社会の経済システムの解明とそれをとらえるための基軸的用語および概念としての「資本家的生産様式」を媒介として，「資本主義」という用語が，現在使われているような近代社会の経済システムを表現する意味内容をもつものに転化することになる。

III

マルクス以後のシェフレやホブソンやゾンバルトにおける《資本主義用語の継承と変容》にあっては，「資本主義」という用語は，近代社会の経済システムを表現する用語として使われている。

そこにおいては、シェフレ、ホブソン、ゾンバルトのいずれにおいても、「資本主義」という「用語」は、マルクスの「資本家的生産様式」概念の体制把握という特徴を引き継ぐかたちで近代社会の社会体制や経済システムの存在形態をとらえるものとして使われている。
　だが、そこにおける近代社会の経済システムとしての把握は、「生産」を基礎的要因として資本＝賃労働関係においてとらえるというマルクスの「資本家的生産様式」にもとづく把握を引き継ぐことなしに、「資本主義」という抽象名詞の用語で、それぞれ異なる基軸的要因と規定的内容をもった近代社会の経済システムが「資本主義」としてとらえられているのである。
　シェフレにおいては、「資本主義」という用語によってとらえられている近代社会の経済システムの基本的内容は、営業組織や生産体の国民経済における「社会的な結合形態」というかたちでの人間経済の社会的システムであって、そのような国民経済の「経済的結合の形態」としての「資本主義」は、宇宙の全体運動の秩序にも似た自立した企業体の普遍的な動力のシステムであるとされている。そして、このようなすぐれた経済システムとしての「資本主義」は「社会主義」に転換されるべきものではないとして、社会主義者による「資本主義」の変革の主張をしりぞけようとしているのである。
　ところが、ホブソンは、「資本主義」の実態的内容を、機械の使用による「機械制産業」としてとらえ、それにもとづく企業や産業有機体や雇用や社会におよぼす諸影響を解明する。そして、そのような「資本主義」としてとらえられた産業革命以降の機械の採用にもとづく近代的産業としての機械制産業は、その発展のなかでトラストなど独占の形成や貧富の差の拡大といった経済的矛盾の拡大をもたらすものであるとして、「資本主義」の改革と変革の必要性を打ちだしている。
　それにたいして、ゾンバルトは、「資本主義」を、「資本家的精神」をもった「資本家的企業」においてとらえ、そこではなによりも「資本家的精神」における「利潤欲」と「経済的合理主義」の優位性において「資本主義」の存立の基本的要因がとらえられるものとしている。そして、ゾンバルトは、そのようなものとして「資本主義」の経済体制をとらえながら、過渡的な混

合時代としての「初期資本主義時代」から近代資本主義の支配的な経済体制の確立をへてやがて末期的な資本主義になっていくというかたちで，「資本主義」を歴史的な経済体制とみなしているのである。

このように，シェフレ，ホブソン，ゾンバルトのいずれにおいても，「資本主義」を近代社会における経済システムの存在形態としてとらえながらも，その規定的で基軸的な要因を「生産」における特有の歴史的形態においてではなくて，「国民経済の社会的な結合形態」や「機械制産業」や「資本家的精神にもとづく資本家的企業」といったかたちで，さまざまな非「生産」的分野における諸要因においてとらえ，それを抽象名詞としての「資本主義」という用語によって表現しているのである。

## IV

ところで，マルクス自身の『資本論』の内容理解にあたって，その基軸的用語と概念が「資本家的生産様式」であることを看過して，マルクスの基軸的用語を「資本主義」と誤認し，「資本主義」という抽象名詞の用語に恣意的な要因を規定的なものとして組みこんでしまうならば，重大な過誤をひきおこすことになる。

それはマルクスの『資本論』についての原典解釈についてのみならず，マルクスに依拠するものとして自己の所説の展開をおこなう場合においても，留意しなければならないところである。

ありもしないマルクスの「資本主義」という用語と概念が存在していたとみなすという杜撰な『資本論』の読み方と，そのうえにたったマルクスの「資本主義」概念なるものについての恣意的な内容把握は，シェフレにおいて見られたところであるが，それはたんにシェフレにかぎられたものではない。

マルクスには「資本主義」という用語と概念が存在していて，マルクスの近代社会の経済的運動法則の認識は，現実的事態の発展における「資本主義的純粋化傾向」にもとづいて「純粋の資本主義社会」を想定し，それにもと

づいて「資本主義の一般的原理」を打ちたてるというかたちでおこなわれたものであり、そのようなものとしての「純粋の資本主義社会」の規定的内容は「商品経済関係の全面化」である、とみなす有力な見解がある。

そこでは、さらに、そのような把握を基軸として、資本主義の一般的原理・発展段階・現状といった各分野にわたる重層的な経済学的認識の方法論と、商品経済関係を基軸とした独自的な経済学体系の全面的構築が打ちたてられている。

だが、そのような壮大な経済学方法論も、資本主義の一般的原理の内容も、近代社会の経済構造の把握にあたっての基軸的カテゴリーとしてマルクスが持ちあわせていない「資本主義」概念を原点として打ちたてられたものであって、それはマルクスの方法や理論とはまったく異質なものである。

そのような経済学の方法と理論体系は、いってみればマルクスの近代社会の経済構造の把握におけるキー・カテゴリーの誤認という、最初のボタンの掛け違いのうえに組みたてられたものであって、マルクスの経済学の方法と理論とは似て非なる構築物にほかならぬものである。

だが、似て非なるものとはいえ、ひとたび打ちたてられた方法と理論のうえには、さらに枝葉が茂り花が咲くようになる。

近代社会の経済構造としての「資本主義」の基軸的内容を「生産」の近代的形態においてではなくて、「商品経済関係の全面化」ととらえる見解から、商品・貨幣関係があればそこには「資本主義」が存在するとみなし、「商業資本主義」なる「ノアの洪水以前の資本主義」が問題にされたりすることになったりしている。

しかしながら、マルクスにおける「資本家的生産様式」概念は、人間社会の歴史的諸時期においてそれぞれの形態をとる「生産様式」についての、近代社会における特有の歴史的形態を「資本家的」という規定的形容詞によって示したものであって、「資本家的生産様式」の規定的内容はなにはともあれ近代社会特有の経済システムを示すものである。

現実把握における弾力的創造性は必要であるが、原典の理解は恣意的であってはならない。厳密であることが必要である。

## V

　本書においては，ピエール・ルルーたちの使いはじめの時期における「資本主義」用語についても，シェフレたちによる近代社会の社会体制や経済システムという内容をもった「資本主義」用語についても，マルクスの「資本家的生産様式」という用語と概念と対比させながら見てきたところである。

　そのような取り扱いは，「資本主義」という用語の形成・受容・変容の移り変わりをとらえるかぎりにおいては不可欠である。

　だが，現在では，近代社会の社会体制や経済システムを表現する用語として「資本主義」という用語が一般的に使われるようになっている。

　このことにたいして，わたしは，近代社会の経済システムの把握にあたっては，あくまで「資本主義」という用語は拒否すべきものであって，「資本家的生産様式」という用語に固執すべきである，とは考えていない。

　しかし，古典的文献の理解にあたっては，原典における表現用語についても厳密に確定しながら読みこむことが必要であると考えているし，あるいはまた，理論的弾力化や多様な現実把握にあたって異なる用語表現をもちいる場合には，原典の用語に含まれていた概念内容から取り外した要因や規定因について明確に確定しておくことが必要である，と考えている。

　マルクスの理論の相対化による近代社会の社会体制あるいは経済システムの新たなる再検討という場合，マルクスの「資本家的生産様式」という用語と概念による近代社会の経済システムの把握を放棄して，「資本主義」という用語に取り替えさえすればよいというものではないであろう。それだけでは事はすまない。

　その場合，「資本家的生産様式」という用語と概念に内包されていた規定的諸要因や内容について，あらためて明確にすることが必要である。

　そこでは，次の諸点を確定することが必要になる。

　① 近代社会の存立にとっての基本的要因は何であるのか。
　② それはいかなる社会的な広がりをもつことによって社会体制や経済シ

ステムを示すものとなるのか。
③ そのような体制やシステムは近代社会に特有のものであるのか，それとも，超歴史的なものなのか，あるいは一定の諸要因の存在する歴史的時期におけるものなのか。
④ そのような近代社会の未来はどうなるのか。将来社会の歴史的変遷と展望はいかなるものであるのか。

　このような論点を新たなかたちで再構成するにあたっては，マルクスの「生産」を基礎的要因とした経済的土台とイデオロギー的上部構造との関係という社会構造論をどのようなものとしてとらえたらよいのか，そして，経済関係における生産・分配・流通・消費といった諸分野における相互関係と規定的要因をどのようなものとしてとらえるかといったことを，あらためて確定しなおすことが必要になる。そのうえで，近代社会の社会体制や経済システムの構造や運動形態を新たに明らかにしなければならず，さらに，そのようなシステムをいかなる歴史的形態として把握するかといったことを確定することも必要になってくる。

　これらのことは，19世紀半ばの時期にマルクスがおこなった近代社会の経済構造と運動法則の解明のための理論的・実証的作業を，21世紀の現時点において新しく構築しなおすことを意味する。

　マルクスの理論から離れて，「資本家的生産様式」ではなくて「資本主義」という用語でもって近代社会の社会体制や経済システムを解きあかしなおすということは，そのような作業を必要とするものである。

## あとがき

　目が見えない・耳が聞こえない・口がきけないという三重苦の障害のために闇の世界にいたヘレン・ケラーにたいして，家庭教師としてのアニー・サリヴァンが教育にあたって基本としたのは，「ものには名前があり，名前があってこそものの区別ができる。このことを知ることが人間的なものの考え方の基礎である」ということであった。

　サリヴァンは，ヘレンのわずか1年半の健常者としての生活経験を手がかりとして，水の滴りを手に受けさせるなかで，ヘレンの記憶にかすかに残っていた"ウォーター"という言葉を呼び覚まさせ，それをきっかけとして，言葉による人間的世界の理解を深めさせて，ついには大学教育を受けるまでの成長をたすけ，やがてはヘレンのめざましい国際的な活躍にいたる基盤の形成をおこなったのである。

　「ものには名前があり，それがこの世のあり方を知る基礎である」ということは，日常生活においては確かにそのとおりである。ほとんどすべてのものに名前が付けられていて，名前によって事物を知り，それと他のものとの区別をおこなうことができるのである。

　だが，それは日常生活の世界での話である。知られていないものには名前はない。自然現象でも，社会現象でも，未知なるものには名前は付いていない。

　時代状況が変化してくると，それまで存在しなかった新しい事物や社会関係が出現するようになり，それにたいして新しく名前を付けて表現することが必要になってくる。

　しかし，言葉とその意味する事物との関係は，新しい言葉の創始者がある意味内容で一つの言葉を使いはじめると，それは不動のものとして通用しつづけることになるとはかぎらない。

本書で取りあげている「資本主義」という用語は、近代社会の新しい現実の出現のなかで作られて、使われるようになったものであるが、「資本主義」という言葉とそれが表現する事物との関係は、けっして単純ではなくて、かなり込みいって錯綜している。

　近代社会の幕あきと展開のなかで、春風に誘われて桜のつぼみがほころびはじめるように「資本主義」という言葉が新しく作られ使われるようになるが、やがて時が移るなかで、その「資本主義」という言葉はたんなる花びらのことではなくて、桜の樹全体を指すものとして使われるようになるといったかたちで、新しい言葉とそのもつ意味も、そしてその言葉の受け入れられ方も、変化しているのである。

　いうまでもなく、言葉というのものは、誰かが人為的に勝手に作りだすものである。だが、同時に、言葉は人間社会において相互に共通の意味内容をもつものとして通用するものでなければならない。

　「用語は定義の問題である」として自分勝手にひとりよがりの定義をあたえて、自分だけや仲間内だけにしか通用しないかたちで使ったのでは、社会的に共通の認識や理解をもつことはできない。

　したがって、近代社会の基軸的用語としての「資本主義」という言葉についても、言葉のもつ意味内容の厳密な確定と、時代的変遷のなかでの使われ方の変化、そして、その言葉にたいする社会的な受け入れられ方といった、それぞれについての目配りが必要となる。

　わたしは、かつて『資本主義の発見——市民社会と初期マルクス』(御茶の水書房、1983年) を公刊して、マルクスの理論形成史における「資本主義」概念の発見とその表現用語の変遷について明らかにしたことがある。

　『資本主義を見つけたのは誰か』という書名をつけた本書は、『資本主義の発見』の問題意識を引き継ぎながら、ヨーロッパのさまざまな思想家や理論家たちにおける「資本主義」という用語の使用とその変遷について取りあげたものであって、いわば"資本主義の発見"のマルクス版にたいするインターナショナル版とでもいうべきものである。

　ところで、『資本主義の発見』の初版を出した1983年は、アメリカのレー

ガン大統領が"悪の帝国"ソ連共産主義とのたたかいを怒号する米ソ冷戦対決たけなわの時期で，当時においては，資本主義陣営では当局者も体制的な思想家たちも「資本主義」という言葉を忌避する傾向があった。

そのことは「初版へのまえがき」のなかで，「「資本主義」という表現は金もうけ中心の営利主義的な社会のあり方をしめすため，体制側は，資本主義という用語そのものにたいして拒絶反応をおこし，「自由企業経済」だの「産業社会」だのと言いかえたり，あるいは「自由社会」や「自由主義陣営」という言葉によって，資本主義諸国を表現しようとしたがる」と述べたところである。

ところが，1992年に増補改訂版を出したときには，ベルリンの壁は崩壊し，ソ連型社会主義が解体した直後で，「資本主義」という言葉にたいする社会的対応が一変している。

そのことは，「改訂版へのまえがき」において，「時代状況は，社会にとっての規定的表現においてもするどく反映する。本書の初版出版の頃にはみずからを「資本主義社会」と表現するのを避けようとする気配のあった体制側も，現存社会主義の挫折と変革にたいして「社会主義の敗北」と「資本主義の勝利」を声高に語りながら，「自由社会」という置き換えなしに「資本主義」という自己規定をためらうことなく使うようになってきている」と指摘したところである。

そのような事態は，さらには，資本主義経済のグローバル化によってひきおこされた経済危機にたいして，わが国の大蔵省の理論派幹部が，「ひどい事態だけれども，資本主義だから仕方がない」といった意見をテレビで語るほど，「資本主義」という用語はあたかも"免罪符"であるかのような受け入れ方と使われ方をするようになってきているところである。

ともあれ，本書は，わが国の理論家たちの諸見解にたいする批判に焦点をおいたポレミックな旧著と違って，ヨーロッパの文献における「資本主義」という用語の変遷をたどったものであるが，しかし，「資本主義」を問題にしている理論家や思想家たちの諸見解について，それを本書がたどった「資本主義」用語の使い方の流れのなかに置いて見るならばどのように特徴づけ

られることになるか，一考してみる価値があるのではないかと考えているところである。

　ところで，個人所蔵文献や資料が皆無に近い状況のなかで，岐阜経済大学図書館のスタッフのご助力によって全国の大学図書館の文献・資料の利用ができることになり，インターネットによる全世界の古書店からの文献の購入とあわせて，あきらめていた本書のテーマへの取り組みが思いがけず可能となった。心から感謝する次第である。

　なお，現下のきわめて困難な出版事情のなかで，本書の刊行についてご快諾くださり，さらに本書の構成や内容等についても有益な助言をいただいた桜井書店の桜井香氏には，心からの感謝の気持ちでいっぱいである。

　末尾ながら，これまでのわたしの研究活動を支えてくれた妻・和子への謝意を，一言書き添えておきたい。

著　者

## 参考文献索引（欧文）

ABC順

Blanc, Louis ［1840］ *Organisation du travail*, Paris.　41, 42, 44, 45, 47, 55, 56, 116
────── ［1845］ *Organisation du travail*, 4e. éd, Paris.　44, 47, 56
────── ［1850］ *Organisation du travail*, 9e. éd., Paris. ブラン［1932］『労働の組織（第9版）』（浅野研真訳）〈社会思想全集 第3巻〉平凡社.　18, 44, 45, 46, 47, 49 51, 53, 56, 64, 92, 94, 116, 152, 153
────── ［1841-44］ *Histoire de dix ans, 1830-1840*, 5 vol., Paris.　41, 42, 55
────── ［1847-62］ *Histoire de la révolution française*, 12 vol., Paris.　42, 55
Blanqui, Louis Auguste ［1971］ La critique sociale, *Auguste Blanqui Textes Choisis*, Les Classiques du Peuple, Paris. ブランキ［1991］「社会批判」『ブランキ革命論集（改訂増補版）』（加藤晴康訳）彩流社.　19, 69, 73-79, 86, 90, 152
────── ［1973］ *Instructions pour une prise d'armes: L'eternite par les astres, hypothese astronomique, et autres textes*. ブランキ［1985］『天体による永遠』（アバンスール／プロス編、浜本正文訳）雁思社.　73
Block, Maurice ［1872］ *Les théoriciens du socialisme en Allemagne.*　18
Bottomore, Tom ed. ［1997］ *A Dictionary of Marxist Thought*, 2nd ed., Oxford.　19, 101
Brocke, Bernhard vom ［1998］ "Sombart," *Deutsche Biographische Enzyklopädie (DBE)*, Band 9, München.　274
Desai, Meghnad ［1997］ "Capitalism," Bottmore, Tom ed., *A Dictionary of Marxist Thought*, 2nd ed., Oxford.　19, 101
Dickens, Charles John Huffam ［1838］ *Oliver Twist*. ディケンズ［1971］『オリバー・ツイスト』（小池滋訳）講談社文庫.　61
────── ［1843］ *A Christmas carol*. ディケンズ［1991］『クリスマス・キャロル』（中川敏訳）集英社文庫.　61
────── ［1849-50］ *David Copperfield*. ディケンズ［1969］『デビッド・コパフィールド』（中野好夫訳）新潮社.　61
────── ［1861］ *Great expectations*. ディケンズ［1998］『大いなる遺産』（山本政喜訳）角川文庫.　61
Dolléans, Edouard ［1948］ préface. Evans, D. O., *Le socialisme romantique—Pierre Leroux et ses contemporains*, Paris.　34
Dubois, Jean ［1962］ *Le vocabulaire politique et social en France de 1869 à 1872*,

Librairie Larousse, Paris.　18, 19, 29, 90

Engels, Friedrich［1896］"Fr. Engels' letzte Arbeit: Ergänzung und Nachtrag zum dritten des „Kapital", " *Die Neue Zeit*, 14. Jahrgang, Band 1, MEW-25. エンゲルス「『資本論』第3部への補遺」『マルクス・エンゲルス全集』第25巻b.　229, 230

Evans, David Owen［1948］*Le socialisme romantique—Pierre Leroux et ses contemporains*, Paris.　29, 34

Fourier, François Marie Charles［1822］*Traité de l'association domestique-agricole*. 26

Hobsbawm, Eric John［1962］*The age of revolution: Europe 1789-1848*, London. 18

―――［1975］*The age of capital, 1848-75*, London. ホブスボーム［1981］『資本の時代 1848〜1875年』1（柳父圀近ほか訳）みすず書房.　18

Hobson, John Atkinson［1889］(with A. F. Mummery) *The Physiology of Industry; Being an Exposure of Certain Fallacies in Existing Theories of Economics*, London.　199, 200

―――［1894］*The Evolution of Modern Capitalism. A Study of Machine Production*, London.　152, 162, 199-213, 214

―――［1906］*The Evolution of Modern Capitalism. A Study of Machine Production*, Revised Edition, London.　214, 215

―――［1926］*The Evolution of Modern Capitalism. A Study of Machine Production*, Revised Edition, London. ホブソン［1932］『近代資本主義発達史論(1926年版)』（松沢兼人・住谷悦治・阪本勝訳）改造社.　214-221

―――［1902］*Imperialism; A Study*, London. ホブソン［1951-52］『帝国主義論』上・下（矢内原忠雄訳）岩波文庫.　162, 200, 201, 213

―――［1938］*Confessions of an Economic Heretic*, London. ホブスン［1983］『異端の経済学者の告白――ホブスン自伝』（高橋哲雄訳）新評論.　200, 201, 202, 204

*Karl Marx/Friedrich Engels Gesamtausgabe* (MEGA).

*Karl Marx/Friedrich Engels Werke* (MEW).

Lenger, Friedrich［1995］*Werner Sombart 1863-1941, Eine Biographie*, München. 224

Leroux, Pierre［1838］*De l'Egalité*, Sandré.　27, 28

―――［1840］*De l'Humanité, de son principe, et de son avenir*, 2 vols., Boussac et Paris.　27, 28

―――― [1848] *De la Ploutocratie, ou du gouvernement des riches*, Boussac et Paris. 27

―――― [1848] *Malthus et les économistes, ou, y aura-t-il toujours des pauvres?* Boussac. 19, 27, 28, 29-33, 39, 64, 90, 152, 153

―――― [1849] *Malthus et les économistes, ou, y aura-t-il toujours des pauvres?* Nouvelle édition, Boussac. 31, 32, 33

―――― [1859] *La Gréve de Samarez: poème philisophique*, Paris. 28, 34

Owen, Robert [1821] *Report to the country of Lanark*. オーエン [1959]「ラナーク州への報告」〈『世界思想全集』社会・宗教・科学思想篇 10〉河出書房新社. 26

Passow, Richard [1918] *"Kapitalismus" Eine begrifflich-terminologische Studie*, Jena. 18, 92, 94, 95, 99, 114, 115, 122

Rjazanov, David Borisovich [1969] *Marx-Engels Archiv*, 1 Band, Frankfurt a. M. 110, 111

Robert, Paul [1992] *Le Grand Robert de la Langue Française, Dictionnaire Alphabétique et analogique de la langue Française*, Deuxième Édition, Tome II, Dictionnaires le Robert, Paris. 17, 21

Saint-Simon, Claude Henri de Rouvroy, Comte de [1821-22] *Du système industriel*. 26

Schäffle, Albert Eberhard Friedrich [1861] *Die Nationalökonomie oder allgemeine Wirtschaftslehre. Für Gebildete aller Stände, insbesondere für den Kaufmann, sowie zum Gebrauch in Akademien, Handels- und Realschulen gemeinfaßlich dargestellt*, Leipzig. 164, 166

―――― [1867] *Das gesellschaftliche System der menschlichen Wirtschaft. Ein Lehr- und Handbuch der Nationalökonomie für höhere Unterrichtsanstalten und Gebildete jeden Standes*, Tübingen. 164, 166, 170, 185, 188, 190

―――― [1870] *Kapitalismus und Socialismus mit besonderer Rücksicht auf Geschäfts- und Vermögensformen: Vorträge zur Versöhnung der Gegensätze von Lohnarbeit und Kapital*, Tübingen. 5, 92, 94, 95, 106, 107, 152, 157, 158, 163, 165, 166-197

―――― [1874] *Die Quintessenz des Socialismus*, Gotha. 164, 165, 175

―――― [1875-78] *Bau und Leben des socialen Körpers* ; 4 Bde., Tübingen. 164

―――― [1880] *Die Grundsätze der Steuerpolitik und die schwebenden Finanzfragen Deutschlands und Österreichs*, Tübingen. 164

―――― [1895] *Die Steuern*, Leipzig. 164, 165

―――― [1905] *Aus meinem Leben*, 2 Bd., Berlin.　164, 165, 166, 167, 168, 185

―――― [1906] *Abriss der Soziologie; herausgegeben mit einem Vorwort von Karl Bucher.*―*H. Laupp'schen Buchhandlung*, Tübingen.　164, 165

Sombart, Werner [1888] *Die römische Campagna: eine sozialökonomische Studie*, Leipzig.　223, 226

―――― [1894] "Zur Kritik des ökonomischen Systems von Karl Marx," *Archiv für soziale Gesetzgebung und Statistik*, Bd. 7. ゾンバルト [1976]「カール・マルクスの経済学体系」知念英行編訳『W. ゾンバルト　マルクスと社会科学』新評論.　228, 231-235

―――― [1896] *Sozialismus und soziale Bewegung im neunzehnten Jahrhundert*, Jena.　224, 226, 233-237, 245

―――― [1905] *Sozialismus und soziale Bewegung.*　225, 233

―――― [1902] *Der moderne Kapitalismus*, 1 Aufl., Leipzig.　4, 92, 95, 117, 121, 152, 158, 211, 214, 224, 226, 237-245, 248, 250, 251, 256, 258, 261, 262, 265, 271

―――― [1916] *Der moderne Kapitalismus, Historisch-systematische Darstellung des gesamteuropäischen Wirtschaftslebens von seinen Anfängen bis zur Gegenwart*, Bd. I, 2 Halbbde, München 1916, Bd. II, 2 Halbbde. ゾンバルト [1942-43]『近世資本主義』第 1 巻，第 1 冊・第 2 冊，（岡崎次郎訳）生活社.　117, 121, 225, 252-258, 261, 262, 264, 265, 266-270

―――― [1927] *Der moderne Kapitalismus, Historisch-systematische Darstellung des gesamteuropäischen Wirtschaftslebens von seinen Anfängen bis zur Gegenwart*, Bd. III: Das Wirtschaftslebens im Zeitalter des Hochkapitalismus, München, 2 Halbbde. ゾンバルト [1940]『高度資本主義』I（梶山力訳）有斐閣.　254, 275

―――― [1909] "Der kapitalistische Unternehmer," *Archiv für Sozialwissenschaft und Sozialpolitik*, Bd. 29.　247-251

―――― [1911] "*Die Juden und das Wirtschaftsleben*," Leipzig. ゾンバルト [1994]『ユダヤ人と経済生活』（金森誠也・安東勉訳）荒地出版社.　224, 227, 245, 246, 250, 251, 256

―――― [1913a] *Luxus und Kapitalismus*, München. ゾンバルト [1996]『戦争と資本主義』（金森誠也訳）論創社.　224, 227, 245, 246

―――― [1913b] *Krieg und Kapitalismus*, München. ゾンバルト [2000]『恋愛と贅沢と資本主義』（金森誠也訳）論創社.　224, 227, 245, 246

―――― [1913c] *Der Bourgeoise: Zur Geistesgeschichte des modernen Wirtschaftsmenschen*, München. ゾンバルト [1990]『ブルジョア：近代経済人の精神史』

(金森誠也訳) 中央公論社. 224, 227, 245, 247, 259, 260, 261
―― [1915] *Händler und Helden: patriotische Besinnungen*, München. 224, 227
―― [1924] *Der proletarische Sozialismus: ("Marxismus")*, 2 Bde., Jena. 225, 227, 233
―― [1930] *Die drei Nationalökonomien. Geschichte und System der Lehre von der Wirtschaft*, Berlin. ゾンバルト [1933]『三つの経済学：経済の歴史と体系』(小島昌太郎訳) 雄風館書房. 225, 227
―― [1934] *Deutscher Sozialismus*, Berlin. ゾンバルト [1982]『ドイツ社会主義』(難波田春夫訳) 早稲田大学出版部. 225, 227
―― [1938] *Vom Menschen: Versuch einer geistwissenschaftlichen Anthropologie*, Berlin. 225, 227
Thackeray, William Makepeace [1847] *The book of snobs*, サッカレー「いぎりす俗物誌」(斉藤美洲訳)『サッカレー, ハーディ』(世界文学大系 40) 筑摩書房. 60
―― [1847-48] *Vanity Fair*. サッカレー『虚栄の市』(三宅幾三郎訳) 岩波文庫. 60
―― [1852] *Henry Esmond*. サッカレー『恋の未亡人：ヘンリ・エズモンド』(村上至孝訳) 新月社. 60
―― [1853-55] *The Newcomes: memoirs of a most respectable family*, Penguin Books. 20, 60, 61-65, 91, 152, 153
*The Oxford English Dictionary* [1989] 2nd ed. 20, 36, 69, 87, 91
Weber, Max [1920] *Die protestantische Ethik und der 《Geist》 des Kapitalismus*, Gesammelte Aufsätze zur Relisionssoziologie, Bd. 1. ヴェーバー [1989]『プロテスタンティズムの倫理と資本主義の精神』(大塚久雄訳) 岩波文庫. 270

## 参考文献索引（和文）

五十音順

浅野研真［1932］「ルイ・ブランの生涯と学説」ルイ・ブラン『労働の組織』〈社会思想全集 第3巻〉平凡社. 44, 56

アバンスール, M.／プロス, V. 編［1985］『A. ブランキ 天体による永遠』（浜本正文訳）雁思社. 73, 86

伊藤 誠［1998］「資本主義」『マルクス・カテゴリー事典』青木書店. 136

稲子恒夫［1988］「社会主義」『日本大百科事典』第11巻，小学館. 36

猪木正道［1949］「解説」ラッサール『学問と労働者』〈世界古典文庫88〉日本評論社. 145

『岩波 哲学・思想事典』［1998］岩波書店. 33

大河内一男［1949-51］『独逸社会政策思想史』上・下，日本評論社. 162, 166, 167, 176

大塚久雄［1956］『欧洲経済史』弘文堂. 117

岡崎次郎［1948］『ゾンバルト 近世資本主義の歴史的基礎』夏目書店. 274, 275

小笠原真［1988］『ヴェーバー／ゾムバルト／大塚久雄』昭和堂. 274

小原敬士［1948］『近代資本主義の範疇——ゾンバルト「資本主義理論」』青木書店. 274

加藤猛夫［1935］『サッカレー』〈研究社 英米文学評伝叢書50〉研究社. 67

河上 肇［1922］「福田博士の「資本増殖の理法と資本主義の崩壊」に就いて」『我等』4巻3号. 114

河野健二編［1979］『資料 フランス初期社会主義 二月革命とその思想』平凡社. 44, 56

木村元一［1949］『ゾムバルト《近代資本主義》』春秋社. 274, 275

——— ［1951］『財政学総論』新紀元社. 164, 190

小牧近江［1979］『ジャコバンの精神』鹿砦社. 86

斉藤悟郎［1969］『歴史学派の財政経済思想』風間書房. 164

阪上 孝［1981］『フランス社会主義』新評論. 33, 34, 52, 56

ジェフロワ［1973］『幽閉者 ブランキ伝』（野沢協ほか訳）現代思潮社. 86

重田澄男［1983］『資本主義の発見——市民社会と初期マルクス』御茶の水書房. 286

——— ［1992］『資本主義の発見（改訂版）』御茶の水書房. 119, 287

島 恭彦［1949］『財政思想の発展——官僚主義財政学批判』〈経済学全集 第1

部〉潮流社. 164
『世界名著大事典』第 8 巻［1962］平凡社. 33
高草木光一［1998］「1848年革命におけるアソシアシオンと労働権——ルイ・ブランを中心にして」的場昭弘・草高木光一編『1848年革命の射程』御茶の水書房. 41, 57
高島善哉［1968］『アダム・スミス』岩波新書. 117–119
高橋哲雄［1983］「訳者あとがき——ホブスン再評価のために」ホブスン『異端の経済学者の告白——ホブスン自伝』新評論. 204, 221
田村信一［1996–97］「近代資本主義の生成——ゾンバルト『近代資本主義』（初版 1902）の意義について㈠㈡」北星学園大学経済学部『北星論集』第33号, 第34号. 238, 274, 275
戸田武雄［1939］「訳者序説」ゾムバルト『社会政策の理想』有斐閣. 274
馬場啓之助［1974］『資本主義の逆説』東洋経済新報社. 120–122
馬場宏二［1997］『新資本主義論』名古屋大学出版会. 136
林癸未夫［1926］『社会政策新原理』早稲田大学出版部. 123
平瀬巳之吉［1950］『古典経済学の解体と発展——ロォドベルトゥス批判』日本評論社. 44, 115, 116
福田徳三［1921］「資本増殖の理法と資本主義の崩壊（その1）」『改造』1921年10月号. 113, 114
―――［1922］『社会政策と階級闘争』大倉書店. 123
MEL 研究所編［1960］『マルクス年譜』青木書店. 54
メーリング, F.［1968–69］『ドイツ社会民主主義史』上・下（足利末男ほか訳）ミネルヴァ書房. 162, 175, 176
メンガー, A.［1971］『労働全収権史論』(森田勉訳) 未来社. 57, 197
望月清司［1973］『マルクス歴史理論の研究』岩波書店. 101, 120
モルニエほか著［1963］『コミューンの炬火——ブランキとプルードン』（栗田勇・浜田泰三訳）現代思潮社. 79, 86
安　世舟［1973］『ドイツ社会民主党史序説』御茶の水書房. 162, 171
ラコフ, サンフォード・アラン［1990］「社会主義（古代からマルクスまで）」『西洋思想大事典』第 2 巻, 平凡社. 36
我妻　栄［1927］「資本主義生産組織における所有権の作用——資本主義と私法の研究への一寄与としてのカルネルの所論」『法学協会雑誌』45巻 3・4・5 号. 114, 115
―――［1953］『近代法における債権の優越的地位』有斐閣. 114, 115

# 人名索引     五十音順

## あ行

浅野研真　44, 56, 57
アシ Assi, Adolphe-Alphonse　84, 85
アダン Adam　82
アバンスール Abensour, M.　86
アンネンコフ Анненков, Павел Васильевич　133, 134, 137, 141, 144, 151, 152, 153
伊藤　誠　136
稲子恒夫　36
猪木正道　123
ヴァイデマイアー Weydemeyer, Joseph　39
ヴァト Watteau, Louis　83
ウィリヒ Willich, August　82
ウェーバー Weber, Max　224, 246, 270
エヴァンズ Evans, David Owen　29, 30, 33, 39
エンゲル Engel, Ernst　157
エンゲルス Engels, Friedrich　25, 37, 38, 39, 54, 55, 56, 80, 81, 82, 85, 86, 101, 104, 106, 107, 111, 134, 140, 160, 172, 173, 174, 175, 176, 227, 228, 229, 230, 231
オーエン Owen, Robert　26, 34, 36, 178
大河内一男　162, 166, 167, 176
大谷禎之介　123
大塚久雄　117
岡崎次郎　274, 275
小笠原真　274
小原敬士　274

## か行

カウツキー Kautsky, Karl　113, 174, 228
梶山　力　275
加藤猛夫　67
カベ Cabet, Etienne　39, 178
カーマイケル-スミス Carmichael-Smyth, Henry　59, 60
カルネル Karner, Josef　114
河上　肇　114
河野健二　44, 56
カンパネラ Campanella, Tommaso　178
木村元一　164, 274, 275

ギャスケル Gaskell, Elisabeth Cleghorn　66
キールナン Kiernan, V. G.　19
草高木光一　41, 57
クザン Cousin, Victor　37
グランジェ Granger, Ernest　73
ケインズ Keynes, John Maynard　121
ケネー Quesnay, François　178
ケラー Keller, Helen Adams　285
小泉信三　114
小牧近江　86
コンシデラン Considérant, Victor　37
近藤哲生　21

**さ行**

斉藤悟郎　164
阪上　孝　33, 34, 52, 56
ザスーリッチ Засулич, Вера Ивановна　109, 110, 111
サッカレー Thackeray, William Makepeace　4, 20, 30, 59-67, 69, 88, 89, 90, 151, 152, 153, 195, 277
サリバン Sullivan, Anne　285
サン・シモン Saint-Simon, Claude Henri de Rouvroy, Comte de　26, 34, 36, 178
サンド Sand, George　27, 38, 41
シェフレ Schäffle, Albert Eberhard Friedrich　4, 5, 92, 94, 95, 105, 106, 107, 112, 151, 152, 157, 158, 163-197, 279, 280, 281, 283
ジェフロワ Geffroy, Gustave　86
シェリング Schelling, Friedrich Wilhelm　37
重田澄男　119, 136, 286, 287
島　恭彦　164
シャッパー Schapper, Karl　82
ジューコフスキー Zhukovskii, Nikolai Ivanovich　108
シュタイン Stein, Lorenz von　164
シュティルナー Stirner, Max (Johann Kaspar Schmidt)　38
シュミット Schmidt, Conrad　228, 229
シュモラー Schmoller, Gustav von　158, 223, 238
シュルツェ・ゲヴァーニッツ Schulze-Gävernitz　202
ショー, イザベラ Shawe, Isabella Gethin Creagh　60
ジョーンズ Jones, Ernest Charles　83
スミス Smith, Adam　121, 129, 137, 138, 152, 178, 209
セー Say, Jean Baptiste　70
ゾンバルト Sombart, Werner　4, 5, 6, 92, 95, 115, 121, 151, 152, 158, 160, 214, 215, 223-275, 279, 280, 281

## た行

高島善哉　117, 118, 119
高橋哲雄　221
タシュロー Taschereau, Jules-Antoine　71
ダニエリソーン Даниельсон, Николай Францевич　109, 112
田村信一　238, 274, 275
ダルボア Darboy, Georges　72
ティエール Thiers, Louis-Adolphe　82
ディケンズ Dickens, Chales　59, 60, 61, 66
ディルタイ Dilthey, Wilhelm　223
デサイ Desai, Meghnad　19, 20, 101
デュボア Dubois, Jean　18, 20, 29, 69, 90, 94
戸田武雄　274
ドッブ Dobb, Maurice Herbert　19
トーニー Tawney, Richard Henry　19
トリドン Tridon, Edme-Marie-Gustave　72
ドレアン Dolléans, Edouard　34

## な行

ナポレオン1世 Napoléon I Bonaparte　70
ナポレオン3世 Napoléon III Louis Bonaparte　28, 42, 71, 81, 82

## は行

バクーニン Бакунин, Михаил Александрович　54
バスティア Bastiat, Claude-Frédéric　48, 49
パッソウ Passow, Richard　5, 18, 20, 47, 69, 92, 94, 95, 99, 112, 114, 115, 120, 122, 127
服部文男　122
馬場啓之助　120, 121
馬場宏二　136
ハリス Hrris, Laurence　19
バブーフ Babeuf, François-Noël　71, 178
バベジ Babbage, Charles　202
林癸未夫　123
バルテルミ Barthélemy, Emmanuel　82
ビゴ Bigot, Léon　84
ビスマルク Bismarck, Otto Fürst von　159, 175, 176
平瀬巳之吉　44, 115, 116
平田清明　110
ファーガスン Ferguson, Adam　137
フィヒテ Fichte, Johann Gottlieb　178

フィリップ, ルイ Philippe, Louis　43, 70
フォイエルバッハ Feuerbach, Ludwig Andreas　37, 140, 271
ブオナロッティ Buonarroti, Filippo Michele　71
深沢竜人　123
福田徳三　113, 114, 123
ブラウン Braun, Heinrich　224, 228, 229
ブラン Blanc, Jean Joseph Louis　4, 18, 20, 30, 39, 41–57, 64, 69, 70, 73, 82, 88, 89, 90, 92, 94, 116, 122, 128, 151, 152, 153, 178, 195, 277
ブランキ, J. A. Blanqui, Jérôme Adolphe　70
ブランキ, L. A. Blanqui, Louis Auguste　19, 69–86, 88, 90, 128, 152, 195, 277
フーリエ Fourier, François Marie Charles　26, 178
プルードン Proudhom, Pierre Joseph　37, 38, 39, 53, 55, 56, 132, 133, 140, 141, 142, 169, 171, 178, 179
ブレンターノ Brentano, Lujo　158, 167
ブロック, M. Block, Maurice　18
ブロック, B. v. Brocke, Bernhard vom　274
ブロンティ Brontë, Charlotte　66
ヘーゲル Hegel, Georg Wilhelm Friedrich　135, 136, 137, 145, 146, 152, 271
ベーベル Bebel, Augst　39, 158, 171, 172
ベルンシュタイン Bernstein, Eduard　175
ペレール Péreire, Isaac　38
ホッブズ Hobbes, Thomas　137
ボトモア Bottomore, Tom　19, 101
ボナパルト, ピエール Bonaparte, Pierre Napoléon　72
ホブズボーム Hobsbawm, Eric John Ernest　18, 20
ホブソン Hobson, John Atkinson　5, 6, 152, 162, 199–221, 279, 280, 281

## ま行

マーシャル Marshall, Alfred　121
マメリー Mummery, A. F.　199
マラルメ Malarmet　39
マリー Marie, Pierre　41
マルクス Marx, Karl Heinrich　4, 5, 19, 37, 38, 39, 54, 55, 56, 65, 66, 69, 80, 81, 82, 83, 84, 85, 86, 94, 95, 99–154, 159, 160, 163, 169, 170, 171, 172, 173, 174, 175, 176, 177, 178, 179, 180, 181, 182, 183, 184, 187, 188, 189, 190, 191, 192, 193, 194, 195, 196, 197, 211, 212, 213, 227, 228, 229, 230, 231, 232, 233, 234, 235, 236, 237, 243, 244, 267, 271, 272, 273, 274, 278, 279, 280, 281, 282, 283, 284, 286
マルサス Malthus, Thomas　28, 178
マルロ Marlo, Karl (Karl Georg Winkelblech)　169, 178, 179, 197
ミハイロフスキー Михайловский, Николай Константинович　108
ミリバンド Miliband, Ralph　19

ミル, J. S. Mill, John Stuart  47, 121, 167
メーリング Mehring, Franz  162, 175, 176
メンガー, アントン Menger, Anton  57, 197
メンガー, カール Menger, Carl  223
モア More, Thomas  178
望月清司  101, 120
モリニエ Morinier, S.  79, 86

### や行

安　世舟  162
ユア Ure, Andrew  202

### ら行

ラウラ Lafargue, Laura  83
ラコフ Lakoff, Sanford Allan  36
ラサール Lassalle, Ferdinand  83, 94, 113, 123, 157, 158, 159, 169, 170, 171, 177, 178, 179, 188
ラファルグ Lafargue, Paul  83, 228
ラムネ Lamennais, Félicité Robert  38
ランゲ Lange, Friedrich Albert  167, 176
リー, アラン Lee, Alan J.  221
リャザーノフ Rjazanov, David Borisovich  110
リカード Ricardo, David  121, 132, 178
リープクネヒト Liebknecht, Wilhelm  158
ルルー Leroux, Pierre  4, 19, 20, 27-39, 41, 54, 64, 69, 70, 73, 88, 89, 90, 122, 128, 151, 152, 153, 154, 195, 277, 283
レーガン Reagan, Ronald Wilson  286
レノー Reynaud, Jean  27
レンガー Lenger, Friedrich  274
ロック Locke, John  137
ロートベルトゥス Rodbertus, Johann Carl  115, 116, 157
ロベール Robert, Paul  17, 21
ロンゲ Longuet, Charles  72

### わ行

ワイトリング Weitling, Wilhelm Christian  178
我妻　栄  114, 115
ワーグナー Wagner, Adolf  106, 107, 158, 164, 174, 176, 223, 225

# 事項索引

1. 五十音順。
2. 内容の同一のものはまとめている場合もあるので，当該個所は異なった表現になっていることもある。
3. 太字は主要個所。

## あ行

アソシアシオン（協同組織） 44, 45, 53, 75, 76, 78
アトリエ派 44

異国人 269
異端者 269

宇　宙 185, 186, 280
ヴェルサイユ政府 42, 72

営利主義（営利理念） 247, 251, 256, 257, 265, 287
エルフルト綱領 159

オーエン主義 34, 36, 38

## か行

『改革』紙 41
階　級 236, 250
海　賊 261
『改造』 113
『解放者』紙 71
改良資本主義 164
革　命 55, 69, 75, 76, 78, 81, 84, 86, 137, 234
革命的社会主義 81
革命的独裁 78
囲い込み運動 267
過小消費説 199, 200
過剰貯蓄 199
家族協会 71

価　値 50, 107, 174, 180, 184, 229, 230
価値増殖 148, 184, 209, 240, 241, 244, 249, 256, 264, 279
価値法則 229, 230
価値論 106, 174, 185, 192, 228, 229, 231
過渡時代 253, 254, 255
株式会社 209, 219
貨　幣 74, 75, 76, 182, 240, 241, 273
カベ派 44
可変資本 184
カルテル 160, 213, 214, 215, 216, 219, 220
カルボナリ 70
官　僚 261, 269, 270

機械制産業 202, 204, 206, 207, 208, 210, 217, 218, 221, 280, 281
キー・カテゴリー 150, 282
企　業 52, 65, 205, 217, 262, 263, 264, 269
企業家（企業経営者） 89, 241, 248, 251, 255, 262, 263, 264, 266, 268, 269
企業精神 161, 268, 269, 270
企業組織 217, 219, 256, 262
基軸的用語（範疇） 135, 143, 213, 279, 281, 282, 286
技　術 218, 253, 266
絹織物工業 51, 199
客観主義 232, 274
救貧院 268
教　育 77, 78
共産主義 26, 34, 37, 38, 74, 75, 76, 77, 78, 81, 123, 167, 178
協同社会 26, 53, 89
共同所有 38, 46, 49

共同体　75, 77, 78, 111, 185
共和派　71, 80
銀行家　62, 64, 89
近代資本主義　237, 239, 246, 254, 255, 267, 281
近代的産業　204, 207, 209, 214, 215
近代都市　205, 206, 215
金　融　219, 221
金融資本　161, 219, 220

君　主　269

経済形態　239, 240, 242, 256
経済構造　90, 100, 128, 153, 163, 166, 191, 194, 195, 196, 212, 232, 235, 236, 265, 269, 270, 278, 279, 282, 284
経済システム(経済体制)　3, 4, 5, 33, 35, 50, 53, 77, 87, 96, **151**, 163, 166, 178, **186**, 187, 189, 190, 191, 192, 193, 194, 195, 196, 211, 213, 221, 236, 238, 248, **249**, 252, 253, 254, **255**, 256, 258, 259, 262, 265, 270, 277, 278, **279**, **280**, 281, 282, 283, 284
経済時代　252, 253, 255, 258
経済主体　233, 238, 240, 242, 248, 249, 250, 255, 265
経済人　241
経済秩序　230, 232, 238
経済的結合　178, 185, 190, 194, 195, 280
経済的合理主義　241, 242, 256, 257, 265, 268, 280
計算センス　241, 242
結合様式(結合形態)　4, 186, 194, 196, 280, 281

交　換　74, 76
交換手段　74, 78
後期マルクス　145, 151
工　業　46, 73, 78, 219
講壇社会主義者　176
公的所有　220
高度資本主義　251
高　利　74, 75, 76, 96

国際カルテル(国際的企業連合)　161, 220
国民経済　178, 180, 190, 193, 194, 196, 219, 221, 255, 256, 280, 281
国民経済的形態学　185
国民経済的生産共同体　192
個人主義　33, 34, 36, 46, 50
ゴーダ綱領　159
国　家　78, 137, 139, 145, 160, 138, 234, 266, 267, 272
国家社会主義　159, 223, 225
国立作業場　41, 42, 46, 57, 71
古典派経済学　115, 121, 241
雇　用　78, 205, 217, 267, 268
雇用契約　265, 266, 273
雇用主　52, 78

さ行

債権・債務関係　50, 51
『ザ・ニュー・モラル・ワールド』　38
『ザ・ノーザン・スター』　55
産　業　30, 31, 32, 64, 207, 219, 221
産業革命　25, 43, 53, 202, 209, 212, 280
産業構造　160, 205, 206, 207
産業的技術　217
サン・シモン主義　27, 34, 37, 44
産業独占体　160, 161, 219, 220
産業有機体　204, 208

四季協会　71
自給経済の時代　253, 254, 255, 257
市　場　217, 219, 255, 265
七月王政　41, 43, 44, 70
七月革命　25, 27, 41, 43, 70, 80
私的所有　49, 100, 137, 138, 191, 220
私的資本　187, 192
資　本　26, 27, 28, 46, 47, 48, 49, 51, 52, 53, 64, 65, 74, 75, 76, 77, 78, 79, 88, 89, 100, 105, 115, 122, 125, 128, 129, 131, 148, 149, 169, 178, 179, 180, 182, 183, 188, 191, 194, 196, 205, 211, 215, 238, 239, 240, 241, 249,

事項索引　305

250, 270, 273, 277, 279
資本家　18, 20, 26, 30, 31, 32, 33, 49, 50, 56, 64, 65, 79, 88, 89, 100, 105, 118, 122, 138, 180, 182, 184, 193, 194, 196, 219, 266, 273, 277
資本家的企業　52, 65, 88, 157, 239, **240**, **241**, **242**, 243, 244, 245, 248, 250, 251, 254, 256, 262, 263, 264, 265, 267, 268, 269, 270, 280, 281
資本家的企業家　245, 247, 249, 251, 259, 263, 267, 269, 271
資本家的経営　25, 31, 32
資本家的経済秩序　230, 231, 232, 235
資本家的経済体制　234, 235, 236, 247, 248, 249, 250, 251, 253, 256
資本家的生産　25, 53, 100, 102, 105, 107, 109, 110, 113, 114, **128**, 131, 136, 145, 149, 150, 181, 184, 205, 212, 213, 217, 231, 232, 235, 244, 269, 273, 274, 279
資本家的生産様式　25, 88, 94, 95, 96, **99**, **100**, 102, 103, 104, 105, 107, 112, 113, 118, 119, 121, 122, **125**, 126, **127**, **128**, **129**, 130, 131, **133**, **134**, **135**, 136, 139, 145, 146, **147**, **149**, 150, 151, 152, 179, 180, 181, 182, 183, 184, 187, 188, 191, 192, 193, 194, 195, 196, 212, 213, 231, 234, 235, 236, 237, 243, 244, 245, 271, 272, 273, 274, 278, 279, 280, 281, 282, 283, 284
資本家的精神　217, 237, 238, **241**, **242**, 243, 244, 245, 246, 247, 251, 256, **259**, **260**, **261**, 262, 263, 264, 265, 266, 268, 269, 270, 271, 273, 274, 280, 281
資本主義範疇（カテゴリー，概念）　56, 69, 112, 113, 121, 122, **125**, **126**, 127, 129, 130, 131, 132, 133, 134, 135, **136**, **137**, **139**, **141**, **142**, **146**, **147**, **149**, **150**, **151**, 153, 182, 184, 185, 187, 188, 189, 190, 195, **196**, 197, **209**, 211, 213, 219, 239, **240**, 243, 244, 245, 247, 248, 250, 251, 255, **256**, 258, 262, 264, 265, 281, 282, 286
資本主義用語　**3**, 4, 5, 6, **17**, 18, 19, 20, 21, 25,

26, 29, **30**, **31**, **32**, 33, 35, 39, 47, **48**, **49**, **50**, 51, 53, 56, **62**, **63**, **64**, 65, 69, 73, **75**, **76**, **77**, 79, 80, 87, **88**, **89**, **90**, 92, 94, 95, 96, **99**, 100, 101, **102**, **103**, **104**, **105**, 107, 108, 109, 110, 111, **112**, 113, 114, 115, 116, 117, 118, 119, 120, 121, 122, 123, 125, 126, 127, 128, 133, 150, 151, 153, 163, 179, 180, 181, **185**, **186**, 187, 188, 189, 190, 191, 192, 193, 194, 195, 196, 206, **207**, **208**, **209**, 210, 211, 213, 215, **216**, **217**, 218, 220, 231, 232, 235, 236, **239**, **240**, **241**, 242, 243, 244, 246, 249, **255**, **256**, **277**, **278**, **279**, **280**, 281, 283, 284, 286, 287
資本＝賃労働関係　50, 51, 143, 146, 148, 209, 244, 245, 248, 250, 251, 256, 257, 264, 265, 266, 269, 270, 273, 274, 279, 280
市民社会　131, 132, **136**, **137**, 138, 139, 140, 145, 146, 150, 152, 272
市民精神　261, 268, 270
市民的生産　131, 143, 148, 149
市民的生産関係　131, 132, 143
市民的生産様式　112, 119, **130**, 132, 134, 135, 136, 142, **143**, **144**, **145**, 146, 147, 148, 149, 150, 151, 152, 153
市民的富　255, 266
『社会科学と社会政策のためのアルヒーフ』　224, 246, 247
社会主義　26, 27, **33**, **34**, **35**, 36, 37, 38, 39, 44, 46, 49, 66, 81, 85, 90, 94, 116, 121, 123, 137, 157, 158, 160, 163, 164, 167, 177, 178, 179, 180, 182, 188, 191, 192, 193, 194, 220, 221, 224, 233, 234, 245, 280
社会主義者　18, 36, 38, 39, 41, 53, 55, 56, 71, 80, 83, 85, 89, 96, 113, 166, 169, 179, 191, 192, 193, 225, 280
社会主義者鎮圧法　159
社会主義運動　168, 172, 176, 234
社会作業場　45, 46, 53, 57
社会書店　46
社会政策　158, 168, 179, 224
社会政策学会　158, 225
『社会政策的中央新聞』　229

社会体制　34, 35, 87, 90, 96, 121, **151**, 163, 195, 220, 221, 251, 277, 278, **280**, **283**, 284
社会的進化　202
社会的分断構造　49, 265, 266, 273
社会農場　46
『社会評論』誌　29
社会民主党　159, 224, 228
社会問題　44, 157, 158, 176, 177
社会有機体説　164, 204
『社会立法および統計アルヒーフ』　228, 229
自由競争　17, 44, 45, 121
『自由人』誌　42
自由放任主義　157, 176
主観主義　233, 274
重商主義　178, 262, 268
重農学派　178
手工業　237, 238, 239, 240, 243, 244, 248, 252, 254, 256, 257, 258
手工業時代　253, 254
手工業者　237, 261, 268
需　要　182, 238
初期資本主義　243, 252, 253, 254, 255, 268, 281
初期マルクス　136, 139, 145
商　業　46, 75, 78, 161, 219, 221
小作業場（アトリエ）　52, 53
商人＝製造業者（マルシャン・ファブリカン）　52, 53
商　品　182, 183, 229, 230, 231, 273
剰余価値　105, 128, 169, 178, 182, 183, 184
職人的労働者　52
植民地　161
女　性　205, 215
進　化　203, 204, 206, 207, 211, 219
『進歩評論』誌　41, 44
信　用　46, 47, 50, 51, 78, 161
人民銀行　53
人民の友協会　70
『新ライン新聞』　80

スノッブ　60, 61

生業（生計）　239, 240
生産価格　231
生産過程　50, 51, 184, 219, 273
生産関係　81, 128, 131, 133, 134, 135, 138, 140, 142, 143, 144, 152
生産形態　35, 138, 141, 148, 230, 268, 269, 273
生産手段　48, 49, 100, 128, 176, 183, 184, 209, 236, 250, 255, 257, 265, 266, 268, 273, 274, 277, 279
生産様式　103, 104, 117, 119, 122, 125, 127, 128, 130, **133**, **134**, 135, 138, **139**, **140**, 141, 143, 144, 145, 146, 147, 148, 149, 150, 152, 184, 194, 213, 232, 236, 244, 272, 273, 274, 278, 279, 282
世界の工場　25, 160
全ドイツ労働者協会　157, 158
1848年革命　54, 80, 148, 234

俗物性　60, 61, 89
俗流経済学者　173

### た行

第1インターナショナル　39, 72, 173
第三共和制　42
大衆の窮乏化　267, 268
第2インターナショナル　159
第二帝政　42, 73
大農場制　46
『タイムズ』　82, 84
中央共和協会　71
中期マルクス　145, 150
抽象名詞　31, 32, 65, 87, 88, 125, 194, 196, 232, 277, 278, 280, 281
中流階級　61, 62, 63, 65, 66
地下運動　71
『地球』誌　27, 70
賃　金　52, 78, 179
賃金労働者　50, 51, 52, 56, 100, 111, 138, 182, 187, 236, 267, 268, 269, 273

賃労働　128, 179, 180, 183, 191, 209, 273, 279
『デイリー・ニューズ』　84
天文学的メカニズム　185
ドイツ社会民主主義労働者党　158
ドイツ社会主義労働者党　158, 159
ドイツ社会民主党　159, 171, 175
ドイツ帝国　158, 160, 168
ドイツ・マンチェスター派　157, 167
投　資　62, 63, 65, 199
独　占　17, 45, 48, 50, 75, 160, 161, 162, 186, 200, 205, 213, 215, 280
『独立評論』誌　27, 41
都　市　205, 238
土地所有者　56, 100, 138
トラスト　17, 160, 162, 200, 205, 214, 215, 216, 219, 220, 280
奴隷制　77, 128, 186, 188, 192

## な行

南ア戦争　161, 162, 200
南北戦争　160

二月革命　25, 28, 41, 44, 46, 54, 57, 71, 79, 81, 82
人間精神　259, 260, 263, 270, 271, 274

『ネーション』　200

『ノイエ・ツァイト』　228, 230

## は行

バブーフ主義者　41
パリ・コミューン　42, 72, 73, 81, 82, 83, 84, 85, 86, 158, 159, 168, 172, 173

ビクトリア時代　59, 61
『百科全書評論』誌　27, 33, 35

ピューリタニズム　246
描写的名称　207, 208, 209, 210, 211, 217
貧　困　29, 43, 61

普仏戦争　42, 72, 85, 158, 160, 168, 172, 173
普遍的総合教育　77, 78
フランス革命　18, 25, 28, 159
フーリエ派　36, 44
『ブリュッセル・ドイツ語新聞』　142
ブルジョアジー　28, 45, 61, 64, 79, 80, 142, 160
ブルジョア社会　136, 137, 139, 145
ブルジョア的気分　65, 88, 277
ブルジョア的生産　56, 132, 144
ブルジョア的生産関係　56, 130, **132**, 133, 135, 137, **141**, **142**, 144, 150, 152, 153
ブルジョア的生産形態　132, 141
ブルジョア的生産様式　119, 130, 136, **143**, **144**, **145**, 146, 147
プロイセン　168, 176, 223
プロテスタント　224, 261
プロレタリアート　45, 80, 81, 137, 138, 142, 167, 202, 217, 234, 236, 268
分　業　74, 76
文　明　66, 205, 206, 216

平均利潤　229, 231
平和者の宴会　82
弁証法　171, 212

簿　記　259, 261
封建制度　188
封建領主　261
方法論争　223
本源的蓄積　271, 273, 274

## ま行

マルクス主義　19, 110, 159, 160, 173, 224, 225, 228, 233
『マンチェスター・ガーディアン』　200

308

や行

唯物史観　38, 56, 81, 119, 134, 135, 137, 139, 140, 142, 144, 150, 152, 259, 272
友　愛　74, 76
有産階級　168, 169
ユダヤ人　245, 246, 251, 269, 270
ユダヤ教　246, 261

欲求充足　239, 240, 257

ら行

『ライン新聞』　37, 54, 136

利己主義　33, 74, 76
利　子　46, 47, 48, 49, 50, 51, 53, 179
利　潤　53, 65, 88, 184, 209, 216, 217, 239, 240, 257, 262, 264, 266, 269, 271
利潤欲（利潤追求）　241, 242, 250, 268, 280
流通経済的組織　256, 257, 265
リュクサンブール委員会　46, 54
『良識』誌　41
臨時政府　41, 46, 54, 57, 71, 80

『ル・ゴロア』紙　84

歴史学派　121, 134, 158, 160, 163, 164, 223, 224, 225, 238
歴史的形態　53, 90, 96, 119, 122, 127, 128, 130, 133, 135, 138, 139, 140, 142, 144, 145, 151, 153, 184, 213, 271, 272, 278, 279, 281, 282
連邦主義　178, 197

労資協調思想　167
労　働　45, 47, 48, 74, 75, 102, 128, 129, 183, 205, 217, 229, 230, 248, 271
労働運動　167, 170, 176, 177, 234, 245
労働解放団　109
労働者　31, 32, 41, 42, 43, 44, 45, 50, 51, 52, 53, 55, 61, 71, 75, 78, 79, 80, 81, 89, 102, 159, 170, 205, 219, 248, 250, 255, 257, 265, 266, 268, 273
労働者階級　25, 43, 65, 66, 88, 157, 158, 159, 169, 217, 236, 268
労働の組織化　45, 46
労働力　100, 107, 174, 184, 236, 244, 255, 266, 267, 268, 273, 274
六月事件　42, 71, 80, 81
論理説　231
論理・歴史説　231

## 重田 澄男
しげた　すみお

1931年生まれ。1954年，京都大学経済学部卒業。
静岡大学人文学部を経て，
現在，岐阜経済大学経営学部教授。経済学博士。

**著書**
『マルクス経済学方法論』（有斐閣，1975年）
『資本主義の発見』（御茶の水書房，1983年）
『資本主義と失業問題——相対的過剰人口論争』（御茶の水書房，1990年）
『社会主義システムの挫折——東欧・ソ連崩壊の意味するもの』（大月書店，1994年）
『資本主義とはなにか』（青木書店，1998年）

Eメール・アドレス：shigeta@gifu-keizai.ac.jp

---

資本主義を見つけたのは誰か
2002年4月5日　初　版

著　者　重田澄男
装幀者　林　佳恵
発行者　桜井　香
発行所　株式会社　桜井書店
　　　　東京都文京区本郷1丁目5-17　三洋ビル16
　　　　〒113-0033
　　　　電話（03）5803-7353
　　　　Fax（03）5803-7356
　　　　http://www.sakurai-shoten.com/
印刷所　株式会社　ミツワ
製本所　株式会社　難波製本

Ⓒ 2002 Sumio Shigeta

定価はカバー等に表示してあります。
本書の無断複写（コピー）は著作権法上
での例外を除き，禁じられています。
落丁本・乱丁本はお取り替えします。

ISBN4-921190-15-1　Printed in Japan

長島誠一
## 戦後の日本資本主義
いま，どのような「構造改革」が必要なのか
Ａ５判／定価3000円＋税

森岡孝二・杉浦克己・八木紀一郎編
## 21世紀の経済社会を構想する
政治経済学の視点から
目指すべきビジョン・改革の可能性──23氏が発言する
四六判／定価2200円＋税

大谷禎之介
## 図解 社会経済学
資本主義とはどのような社会システムか
現代社会の偽りの外観を次々と剥ぎ取っていく経済学入門
Ａ５判／定価3000円＋税

重森　曉
## 分権社会の政策と財政
地域の世紀へ
集権の20世紀から分権の21世紀へ
Ａ５判／定価2800円＋税

森岡孝二
## 日本経済の選択
企業のあり方を問う
市民の目で日本型企業システムと企業改革を考える
四六判／定価2400円＋税

野村秀和編著
## 生協への提言
難局にどう立ち向かうか
生協の危機をどう見るか？存在意義とは？
四六判／2000円＋税

桜井書店
http://www.sakurai-shoten.com/

渡辺 治
## 日本の大国化とネオ・ナショナリズムの形成
### 天皇制ナショナリズムの模索と隘路
現代日本の政治・社会の深層を明快な論理で分析
Ａ５判／定価3000円＋税

中村 哲
## 近代東アジア史像の再構成
資本主義の形成と発展に関する理論を組み替える
Ａ５判／定価3500円＋税

姫田光義
## 中国革命史私論
### 「大同の世」を求めて
20世紀の戦争と革命に着目した中国近現代史
Ａ５判／定価2800円＋税

ドゥロネ＆ギャドレ著／渡辺雅男訳
## サービス経済学説史
### 300年にわたる論争
経済の「サービス化」，「サービス社会」をどう見るか
四六判／定価2800円＋税

エスピン-アンデルセン著／渡辺雅男・渡辺景子訳
## 福祉国家の可能性
### 改革の戦略と理論的基礎
新たな，そして深刻な社会的亀裂・不平等をどう回避するか
Ａ５判／定価2500円＋税

エスピン-アンデルセン著／渡辺雅男・渡辺景子訳
## ポスト工業経済の社会的基礎
### 市場・福祉国家・家族の政治経済学
福祉国家の可能性とゆくえを世界視野で考察
Ａ５判／定価4000円＋税

桜井書店
http://www.sakurai-shoten.com/